Père Arnaud DUBAN

*Recueil d'homélies*

Année B

2017-2018

Le Code de la propriété intellectuelle n'autorisant aux termes de l'article L.122-5, 2$^e$ et 3$^e$ a, d'une part, que les « copies ou reproductions strictement réservées à l'usage privé du copiste et non destinées à une utilisation collectives» et, d'autre part, que les analyses et les courtes citations dans un but d'exemple ou d'illustration, «toute représentation ou reproduction intégrale ou partielle faite sans le consentement de l'auteur ou de ses ayants droit ou de ayants cause est illicite» (art. L.122-4).
Cette représentation ou reproduction, par quelque procédé que ce soit, constituerait donc une contrefaçon sanctionnée par les articles L. 355-2 et suivants du Code de la propriété intellectuelle.

© 2019 Père Arnaud DUBAN

Edition : BoD - Books on Demand
12/14 rond-point des Champs Elysées
75008 Paris
Imprimé par BoD – Books on Demand, Norderstedt, Allemagne

ISBN : 978-2-3221-3408-3
Dépôt légal : Février 2019

A mes anciens paroissiens de Sainte Thérèse et de Saint Jean XIII,
et à mes nouveaux paroissiens du Saint Esprit.

« La pluie et la neige qui descendent des cieux n'y retournent pas sans avoir abreuvé la terre, sans l'avoir fécondée et l'avoir fait germer, donnant la semence au semeur et le pain à celui qui doit manger » (Is 55,10)

« Elle est vivante, la parole de Dieu, énergique et plus coupante qu'une épée à deux tranchants ;

elle va jusqu'au point de partage de l'âme et de l'esprit, des jointures et des moelles ;

elle juge des intentions et des pensées du cœur. »

(He 4,12)

« Allez ! De toutes les nations faites des disciples »
(Mt 28,19)

Un grand **merci** à Patrice qui m'a aidé à nouveau pour l'élaboration et l'édition de ce deuxième recueil d'homélies.

NB: Les citations sans les références correspondent aux textes liturgiques de la messe du jour. Nous conseillons donc au lecteur de lire les homélies avec un missel de l'année B pour s'y reporter.

# Sommaire

**AVENT** .................................................................................. 10

    VEILLEZ ! ................................................................................ 11
    APPRENONS LE RAP .................................................................. 17
    SOYEZ TOUJOURS DANS LA JOIE ! ............................................. 22
    QUE TOUT SE PASSE POUR MOI SELON TA PAROLE ! ............... 27

**NOËL** .................................................................................... 32

    GLOIRE A DIEU AU PLUS HAUT DES CIEUX, ET PAIX SUR LA TERRE AUX HOMMES, QU'IL AIME ! ........................................................................ 33
    QUI EST JESUS ? ..................................................................... 39
    L'ECOLE DE L'AMOUR ............................................................. 44
    MARIE, REINE DE LA PAIX ....................................................... 49

**CAREME** ............................................................................... 55

    C'EST MAINTENANT LE JOUR DU SALUT .................................. 56
    LE REGNE DE DIEU EST TOUT PROCHE .................................... 62
    IL FUT TRANSFIGURE DEVANT EUX .......................................... 69
    NE FAITES PAS DE LA MAISON DE MON PERE UNE MAISON DE TRAFIC ........... 76
    LE MAL EST VAINCU, REJOUISSONS-NOUS ! ............................. 82
    SI LE GRAIN DE BLE TOMBE EN TERRE NE MEURT PAS ............. 88
    VIVONS DANS LA LUMIERE DE L'AMOUR .................................. 94
    FAITES CELA EN MEMOIRE DE MOI .......................................... 99

**TEMPS PASCAL** .................................................................. 105

    VOUS CHERCHEZ JESUS DE NAZARETH, LE CRUCIFIE ? IL EST RESSUSCITE .... 106
    IL EST VRAIMENT RESSUSCITE ! .............................................. 113
    OFFRONS NOS VIES AU DIEU DE MISERICORDE ....................... 120
    SOMMES-NOUS RESSUSCITES ? ............................................. 126
    LE VRAI BERGER DONNE SA VIE POUR SES BREBIS ................. 132

CELUI QUI DEMEURE EN MOI PORTE BEAUCOUP DE FRUIT .......................138
AIMEZ-VOUS LES UNS LES AUTRES COMME JE VOUS AI AIMES ..................145
JESUS FUT ENLEVE AU CIEL ET S'ASSIT A LA DROITE DE DIEU.....................151
IL NOUS A DONNE PART A SON ESPRIT .................................................158
VIENS, ESPRIT SAINT, EN NOS CŒURS .................................................164

## TEMPS ORDINAIRE ......................................................................171

VENEZ ET VOYEZ ! .........................................................................172
JE FERAI DE VOUS DES PECHEURS D'HOMMES......................................178
ELLE EST VIVANTE, LA PAROLE DE DIEU...............................................184
LA VIE DE L'HOMME SUR LA TERRE EST-ELLE UNE CORVEE ? .....................191
« SI TU LE VEUX, TU PEUX ME PURIFIER »............................................198
LA PAIX SOIT AVEC VOUS.................................................................204
QU'IL EST BON DE RENDRE GRACE AU SEIGNEUR ! ................................209
JE SUIS VENU POUR QUE VOUS AYEZ LA VIE, LA VIE EN ABONDANCE ..........214
ELLE EST VIVANTE, LA PAROLE DE DIEU...............................................219
VENEZ A L'ECART ET REPOSEZ-VOUS UN PEU.......................................227
IL FUT SAISI DE PITIE ENVERS CEUX QUI ETAIENT COMME DES BREBIS SANS BERGER...................................................................................233
JE SUIS LE PAIN DE LA VIE ................................................................241
GOUTEZ ET VOYEZ : LE SEIGNEUR EST BON !........................................247
NE VIVEZ PAS COMME DES FOUS, MAIS COMME DES SAGES ...................252
VOULEZ-VOUS PARTIR, VOUS AUSSI ? ................................................258
HEUREUX LES CŒURS PURS, ILS VERRONT DIEU ...................................263
PRENEZ COURAGE, C'EST LA VENGEANCE QUI VIENT, LA REVANCHE DE DIEU 269
POUR VOUS, QUI SUIS-JE ? ..............................................................275
SI QUELQU'UN VEUT ETRE LE PREMIER................................................281
NE NOUS TROMPONS PAS DE COMBAT ! .............................................287
L'HOMME S'ATTACHERA A SA FEMME, ET TOUS DEUX NE FERONT PLUS QU'UN ..............................................................................................293
VIENS ET SUIS-MOI.........................................................................299
CELUI QUI VEUT ETRE LE PREMIER SERA L'ESCLAVE DE TOUS ...................304

Rabbouni, que je voie ! ..............................................................309
Tu aimeras ..............................................................................315
Heureux les pauvres de cœur ...................................................322
On verra le Fils de l'homme venir sur les nuees ......................328

**SOLENNITES** .............................................................................**335**

Au Nom du Pere, et du Fils et du Saint Esprit...........................336
Que sera donc cet enfant ? ......................................................342
Mon ame exalte le Seigneur......................................................347
Comme il est grand l'amour dont Dieu nous a combles ! ..............353
Que ton regne vienne ..............................................................358

# Avent

# Veillez !

Frères et sœurs, **sommes-nous bien éveillés ?** Alors que les jours diminuent et que le froid devient de plus en plus vif, nous pourrions être tentés de nous replier sur nous-mêmes, comme les animaux qui se creusent des terriers pour hiberner pendant l'hiver. Ce qui est bon pour ces animaux ne l'est pas pour nous, c'est pourquoi le Christ nous répète avec insistance aujourd'hui : « *veillez* » ! Le mot revient 4 fois dans le très court passage que nous venons d'entendre. Pourquoi veiller, plutôt que de nous endormir comme les ours ou les marmottes ? Pour deux raisons : d'abord **pour ne pas manquer la venue de celui qui nous aime**; ensuite, **pour ne pas nous laisser surprendre par nos ennemis.**

**Nous devons veiller d'abord pour accueillir Celui que nous aimons.** Prenons nos portables : si nous ne les rechargeons pas régulièrement au réseau électrique, ils ne seront plus en veille, et quelqu'un aurait beau nous appeler, nous ne le saurons même pas. Le Seigneur frappe sans cesse à la porte de notre cœur[1], mais sommes-nous éveillés pour lui ouvrir ? Il ne veut pas s'imposer à nous, mais Il se laisse désirer pour venir combler notre cœur. *« Ah ! Si tu déchirais les cieux, si tu descendais ! »* s'écrie le prophète Isaïe (1° lect.) Comme lui, attendons-nous la venue du Seigneur de tout notre cœur ?

---

[1] *« Voici que je me tiens à la porte, et je frappe. Si quelqu'un entend ma voix et ouvre la porte, j'entrerai chez lui ; je prendrai mon repas avec lui, et lui avec moi. »* (Ap 3,20)

Dans notre société, tout est fait pour que nous n'ayons pas à attendre. L'attente peut être destructive, si elle est vécue dans l'agitation, la colère ou la peur, ou constructive, si elle est vécue dans la confiance et l'amour. Dimanche dernier, nous avons célébré le Christ-Roi, nous rappelant qu'il reviendrait un jour pour nous juger. Comment vivons-nous cette attente ? Dans l'indifférence ? Dans la peur ? Ou comme un évangile, c'est-à-dire une bonne nouvelle ? Lorsque l'on n'attend pas quelqu'un, son arrivée à l'improviste risque de nous trouver endormis ou de nous gêner et de sonner comme une mauvaise nouvelle. Mais lorsqu'arrive une personne qu'on attend de tout son cœur, la sonnette suscite en nous la joie. Alors, les paroles que nous venons d'entendre sont-elles vraiment un évangile, une bonne nouvelle ? Sommes-nous dans l'attente de la venue du Christ ? La bonne nouvelle, c'est que non seulement il est déjà venu – c'est l'évènement du passé que nous célèbrerons à Noël – mais qu'en plus il reviendra – c'est l'évènement de l'avenir que nous avons célébré dimanche dernier, le retour du Christ dans la gloire- et plus encore, il vient à nous sans cesse.

Sous quelles formes vient-il ? Dans la prière : « *Que deux ou trois soient réunis en mon nom, je suis là au milieu d'eux*» (Mt 18,20)… Dans les sacrements, en particulier l'Eucharistie : « *ceci est mon corps* » (Mt 26,26)… Dans les évènements : « *tu n'as pas reconnu le temps où tu fus visitée !* » (Lc 19,44)… Dans les personnes : « *ce que vous l'avez fait à l'un de ces petits qui sont mes frères, c'est à moi que vous l'avez fait* » (Mt 25,40)… Le Seigneur vient donc chaque jour. Le problème, c'est que nous pouvons ne pas le voir, parce que nos cœurs sont parfois endormis. Notre attente doit donc être active, pas comme lorsque l'on attend le train.

**Nous devons veiller d'abord pour accueillir Celui que nous aimons, mais aussi pour nous protéger de nos ennemis.** Dans une forêt la nuit, il faut allumer un grand feu pour éloigner les loups, et mieux vaut ne dormir que d'un œil, comme on le constate dans l'histoire de Croc Blanc. Et dans un match d'escrime, il faut une vigilance maximale pour parer aux attaques de l'adversaire. Jésus a déclaré : « *Ne craignez pas ceux qui tuent le corps, mais ne peuvent pas tuer l'âme ; craignez plutôt celui qui peut faire périr dans la géhenne l'âme aussi bien que le corps.* » (Mt 10,28) Et à Gethsémani, peu avant de prononcer la parabole que nous venons d'entendre, Jésus avait dit à Pierre, Jacques et Jean : « *Veillez et priez afin de ne pas entrer au pouvoir de la tentation* » (Mc 14,38). Notre véritable ennemi s'appelle le diable, et il possède des alliés, les démons. Dans les évangiles, Jésus les a souvent évoqués, car ils cherchent à demeurer dans l'ombre, et il les a aussi souvent chassés. Dans l'évangile de Marc, que nous allons suivre pendant toute l'année liturgique, après avoir vaincu le diable dans le désert, le premier signe de Jésus est de chasser un esprit mauvais (1,21-28). Et c'est ce même esprit qui est le premier à reconnaître qu'il est le Saint de Dieu (1,24), bien avant ses disciples.

En plus du diable et des démons, nous devons veiller pour ne pas nous laisser vaincre par deux autres types d'ennemis : le monde et la chair. Le monde a été créé bon, mais il a été perverti par Satan, qui en est devenu *le prince*[2]. Il existe dans le monde des *« structures de péché »*, comme le soulignait le pape Jean-Paul II, et nous devons lutter contre elles individuellement et collectivement. Quant à la chair, elle ne représente pas le corps, qui a été créé bon lui aussi, mais toutes les tendances qui peuvent l'asservir. A Gethsémani, juste après avoir invité ses disciples à veiller, Jésus avait ajouté : *« L'esprit est plein d'ardeur, mais la chair est faible »* (Mc 14,38).

*« Vous ne savez pas quand vient le maître de la maison, le soir ou à minuit, au chant du coq ou le matin »*… Nul doute que Jésus anticipe ici sa Passion, lorsqu'il partagera un dernier repas avec ses disciples le soir, entrera en agonie à Gethsémani vers minuit, sera renié 3 fois au chant du coq, et sera jugé au petit matin. A Gethsémani, il dira à nouveau à ses 3 plus proches disciples : *« veillez avec moi »*… Mais parce qu'ils ne lui obéiront pas et qu'ils s'endormiront, ils seront incapables de résister le lendemain à la tentation. Pierre est le portier qui, au lieu de remplir sa mission d'ouvrir la porte à ceux qui souhaitent entrer dans la maison de Dieu, se fera ouvrir l'entrée par le portier du palais du grand prêtre, avant de renier son maître… Pourquoi Pierre et les disciples ont-ils ainsi failli ? Parce que *« l'esprit est plein d'ardeur, mais la*

---

[2] Jn 12, 31 ; Jn 14, 30 ; Jn 16, 11

*chair est faible »*. Si nous ne veillons pas, nous risquons d'une part d'être surpris par l'adversaire, comme eux l'ont été.

C'est le sens du changement de la traduction du Notre Père, que nous allons réciter aujourd'hui pour la première fois. Au lieu de dire *« ne nous soumets pas à la tentation »*, nous dirons : *« ne nous laisse pas entrer en tentation »*. Bien sûr, l'expression que nous avons employée pendant des décennies n'était pas hérétique, mais elle pouvait être mal interprétée. Ce n'est pas Dieu qui nous tente[3], mais Il peut nous éprouver, comme un père éprouve son fils pour l'aider à devenir plus fort, ou comme le forgeron passe l'or au feu pour le purifier[4]. Nous demandons donc au Père de nous rendre

---

[3] *« Dans l'épreuve de la tentation, que personne ne dise : "Ma tentation vient de Dieu." Dieu, en effet, ne peut être tenté de faire le mal, et lui-même ne tente personne. Chacun est tenté par sa propre convoitise qui l'entraîne et le séduit. »* (Jc 1,13 14)

[4] *« Aussi vous exultez de joie, même s'il faut que vous soyez affligés, pour un peu de temps encore, par toutes sortes d'épreuves ; elles vérifieront la valeur de votre foi qui a bien plus de prix que l'or – cet or voué à disparaître et pourtant vérifié par le feu –, afin que votre foi reçoive louange, gloire et honneur quand se révélera Jésus Christ. »* (1 P 1, 6‑ 7)
Ou : *« Plus encore, rendons grâce au Seigneur notre Dieu, qui nous met à l'épreuve comme nos pères. Rappelez-vous comment il agit avec Abraham, comment il mit Isaac à l'épreuve, et tout ce qui arriva à Jacob ... De même qu'il les fit passer par le feu de l'épreuve pour scruter leurs cœurs, le Seigneur ne cherche pas à nous punir. S'il flagelle ceux qui s'approchent de lui, c'est pour leur donner un avertissement. »* (Jdt 8,25-27)
*« Dans son voyage ici-bas »*, dit Saint Augustin, *« notre vie ne peut pas échapper à l'épreuve de la tentation, car notre progrès se réalise par notre épreuve. Personne ne se connaît soi-même sans avoir été éprouvé, ne peut être couronné sans avoir vaincu, ne peut vaincre*

forts pour ne même pas entrer en tentation, et la rejeter fermement dès qu'elle s'approche, comme le fit Jésus dans le désert ou à Césarée de Philippes : « *Passe derrière moi, Satan !* » (Mt 4,10 ; Mc 8,33)

Frères et sœurs, pendant ce temps de l'Avent, **tenons nos lampes allumées, soyons en état de veille.** Les apôtres, parce qu'ils n'ont pas veillé à Gethsémani, non seulement n'ont pas su résister à la tentation, mais ensuite, après sa résurrection, furent incapables de reconnaître leur maître. **Nos cœurs sont comme des portables qui ont besoin d'être rechargés chaque jour, autrement, même si Dieu nous appelle, nous ne le saurons pas. Comment les recharger ? En priant et en étant ainsi branchés à la Sainte Trinité, d'où jaillit l'Esprit Saint.** Durant ce temps d'Avent, donnons une place essentielle à la prière. C'est ainsi que les cieux se déchireront et que le Seigneur descendra du ciel jusque dans la demeure de notre cœur, bien avant le père Noël. AMEN.

---

*sans avoir combattu, et ne peut combattre s'il n'a pas rencontré l'ennemi et les tentations* » (Sur les psaumes, Enseignement sur le psaume 60,2-3).

## Apprenons le rap

Frères et sœurs, **pourquoi avons-nous besoin de Jean le Baptiste ?** Pourquoi est-il donné à notre méditation chaque année sur le chemin qui mène vers Noël ? Parce que, à la suite des autres prophètes, **il nous appelle à nous convertir.** Pourquoi nous convertir ? Parce que le Seigneur, qui vient à nous sans cesse, trouve parfois sur le chemin de nos cœurs des obstacles qui empêchent de vraies rencontres : les montagnes de nos orgueils, les collines de nos vanités, les ravins de nos manques d'amour, les passages tortueux de nos vices (cf 1° lect.) Alors, **comment nous convertir et supprimer ces obstacles ? En apprenant, comme l'a fait Jean, le RAP : le Recueillement, l'Abandon, et la Patience.**

Pour commencer, nous devons **apprendre le recueillement.** C'est la raison pour laquelle Dieu nous attire au désert, là où il n'y a RIEN, et où on peut donc trouver le TOUT. Là, les repères habituels disparaissent, et il n'y a pas de tentation et de fuite possibles. Par le prophète Osée, comparant son peuple à sa fiancée, le Seigneur déclare : « *je vais la séduire, je la conduirai au désert et je parlerai à son cœur.* » (Os 2,16) Les patriarches ont tous dû traverser le désert ; Israël a même dû y rester 40 ans. C'est pourquoi Isaïe annonce que le retour d'exil de son peuple, qui va devoir traverser le désert qui sépare Babylone de Jérusalem, va être l'occasion d'une transformation. Là, « *la gloire du Seigneur se révélera et tous* *en même temps verront que la bouche du Seigneur a parlé. »* (1ᵉ lect.)

De même, c'est dans le désert que Jean prêche et baptise. Vêtu de poils de chameau comme le prophète Elie, il reprend sa mission d'appel à la conversion : renoncez à vos idoles, et choisissez le vrai Dieu ! Et son message est bien accueilli par un peuple qui désire ardemment la venue du Messie, puisque *« toute la Judée, tout Jérusalem »* viennent à lui.

Le Christ, lui aussi, partait régulièrement à l'écart, et pas seulement pendant les 40 jours où il fut tenté par Satan. Il enseigna à ses disciples à faire de même lorsqu'au retour de leur première mission, il leur dit : *« Venez à l'écart dans un endroit désert, et reposez-vous un peu. »* (Mc 6, 31)

Et pour nous, que signifie partir au désert ? Cela signifie d'abord partir de temps en temps loin de la capitale, dans des lieux moins agités où nous pouvons prendre plus de recul. C'est particulièrement le cas si nous décidons de prendre un temps de retraite. Tous les grands témoins de l'évangile connaissent la valeur de ces moments privilégiés de cœur à cœur avec Dieu. Plus ils sont des serviteurs actifs de leurs frères, plus ils ressentent le besoin de ces temps de recul. Le Père Guy Gilbert, qui consacre sa vie aux jeunes en difficulté depuis plus de 40 ans, déclare qu'il n'a pu le faire que grâce aux jours de solitude qu'il prend chaque année : 5 jours d'un coup une fois, et 2 jours tous les 10 jours. Parmi les obligations qui incombent à n'importe quel prêtre, il y a également cette retraite annuelle de 5 jours. En l'occurrence, ce qui est bon pour les prêtres l'est aussi pour les autres chrétiens. Mais ce type de retraite, aussi bénéfique soit-il, ne suffit pas : c'est chaque jour qu'il nous faut partir au désert, en prenant un temps d'intimité avec le Seigneur.

Une fois au désert, que faire pour nous convertir ? Rien, ou plutôt : nous laisser faire, nous laisser transformer par le Seigneur lui-même. Cela signifie que nous devons **apprendre l'abandon**. Ce n'est pas à la force du poignet qu'on devient saint, mais en s'abandonnant à la grâce divine, infiniment plus efficace. C'est ce que saint Jean Baptiste exprime, lorsqu'il proclame que son action est insuffisante : « *Voici venir derrière moi celui qui est plus puissant que moi. Je ne suis pas digne de me courber à ses pieds pour défaire la courroie de ses sandales. Moi, je vous ai baptisés dans l'eau ; lui vous baptisera dans l'Esprit Saint.* » (év.) Sans l'Esprit Saint, qui agit en union parfaite avec le Fils de Dieu, même un cœur parfaitement contrit par la pénitence ne peut se convertir. La petite Thérèse l'avait compris elle aussi, alors qu'elle se désespérait de ne pouvoir imiter les grands saints à qui elle rêvait de ressembler. Pour parvenir au sommet de la sainteté, elle ne grimperait pas par ses propres forces, mais elle se laisserait élever par les bras de Jésus, comme dans un ascenseur.

L'abandon s'accompagne souvent d'incompréhension, lorsque le Seigneur nous déroute : « *Car mes pensées ne sont pas vos pensées, et mes chemins ne sont pas vos chemins, déclare le Seigneur. Autant le ciel est élevé au-dessus de la terre, autant mes chemins sont élevés au-dessus des vôtres, et mes pensées, au-dessus de vos pensées.* » (Is 55,8-9) Comme dit un proverbe portugais, « *Dieu écrit droit avec des lignes courbes* ». Il nous faut donc apprendre à renoncer parfois à nos projets, pour suivre ceux du Seigneur. C'est ce que Jean a fait, lorsqu'il a accepté de baptiser Jésus, alors qu'il considérait que c'était Jésus qui aurait dû le baptiser.

Pour nous convertir, le recueillement et l'abandon sont nécessaires, mais pas suffisants : nous devons aussi **apprendre la patience**. « *L'amour prend patience [...] il supporte tout, il espère tout, il endure tout.* » (1 Co 13,4.7) Dans notre société qui voue un culte à la rapidité, nous sommes souvent trop pressés. Nous nous désespérons de ne pas progresser aussi vite que nous le voudrions sur le chemin de la sainteté, à l'instar de la petite Thérèse évoquée plus haut. Alors, le Seigneur nous appelle non seulement à l'abandon, mais aussi à la patience. Comme l'écrit saint Pierre, « *pour le Seigneur, un seul jour est comme mille ans, et mille ans sont comme un seul jour. Le Seigneur ne tarde pas à tenir sa promesse, alors que certains prétendent qu'il a du retard. Au contraire, il prend patience envers vous, car il ne veut pas en laisser quelques-uns se perdre, mais il veut que tous parviennent à la conversion.* » (2° lect.). Et il ajoute ensuite cette parole extraordinaire : « *vous voyez quels hommes vous devez être, en vivant dans la sainteté et la piété, vous qui attendez, vous qui hâtez l'avènement du jour* *de Dieu ».* Nous pouvons donc hâter la venue du Règne de Dieu ! Et donc aussi le retarder... C'est pourquoi notre conversion n'est pas un choix uniquement personnel, elle est une urgence pour le bien de tous. Patience et urgence, paradoxalement, vont de pair.

Jean a dû lui aussi faire preuve de patience. Alors qu'il espérait que le Messie allait couper et jeter au feu les arbres qui ne portaient pas de fruit (cf Mt 3,10), Jésus laisse le mal subsister... Dans sa prison, Jean lui fait demander : « *Es-tu celui qui doit venir, ou devons-nous en attendre un autre ?* » (Mt 11,3) Et Jésus lui répond qu'il est bien le messie. Ce n'est que lors de son retour dans la gloire que le mal disparaîtra de la face de la terre. Dans l'attente de ce jour où il y aura « *un ciel nouveau et une terre nouvelle où résidera la justice* », nous devons *faire tout pour qu'il nous trouve* « *nets et irréprochables, dans la paix.* » (2<sup>e</sup> lect.)

Ainsi, frères et sœurs, convertissons-nous en devenant de bons rappeurs. Apprenons à nous recueillir, à nous abandonner à la volonté divine, et à être patients. Cette semaine, **pourquoi ne pas prendre chaque jour un temps de prière**, qui nous aidera à mettre en pratique ces trois invitations ?

## Soyez toujours dans la joie !

Frères et sœurs, **voyons-nous la vie en rose**, comme Edith Piaf ? Le rose est la couleur liturgique de la joie, utilisée 2 fois dans l'année, et d'abord en ce 3$^{\text{ème}}$ dimanche de l'Avent, appelé traditionnellement dimanche de *Gaudete*. La question est donc : **sommes-nous dans la joie ?** Dans notre société, beaucoup souffrent de déprime, voire de dépression. Même les chrétiens sont touchés : dans son exhortation "la joie de l'Évangile", le pape François écrit : *« Il y a des chrétiens qui semblent avoir un air de Carême sans Pâques. »* Mais comment être dans la joie, alors qu'il y a le chômage, la guerre, les maladies, la pollution, les séparations, et bien d'autres maux encore ? Dans quelques jours, nous célèbrerons Noël, et ce sera l'occasion de faire de bons repas et d'offrir et recevoir des cadeaux. Nous éprouverons alors une joie réelle et légitime, mais qui risque d'être passagère, si nous ne l'ancrons pas en Dieu. Pourquoi ? Parce que les soucis et les épreuves de la vie nous assailliront bien vite, si tant est qu'elles nous laissent en paix ce soir-là… Mais la joie que le Seigneur nous offre est comme un rempart (cf Ne 8,10), qu'aucun souci et aucune épreuve ne peuvent briser. Cette joie, elle vient de sa présence en nos cœurs : il est venu, il reviendra à la fin des temps, et il vient à nous chaque jour…
**La joie est donc d'abord un don de Dieu**, le 2$^{\text{ème}}$ fruit de l'Esprit Saint (après la charité, cf Ga 5,22), **mais elle est aussi un commandement**, car il nous incombe de veiller à ne pas laisser sa flamme s'éteindre en nos cœurs: *« soyez toujours dans la joie »*, exhorte saint Paul les Thessaloniciens (2$^{\text{ème}}$

lect.). Ce commandement n'est-il pas trop élevé, utopique ? La preuve que non, c'est que nous connaissons sans doute des personnes qui vivent de grandes épreuves, et qui sont pourtant dans la joie, et nous en connaissons d'autres qui se laissent accabler par des broutilles (nous peut-être, parfois ?) Alors, pour nous aider à pratiquer le commandement de la joie, inutile de faire de grands raisonnements, **mieux vaut prendre exemple sur des témoins. Aujourd'hui, les lectures bibliques en présentent 4 à nos regards : le prophète Isaïe, la Vierge Marie, saint Paul, et saint Jean Baptiste.** Observons-les tour à tour, en reconnaissant les difficultés qu'ils ont eu à surmonter, et les racines de leur joie. Comme le rose est le mélange du blanc et du rouge, elle vient d'un cœur pur et prêt à se donner jusqu'au martyre.

Le passage du livre d'**Isaïe** que nous avons entendu est écrit au retour de l'exil à Babylone, à la fin du VI$^e$ siècle av. J.C. Dans les années qui suivent ce retour, la désillusion du peuple est à la mesure des immenses espérances qu'il avait nourries. La situation économique est difficile, et le Temple tarde à être reconstruit. Alors que le peuple s'enfonce dans la déprime, le prophète le secoue et l'invite à la joie : « *Je tressaille de joie dans le Seigneur, mon âme exulte en mon Dieu* ». Sur quoi fonder cette joie ? Sur deux fondements. Le 1$^{er}$ est un cœur pur : « *il m'a enveloppé du manteau de l'innocence, il m'a fait revêtir les vêtements du salut, comme un jeune époux se pare du diadème, comme une mariée met ses bijoux.* » La joie ne peut cohabiter avec le péché. Mais celui qui a le cœur pur est prêt à s'engager avec le Seigneur au service de ses frères : « *L'esprit du Seigneur Dieu est sur moi parce que le Seigneur m'a consacré par l'onction. Il m'a envoyé annoncer la bonne nouvelle aux humbles, guérir ceux qui ont le cœur brisé, proclamer aux captifs leur délivrance, aux prisonniers leur libération, proclamer une année de bienfaits accordée par le Seigneur* ».

Dans le Cantique du Magnificat qui suit la 1° lecture, nous avons entendu le chant de louange de la **Vierge Marie**. Alors qu'elle pourrait être préoccupée à la fois de la mission qu'elle vient de recevoir du Seigneur par la bouche de l'archange Gabriel, devenir la mère du fils de Dieu, et du qu'en dira-t-on (elle va porter un enfant sans avoir encore vécu avec Joseph), elle exulte : « *Mon âme exalte le Seigneur, mon esprit exulte en Dieu mon Sauveur !* » Elle aussi a le cœur pur, car elle n'a jamais rien refusé à Dieu, et elle s'offre elle-même entièrement à lui et aux autres, comme elle l'a dit à l'archange : « *Voici la servante du Seigneur ; que tout m'advienne selon ta parole." Alors l'ange la quitta.* » (Lc 1,38)

Dans la 2° lecture, nous avons entendu **saint Paul**. Lui qui a connu tellement d'épreuves vit dans une joie continuelle, et il exhorte les Thessaloniciens à la partager. Là encore, le secret est le même. D'abord la pureté du cœur : « *N'éteignez pas l'Esprit [...] éloignez-vous de toute espèce de mal* ». Et ensuite le don de soi, comme il l'écrit juste avant : « *Nous vous en prions, frères : avertissez ceux qui vivent de façon désordonnée, donnez du courage à ceux qui en ont peu, soutenez les faibles, soyez patients envers tous.* » (1 Th 5,14)

L'évangile, enfin, nous donne à nouveau à contempler **Jean Baptiste**, comme dimanche dernier. Lui non plus n'a pas eu une vie facile, non seulement sur le plan physique (vivant dans le désert et se nourrissant de sauterelles et de miel sauvage) mais aussi sur le plan spirituel (avec la menace de la prison et de la mort, à cause des reproches qu'il adressait au roi Hérode). Pourtant, Jean Baptiste rayonne de joie. Dans l'évangile de Jean, il déclare : « *l'ami de l'époux se tient là, il entend la voix de l'époux, et il en est tout joyeux. C'est ma joie, et j'en suis comblé.* » (Jn 3,29) D'où lui vient cette joie dont il est comblé ? D'abord la pureté du cœur, qui se manifeste ici par une extraordinaire humilité : lorsque les autorités lui demandent de déclarer son identité, car beaucoup pensent qu'il est le Messie ou le grand Prophète, il répond sans ambages qu'il ne l'est pas. Qui est-il alors ? « *Je suis la voix de celui qui crie dans le désert : Redressez le chemin du Seigneur* ». Jean prépare le chemin de celui dont il n'est *pas digne de délier la courroie de sa sandale.* La pureté de cœur de Jean s'accompagne du don total de lui-même, qui va le mener jusqu'au martyre.

Ainsi, frères et sœurs, **la joie est à la fois un don et un commandement du Seigneur. Elle se cultive en purifiant notre cœur du péché et en nous donnant au service de Dieu et de nos frères.** L'Eucharistie est une occasion de faire grandir en nous la joie. Le Corps du Christ symbolise le blanc de la pureté, et le sang du Christ évoque le martyre. Tous les saints ont vécu dans la joie du Seigneur. Comme disait Jean Bosco, « *un saint triste est un triste saint* ». Pour y parvenir nous aussi, **nous avons besoin à la fois de Jean Baptiste et de Jésus,** car le baptême du $1^{er}$ était un moyen de purifier son cœur du péché, mais il devait être complété par le feu de l'Esprit du $2^{nd}$, qui seul permet de donner sa vie. Prenons exemple sur tous ceux qui se sont laissés guider par l'Esprit de feu… Cette semaine, voyons la vie en rose, **vivons dans la joie du Seigneur, surtout dans les moments difficiles que nous traverserons, et communiquons-la à ceux qui sont autour de nous.** AMEN.

## Que tout se passe pour moi selon ta parole !

« *Rien n'est impossible à Dieu* ». Cette parole que l'archange Gabriel a adressée à la Vierge Marie, l'avons-nous intégrée ? **Croyons-nous vraiment que *tout est possible à Dieu* ?** Un de nos proverbes énonce que « *quand on veut, on peut* ». Et nos amis américains disent souvent : « *Yes we can* », pour signifier que le rêve américain est toujours accessible. Pourtant, nous sommes souvent confrontés à nos limites, et notre volonté n'est pas toute-puissante. Mais la parole de Gabriel signifie tout autre chose : ce n'est pas nous qui pouvons tout, c'est le Seigneur. Il n'y a qu'une seule limite à sa Puissance : notre refus de croire. « *Tout est possible à celui qui croit* » (Mc 9,23), comme Jésus l'a déclaré un jour. **Nous en avons la preuve grâce aux 3 personnages sur lesquels la liturgie nous permet de méditer ce dimanche : le roi David, l'apôtre Paul, la Vierge Marie.** Le premier, de simple berger, le plus jeune de sa fratrie, est devenu le plus grand des rois d'Israël, avec la promesse d' « *un trône stable pour toujours* » (1° lect.) Le deuxième, de persécuteur des chrétiens, est devenu leur plus grand héraut, mettant en lumière le « *mystère gardé depuis toujours dans le silence* » (2° lect.). La troisième, une simple jeune fille d'un petit village de la Galilée méprisée, est devenue la mère du « *Fils du Très-Haut* », c'est-à-dire la Mère de Dieu ! **Contemplons-les tour à tour, en voyant que Dieu a réalisé pour eux des choses qui paraissaient impossibles à vues humaines, parce que chacun d'entre eux a cru à la promesse de Dieu, et a dit « oui » à sa volonté.**

D'abord, tournons-nous vers le roi David. Après qu'il avait été intronisé sur Israël et Juda à Jérusalem, il n'avait qu'un seul désir : construire un temple pour le Seigneur : « *Le roi dit alors au prophète Nathan : "Regarde ! J'habite dans une maison de cèdre, et l'arche de Dieu habite sous la tente !"* » (1° lect.) Mais tel n'est pas la volonté divine, comme le prophète Nathan le lui révèle : « *Le Seigneur te fait savoir qu'il te fera lui-même une maison.* » Voici que les rôles sont renversés. David aurait pu refuser cette décision du Seigneur. Souvenons-nous de Pierre, lorsque Jésus voudra lui laver les pieds lors de la dernière Cène : « *Tu ne me laveras pas les pieds ; non, jamais !* » Il faudra que Jésus lui réponde : « *Si je ne te lave pas, tu n'auras point de part avec moi* » (Jn 13,8) pour que Pierre accepte de se laisser faire. Souvenons-nous aussi de Jean, qui refuse d'abord de baptiser Jésus parce qu'il le sait sans péché, et qui accepte ensuite lorsque Jésus lui déclare : « *Laisse faire pour le moment, car il convient que nous accomplissions ainsi toute justice.* » (Mt 3,15) Ainsi, ce n'est pas toujours parce qu'elle est pénible en soi que nous refusons parfois d'accomplir la volonté divine, c'est parce qu'elle ne correspond pas à nos critères, à notre manière de penser… Il nous faut toujours avoir à l'esprit cette parole proclamée par le Isaïe : « *mes pensées ne sont pas vos pensées, et mes chemins ne sont pas vos chemins, déclare le Seigneur. Autant le ciel est élevé au-dessus de la terre, autant mes chemins sont élevés au-dessus des vôtres, et mes pensées, au-dessus de vos pensées.* » (Is 55,8-9)

Tournons ensuite vers saint Paul, qui avait d'abord refusé de reconnaître que Jésus de Nazareth avait été envoyé par Dieu. Il ne manquait pas de zèle, au contraire, il croyait s'être offert à la volonté divine, mais il était comme aveugle. Après avoir été illuminé sur le chemin de Damas, il a compris de plus en plus profondément le mystère de la volonté divine, et il a parcouru le monde pour le faire connaître à tous. C'est ainsi qu'il peut écrire aux Romains : « *Oui, voilà le mystère qui est maintenant révélé : il était resté dans le silence depuis toujours, mais aujourd'hui il est manifesté.* » (2° lect.) Paul s'est offert à Dieu pour faire connaître à tous ce mystère, jusqu'à accepter de donner sa vie pour Celui en qui il croyait. Alors qu'il rechignait au départ contre l'aiguillon (cf Ac 26,14), il est finalement devenu le témoin jusqu'au bout (*martyrios* en grec) de la volonté divine. Son exemple nous rappelle l'importance du discernement : alors que les fondamentalistes sont toujours sûrs de faire la volonté de Dieu, nous devons être assez humbles pour nous remettre sans cesse en question et être à l'écoute de ce que le Seigneur nous demande.

Contemplons enfin la Vierge Marie à travers sa réponse à l'ange Gabriel : « *Voici la servante du Seigneur ; que tout se passe pour moi selon ta parole.* » Nous connaissons si bien cette parole de Marie que nous risquons d'en sous-estimer la profondeur et la beauté. Était-ce si évident de répondre ainsi à l'ange, qui venait de lui annoncer qu'elle allait concevoir et enfanter un fils, qui serait appelé Fils du Très-Haut, et dont le règne n'aurait pas de fin ? Loin de là, pour deux raisons. D'abord, Marie risquait tout simplement d'être lapidée. C'est le sort que la Loi de Moïse réservait aux femmes adultères. Or, que dirait Joseph, son fiancé, en apprenant qu'elle était enceinte ? Il pouvait la répudier publiquement, ce qui équivaudrait à sa condamnation… Ensuite, même en espérant que Joseph n'agirait pas ainsi, parce qu'elle savait qu'il était un homme juste, Marie pouvait aussi douter de ses capacités à mener à bien sa mission. Si l'éducation de n'importe quel enfant est déjà difficile, que dire alors de celle du Fils de Dieu ? Beaucoup d'entre vous connaissent bien les questions que les parents se posent aujourd'hui : comment savoir ce qui est le mieux pour notre enfant ? A quel âge faut-il lui offrir un portable ? Faut-il lui permettre de communiquer sur Facebook ? etc. Nous pouvons imaginer les questions qui auraient pu assaillir Marie : Serai-je à la hauteur ? Je ne suis pas une érudite, je manque d'expérience de la vie, moi qui n'ai qu'une quinzaine d'années, Joseph et moi ne sommes pas assez riches pour envoyer notre enfant dans les meilleures écoles rabbiniques, etc.

Marie aurait pu se poser toutes ces questions, et surtout se laisser paralyser par elles. Mais elle fait confiance à l'ange, qui lui rappelle que « *rien n'est impossible à Dieu.* » Sa confiance n'est pas synonyme de passivité, au contraire ; c'est pourquoi elle demande : « *Comment cela va-t-il se faire, puisque je suis vierge ?* » Elle est toute prête à accomplir sa mission, non seulement avec son cœur, mais aussi avec son intelligence.

Et nous, frères et sœurs, jusqu'où sommes-nous prêts à accomplir cette volonté ? En plus du roi David, de saint Paul et de la Vierge Marie, nous avons un autre exemple parfait : celui du Christ lui-même, qui a accompli parfaitement la volonté de son Père. Pour le Fils de Dieu lui-même, cette obéissance n'a pas été facile. A Gethsémani, il a supplié : *« Mon Père, s'il est possible, que cette coupe passe loin de moi ! Cependant, non pas comme je veux, mais comme tu veux. »* (Mt 26,39) Si le Fils de Dieu lui-même a été conduit à sa perfection par la souffrance[5], comment pourrions-nous y parvenir nous-mêmes autrement ? Acceptons de dire toujours *« oui »* à la volonté du Seigneur, même si elle nous fait peur ou si nous ne la comprenons pas sur le moment ? Faisons taire la voix intérieure qui susurre parfois : *« c'est impossible »*... Alors, nous connaîtrons la joie et la paix profondes de la Vierge Marie, l'Esprit Saint viendra sur nous comme pour nous créer à nouveau, et nous pourrons chanter avec elle le Magnificat. AMEN.

---

[5] *« Puisque le créateur et maître de tout voulait avoir une multitude de fils à conduire jusqu'à la gloire, il était normal qu'il mène à sa perfection, par la souffrance, celui qui est à l'origine du salut de tous. »* (He 2,10)

# Noël

## Gloire à Dieu au plus haut des cieux, et paix sur la terre aux hommes, qu'Il aime !

Frères et sœurs, **que souhaitez-vous pour Noël ? Quel cadeau désirez-vous recevoir ?** Cette nuit, le père Noël est en train d'apporter aux enfants les plus gâtés les cadeaux qu'ils lui ont demandés. Le père Noël est généreux, mais le Père des cieux l'est infiniment plus, et il souhaite nous offrir un cadeau à chacun, car nous sommes tous ses enfants. **Ce cadeau, c'est le plus beau de tous ceux que nous pourrions imaginer, c'est son Fils Premier-né, Jésus, dont le nom signifie «** *Dieu sauve* **»**, qui descend du ciel non grâce à des rennes ou des lutins mais grâce à Marie. Sommes-nous heureux de recevoir ce cadeau ? Il n'y a rien de plus triste que d'offrir un cadeau à quelqu'un qui le reçoit sans exprimer de marques de joie et de reconnaissance... ou pire, qui ne daigne même pas le déballer de son emballage. Malheureusement, c'est bien ainsi que le cadeau de Dieu est traité : certains ne l'ouvrent même pas, d'autres disent « merci » poliment, d'autres enfin remercient chaleureusement mais sans véritablement utiliser ensuite le cadeau. Et nous, **que faisons-nous du salut que Dieu nous a offert il y a 2000 ans ? Avons-nous conscience de devoir être sauvés ?** Nous nous disons peut-être : « sauvés, mais de quoi » ? « Ma situation n'est peut-être pas extraordinaire, mais j'arrive à me débrouiller, à joindre les deux bouts... » etc. Alors, **de quoi le Seigneur nous sauve-t-il ? De ce qui nous met en danger, à savoir le mal, qu'on peut comparer aux ténèbres.** Ce n'est pas un hasard si c'est dans la nuit que nous célébrons Noël. Comme le proclamait le prophète Isaïe : « *Le peuple qui marchait dans les ténèbres a vu se lever une grande lumière ; et sur les habitants du pays de l'ombre, une lumière a resplendi* » (1° lect.). Le Christ est *la lumière du monde* (Jn 9,5). Le mal ne peut rien contre lui, comme les ténèbres sont vaincues par la lumière. Alors, pourquoi le mal continue-t-il de ravager la terre ? Parce que c'est en deux temps que le Fils de Dieu nous sauve. Dans un 1$^{er}$ temps, il veut nous sauver du péché, c'est-à-dire le mal dont nous sommes responsables. Dans un 2$^{nd}$ temps, il reviendra pour nous sauver aussi du mal dont nous sommes les victimes : les maladies, les épreuves, la mort… Dans le temps présent, donc, notre responsabilité est avant tout de nous convertir, pour être sauvés de la mort spirituelle. Et le Seigneur ne se contente pas de nous protéger du mal, il nous transforme en faisant de nous ses fils, capables de faire le bien : « *à tous ceux qui l'ont reçu, il a donné de pouvoir devenir enfants de Dieu* » (év. de demain) Le salut est donc comme une pièce d'or avec ses deux faces. Les occidentaux ont plus insisté sur la guérison du mal, et les orientaux sur la divinisation de l'homme, à la suite des pères de l'Eglise qui avaient écrit : « *Dieu s'est fait homme pour que l'homme devienne Dieu* ». **Voyons comment l'enfant de la crèche nous sauve de pires fléaux en nous offrant les 3 vertus théologales: de nos peurs et de l'anxiété par la Foi ; du désespoir et de la morosité par l'Espérance ; de la haine et de l'indifférence, par l'Amour.**

Pour commencer, **l'Enfant de la crèche nous sauve de nos peurs et de l'anxiété par la Foi**, qui signifie avant tout la confiance en Dieu. Il nous sauve d'abord de la peur de Dieu, ou des dieux, à qui on offrait des sacrifices – jusqu'à ses propres enfants – pour les amadouer. Craindre Jupiter brandissant son sceptre en forme d'éclair, oui, mais comment craindre un petit enfant ? Le Tout-Puissant s'est fait fragile, la Parole s'est faite silence (enfant, in-fans, signifie celui qui ne parle pas), le Très-Haut est sur le plancher des vaches, avec le bœuf et l'âne... Non seulement il ne nous fait pas peur, mais il nous enseigne la confiance en son Père. Cette confiance, il l'a d'abord enseignée à Joseph et à Marie. D'abord, ils ont dû faire confiance à l'ange qui leur a assigné une mission qui paraissait au-delà de leurs capacités humaines. Puis ils ont connu les difficultés du voyage, lorsqu'ils ont dû quitter Nazareth pour aller à Bethléem pour le recensement. Là, ils ont dû rechercher un lieu pour l'accouchement en dehors de la salle commune. Plus tard au Temple, ils ont entendu la prophétie de Syméon sur le signe de contradiction que serait Jésus et le glaive qui traverserait le cœur de Marie. Puis ils ont dû fuir en Égypte pour échapper à Hérode. Lorsque Jésus eut 12 ans, ils le « perdirent » dans Jérusalem... Dans toutes ces épreuves, ils ont dû avoir peur, mais eux et l'enfant ont été protégés par Dieu. Notre société est malade de ses peurs, qui nous poussent à nous assurer pour tout et à nous méfier de tout. Mais nous, chrétiens, nous surmontons nos peurs car nous savons que *le Seigneur est avec nous tous les jours, jusqu'à la fin du monde* (cf Mt 28,20).

Deuxièmement, **l'Enfant de la crèche nous sauve du désespoir et de la morosité par l'Espérance**. A quoi sert la vie ? Quel est le sens de l'existence ? Nous, chrétiens, « *ce sont de nouveaux cieux et une terre nouvelle que nous attendons selon sa promesse, où la justice habitera.* » (2 P 3,13) Sur quoi fonder notre espérance ? Sur le fait que Dieu a tenu ses promesses. La naissance du Messie avait été annoncée par le prophète Isaïe des siècles plus tôt : « *Oui, un enfant nous est né, un fils nous a été donné ! Sur son épaule est le signe du pouvoir ; son nom est proclamé : 'Conseiller-merveilleux, Dieu-Fort, Père-à-jamais, Prince-de-la-Paix'.* » Puisque la 1$^{ère}$ partie de la prophétie s'est réalisée, nous pouvons espérer la réalisation de la 2$^{nde}$ : « *le pouvoir s'étendra, et la paix sera sans fin pour le trône de David et pour son règne* » (1° lect.). Dans nos maisons, le sapin est le symbole de notre espérance, il nous rappelle que nous sommes appelés à la vie éternelle.

Troisièmement, **l'Enfant de la crèche nous sauve de la haine et de l'indifférence, par l'Amour**. Il ne fait rien pour le moment, mais un jour, il se laissera clouer sur une croix pour nous témoigner de son amour. Sur les icônes orientales, ses langes représentent déjà les bandelettes du linceul. Et dans nos églises, la couronne de l'Avent a symbolisé sa couronne royale, qui est aussi la couronne d'épines… C'est par amour que le Fils de Dieu s'est incarné : « *Dieu a tant aimé le monde qu'il a donné son Fils unique* » (Jn 3,16) Ce mouvement de kénose, c'est-à-dire d'abaissement, se poursuivra jusqu'à la croix car « *il n'y a pas de plus grand amour que de donner sa vie pour ses amis.* » (Jn 15,13)

Alors, frères et sœurs, **voulons-nous être sauvés de nos manques de Confiance, d'Espérance et d'Amour ? Sommes-nous reconnaissants au Seigneur de l'extraordinaire cadeau qu'il nous a fait il y a 2000 ans ? Pour l'être, il nous faut redevenir nous-mêmes semblables à de petits enfants,** autrement nous n'entrerons pas dans le Royaume des cieux (cf Mt 18,3). Cette conversion n'est pas puérile, au contraire : lorsque la petite Thérèse s'est convertie la nuit de Noël 1886, elle a reçu la force de sortir des langes de l'enfance psychologique, et elle s'est mise à parcourir la voie de l'enfance spirituelle, qui est précisément celle de la Confiance, de l'Espérance et de l'Amour. A Bethléem, il y a 2000 ans, les chefs du peuple n'étaient pas présents, et ils ne se sont même pas déplacés lorsque les mages leur ont annoncé la naissance d'une étoile. Mais les bergers, qui étaient les derniers dans le peuple, sont accourus. Quant aux mages, que nous célébrerons dans quelques jours, ils étaient des savants, mais aussi des pauvres de cœur, et c'est pourquoi ils ont quitté leur confort pour suivre l'étoile. Alors, nous-mêmes, célébrons Noël en nous réjouissant de revoir nos familles, de faire de bons repas et d'échanger des cadeaux, car tout cela est bon, mais réjouissons-nous surtout de la venue parmi nous du Fils de Dieu, qui s'est fait homme pour nous sauver, c'est-à-dire pour que nous devenions fils et filles de Dieu. Tous les cadeaux que nous allons recevoir ce soir ou les jours à venir, aussi précieux qu'ils soient, finiront par s'user et disparaître. Mais le cadeau du salut, il est mieux qu'incassable ou inaltérable, il est éternel, et plus nous le partagerons avec nos frères, plus nous en profiterons. Alors, redisons avec les anges : « *Gloire à Dieu au plus haut des cieux, et paix sur la terre aux hommes, qu'Il aime* » !

## Qui est Jésus ?

Frères et sœurs, **qui est Jésus ?** Lorsqu'on apprend la naissance de quelqu'un, on commence par se réjouir, se contentant de connaître son prénom, comme nous l'avons fait cette nuit. Mais ensuite, on souhaite en savoir davantage : A qui ressemble-t-il ? Est-il plutôt calme ou turbulent ? Et quelques années plus tard, on cherche à savoir ce qu'il veut nous dire, quand il commence à parler. Cette nuit, nous nous sommes réjouis de la naissance de Jésus, mais ce matin, nous souhaitons en savoir plus. Alors, 3 de ses proches vont nous éclairer. L'auteur de l'épître aux Hébreux, d'abord, nous dit qu'il est *« le rayonnement de la gloire de Dieu, l'expression parfaite de son être »* (2° lect.). Le prophète Isaïe nous dit qu'il est *« celui qui annonce la paix »* (1° lect.). Jean, enfin, l'appelle *« le Verbe »*, *« la vie »* et *« la lumière des hommes »* (év.). Méditons sur chacune de ces affirmations.

Avant tout, **Jésus est *« le rayonnement de la gloire de Dieu, l'expression parfaite de son être »*.** Depuis toujours, l'homme a cherché à connaître Dieu. Mais à Moïse qui lui demande de « *contempler sa gloire* », Il répond : « *tu ne peux pas voir ma face, car l'homme ne peut me voir et vivre.* » (Ex 33,20) C'est de cette impossibilité que vient le 2$^{ème}$ commandement du décalogue : « *Tu ne te feras aucune image sculptée, rien qui ressemble à ce qui est dans les cieux, là-haut, ou sur la terre,* *ici-bas, ou dans les eaux, au-dessous de la terre.* » (Ex 20,4) Ni les Juifs ni les Musulmans ne tolèrent les images de Dieu.

Mais si Dieu est invisible, comment le connaître ? Vous connaissez la parole de Voltaire : « Dieu a créé l'homme à son image, et l'homme le lui a bien rendu ». L'imagination a remplacé la vision, et a généré des erreurs sur Dieu. Mais pour nous chrétiens, la naissance de Jésus a tout changé : « *Qui me voit, voit le Père.* » (Jn 14,9) Plus nous contemplons Jésus à travers les évangiles, et plus nous apprenons à connaître Dieu.

Jésus est aussi **« le Prince de la Paix »** (1° lect. nuit). Il naît au moment du recensement de l'empereur Auguste, qui voulait lui aussi apporter au monde la paix. Comparons ces 2 personnages. **Tous les 2 ont prétendu être des dieux.** Auguste fut le premier à exiger de ses concitoyens d'être vénéré ainsi, et tous ses successeurs ont fait de même. Et Jésus s'est révélé comme le Fils de Dieu. **Tous les 2 ont eu le même objectif** : donner la paix aux hommes. Après les affres des guerres civiles du dernier siècle de la République romaine, Auguste fit bâtir à Rome l'Autel de la Paix, un monument colossal en l'honneur de Pax, déesse de la Paix. Et Jésus, au moment de son dernier repas, envoya ses disciples en mission avec comme consigne : « *dans toute maison où vous entrerez, dites d'abord : "Paix à cette maison."* » (Lc 10,5)... **Tous les 2 ont également affirmé que pour obtenir la paix, il fallait d'abord faire la guerre** : « *si vis* *pacem, para bellum* » disaient les Romains. Et Jésus déclara : « *Ne pensez pas que je sois venu apporter la paix sur la terre : je ne suis pas venu apporter la paix, mais le glaive.* » (Mt 10, 34) Mais au-delà de ces points communs, **il y a une immense différence**, que Jésus a soulignée en déclarant lors de son dernier repas : « *Je vous laisse la paix, je vous donne ma paix ; **ce n'est pas à la manière du monde que je vous la donne.*** » (Jn 14,27) Quelle est la manière du monde de faire la paix ? C'est l'emploi de la force. Si Auguste ordonne « *le recensement de toute la terre* » qui oblige Joseph et Marie à aller à Bethléem, c'est parce qu'il souhaite savoir sur quel impôt il pourra compter pour payer notamment ses soldats. Et quelle est la manière de Jésus de faire la paix ? Ce n'est pas d'utiliser la violence, comme il le dit à Pierre qui veut le protéger des soldats qui viennent l'arrêter à Gethsémani : « *Rentre ton épée, car tous ceux qui prennent l'épée périront par l'épée.* » (Mt 26,52) Au contraire, Jésus nous invite à la douceur : « *À celui qui te frappe sur une joue, présente l'autre joue.* » (Lc 6,29) Cette attitude n'est pas synonyme de faiblesse, elle demande au contraire un immense force intérieure.

Entre Auguste et Jésus, qui a réussi ? A première vue, aucun des deux. La paix romaine, que les manuels d'histoire évoquent pour désigner le calme apparent qui a prévalu aux 1° et 2° siècles ap. JC, était plutôt une absence de guerre, mais elle a été suivie par une avalanche de conflits et finalement la destruction de l'empire. Quant à la paix du Christ, que nous échangeons lors de chaque eucharistie, nous constatons qu'elle ne règne pas non plus sur la terre. Pourquoi ? Parce que le Christ, et nous ses disciples, ne voulons rien imposer, contrairement à Auguste. La paix sur la terre demande la conversion de tous. Et d'abord la mienne. Il ne peut y avoir de paix dans le monde que s'il y a la paix dans mon cœur. St Séraphin de Sarov disait : « *Acquiers la paix intérieure et des milliers autour de toi seront sauvés.* »

Comment parvenir à cette paix du Christ ? En écoutant sa Parole. Jean nous révèle qu'il est **la Parole de Dieu** : « *Au commencement était le Verbe, et le Verbe était auprès de Dieu, et le Verbe était Dieu* ». Ce Verbe est à la fois « *vie* » et « *lumière* » : **« En lui était la vie, et la vie était la lumière des hommes »**. Or, il n'y a rien que l'homme désire plus que vivre et connaître la vérité, c'est pourquoi Jésus dira un jour : « *Moi, je suis le Chemin, la Vérité et la Vie* » (Jn 14,6) Seul celui qui écoute la Parole de Dieu parvient à la vérité et à la vie éternelle, et il devient alors lumière pour les autres : « *vous êtes la lumière du monde* » (Mt 5,14). Mais cette écoute, pour devenir obéissance (les 2 mots en latin ont la même racine : ob/audire) exige une conversion : « *Elle est vivante, la parole de Dieu, énergique et plus coupante qu'une épée à deux tranchants ; elle va jusqu'au point de partage de l'âme et de l'esprit, des jointures et des moelles ; elle juge des intentions et des pensées du cœur.* » (He 4,12) Voilà le glaive que Jésus a apporté.

Sommes-nous prêts à nous laisser transpercer par la Parole de Dieu ? Notre société nous abreuve d'informations. Mais ces paroles en tous genres ne touchent pas forcément notre cœur, elles ne font que nous effleurer. La Parole de Dieu, elle, peut toucher notre intelligence et notre volonté de la façon la plus profonde. Pour cela, nous devons imiter Marie qui, après avoir écouté les bergers, *« retenait tous ces événements et les méditait dans son cœur. »* (Lc 2,19)

Ainsi, frères et sœurs, l'enfant de la crèche est aussi l'icône du Père, le Prince de la Paix, et la Parole de Dieu. Si nous acceptons de le contempler, de l'écouter et de combattre avec lui pour la paix, nous deviendrons semblables à lui. Voilà la Bonne Nouvelle, l'évangile par excellence : ***« Dieu s'est fait homme pour que l'homme devienne Dieu »***. Cela signifie que nous pouvons être nous-mêmes des icônes du Seigneur, comme Paul qui écrit aux Corinthiens : *« Imitez-moi, comme moi aussi j'imite le Christ. »* (1 Co 11,1) Nous pouvons parler en son Nom : *« Celui qui vous écoute m'écoute. »* (Lc 10,16) Et nous pouvons être des princes de la paix : *« Heureux les artisans de paix, car ils seront appelés fils de Dieu. »* (Mt 5,9) Pendant ce temps de Noël, laissons-nous transformer par le Seigneur chaque jour, et c'est ainsi que la joie de Noël pourra se répandre sur toute la terre, chaque jour de l'année. AMEN.

# L'école de l'Amour

Frères et sœurs, **pourquoi célébrer la sainte famille ? D'abord parce que nous l'aimons et la vénérons. Mais aussi pour la prendre pour modèle. La famille est en effet une institution à la fois fondamentale et fragile.** Fondamentale, parce qu'elle est une école de l'amour : à l'école républicaine, on apprend à lire, à compter, à faire des mathématiques... mais en famille, on apprend à aimer l'autre : ses parents, et ses frères et sœurs. Fragile, parce que notre amour est fragile : certains d'entre nous sont des génies en sciences ou en art, mais nous sommes tous des débutants en amour. Aujourd'hui plus que jamais, la famille est en danger : un couple sur deux divorce, et l'enfant est considéré par certains comme une marchandise. Alors, **qu'est-ce que la Sainte Famille peut nous enseigner ? Elle nous enseigne 3 vertus : la pauvreté (source de reconnaissance), la chasteté (source de respect), et l'obéissance (source de paix)**. Non, je ne me suis pas trompé d'homélie : certes, il s'agit là des 3 « conseils évangéliques » que tous les religieux cherchent à suivre. Mais ces conseils nous concernent tous, comme nous allons le voir.

**École de la pauvreté**. « *Heureux les pauvres* », c'est la $1^{ère}$ béatitude, aussi bien en Matthieu qu'en Luc. Si Luc évoque ici la pauvreté matérielle, il s'agit pour Matthieu de la pauvreté spirituelle. Le pauvre de cœur, c'est celui qui attend tout de Dieu, parce qu'il reconnaît que tout ce qu'il possède lui vient de Dieu. Or, quelle richesse plus précieuse qu'un enfant ? Dans le passé, ceux qui n'en avaient pas étaient considérés comme punis de Dieu, car ils ne pouvaient pas compter sur quelqu'un pour les aider dans leur vieillesse, et surtout pour perpétuer leur souvenir après leur mort. Ce fléau de la stérilité a touché plusieurs des patriarches, et d'abord Abraham et Sarah. Pourquoi cette épreuve ? Pour qu'ils découvrent que l'enfant est avant tout un don de Dieu, et non un bien qu'on pouvait acquérir, comme les esclaves. Abraham et Sarah ont eu du mal à le comprendre. Bien que le Seigneur leur avait promis une descendance, quelqu'un *de leur sang* (1° lect.), ils ont cherché à acquérir un enfant coûte que coûte, en passant par Agar, la servante de Sarah, qui a accepté de devenir ainsi « mère porteuse ». Mais cela n'était pas le plan de Dieu, et ce projet humain a engendré beaucoup de souffrances : Sarah et Agar ont commencé à se haïr, et Abraham a été contraint de chasser celle-ci pour rassurer celle-là, inquiète à propos de l'héritage de leur fils Isaac, que Dieu leur a donné ensuite, comme Il l'avait promis.

De même, Joseph et Marie ont reçu leur enfant comme un don de Dieu. L'ange l'avait dit à Marie : « *L'Esprit Saint viendra sur toi, et la puissance du Très-Haut te prendra sous son ombre ; c'est pourquoi celui qui va naître sera saint, et il sera appelé Fils de Dieu.* » (Lc 1,35) Comme le Seigneur avait donné un enfant à une femme stérile et âgée, Il en a donné un à une jeune fille vierge, car « *rien n'est impossible à Dieu.* » (Lc 1,37) Ainsi, **la pauvreté de cœur engendre la reconnaissance** : je peux m'émerveiller devant chaque être humain, et en particulier devant les membres de ma famille, car chacun est pour moi un don de Dieu, et la vie est sacrée.

**École de la chasteté**. Ce mot, d'où dérive le mot inceste (incestus en latin), signifie le refus de dominer l'autre. La chasteté est une vertu non seulement pour les religieux, mais aussi dans la famille. D'abord dans le couple, où le mari doit respecter sa femme, qui doit elle-même être à l'écoute de son corps (de là vient la méthode de régulation des naissances). Entre les parents et leurs enfants ensuite : ceux-ci ne leur appartiennent pas, ils doivent donc respecter leurs personnalités, même si elles ne correspondent pas à ce qu'ils avaient rêvé. Lorsque Jésus avait 12 ans, Joseph et Marie en ont fait l'expérience : alors qu'ils l'avaient cherché pendant 3 jours, il leur a dit ensuite, une fois retrouvé au Temple : *« Comment se fait-il que vous m'ayez cherché ? Ne le saviez-vous pas ? C'est chez mon Père que je dois être. »* (Lc 2,49) Dans ma famille, **je dois respecter l'autre tel qu'il est**.

**École de l'obéissance**. On pourrait à nouveau être tentés de croire qu'elle ne concerne que les religieux vis à vis de leurs supérieurs, ou les prêtres vis à vis de leurs évêques. En réalité, elle nous concerne tous. Quelle que soit notre personnalité, nous avons tous à obéir à Dieu. Abraham en a fait l'expérience avec Isaac, qu'il a accepté d'offrir en sacrifice, comme Dieu le lui avait demandé (2° lect.). Et s'il a pu obéir ainsi, c'est grâce à sa foi : *« Grâce à la foi, Abraham obéit à l'appel de Dieu : il partit vers un pays qui devait lui être donné comme héritage. Et il partit sans savoir où il allait. [...] Grâce à la foi, quand il fut soumis à l'épreuve, Abraham offrit Isaac en sacrifice. Et il offrait le fils unique, alors qu'il avait* *reçu les promesses* » (2° lect.) La foi est comme un rocher sur lequel l'homme s'appuie, et qui lui permet d'obéir quelles que soient les tempêtes que l'obéissance lui fait traverser.

Quant à Marie et Joseph, ils ont fait preuve d'une double obéissance, en emmenant Jésus au Temple pour le présenter au Seigneur (év.) : à la Loi d'abord, selon laquelle « *tout premier-né de sexe masculin sera consacré au Seigneur* » ; à la Parole de Dieu ensuite, transmise par le vieillard Syméon, selon laquelle leur fils provoquerait « *la chute et le relèvement de beaucoup en Israël* » et serait « *un signe de division.* » Vis à vis de son propre « destin », Marie a même obéi à cette parole tellement dure : « *Et toi-même, ton cœur sera transpercé par une épée.* » Au pied de la croix, elle ne fuira pas, elle vivra le martyre dans son cœur, comme Syméon le lui avait annoncé. Comme Abraham, c'est par leur foi que Marie a pu obéir à la volonté de Dieu, qui lui avait dit : « *Il sera grand, il sera appelé Fils du Très-Haut ; le Seigneur Dieu lui donnera le trône de David son père.* » (Lc 1,32)

**L'obéissance à Dieu est source de paix**, comme Jean XXIII l'avait bien compris, lui qui avait choisi comme devise épiscopale : *obedientia et pax*.

Ainsi, frères et sœurs, la famille est une école où l'on apprend à aimer selon une triple modalité : la reconnaissance (fruit de la pauvreté de cœur), le respect (fruit de la chasteté), et la paix (fruit de l'obéissance à Dieu). **La société de consommation dans laquelle nous vivons est aux antipodes de ces valeurs.** Aussi bien le conjoint que les enfants sont souvent considérés comme des matières consommables, comme le reste. J'ai déjà évoqué la proportion de divorces, voici quelques autres chiffres : 200 000 enfants sont avortés chaque année en France ; des milliers d'autres sont congelés en l'absence de projet parental, ou pour des recherches dites « thérapeutiques »[6]; des femmes louent leur ventre pour d'autres, ce qu'on appelle la GPA (gestation pour autrui) ; des scientifiques cherchent aujourd'hui à produire des bébés sans avoir besoin du ventre d'une femme, en reproduisant artificiellement les conditions d'un utérus (c'est l'ectogenèse)... Rien de surprenant, dans ce contexte, qu'un milliardaire français bien connu ait affirmé ne pas faire de différence entre « louer son ventre pour faire un enfant ou louer ses bras pour travailler à l'usine ». **Il ne s'agit pas de condamner les personnes qui sont concernées par tous ces drames, car elles sont avant tout les victimes de la « culture de mort » de notre société. Il s'agit au contraire de les aider, et de promouvoir une culture de la vie**, « l'évangile de la Vie », selon le titre d'une encyclique magnifique du Pape Jean-Paul II. Aujourd'hui, frères et sœurs, rendons grâce au Seigneur pour notre famille, et prenons exemple sur Joseph, Marie et Jésus pour faire grandir chacun de ses membres dans l'amour.

---

[6] Dans ce tableau très sombre, une lumière a jailli en 2012, lorsque le professeur Yamanaka a reçu le prix Nobel pour avoir démontré qu'il était possible de rajeunir des cellules de l'organisme adulte, et de les rendre pluripotentes.

## Marie, Reine de la Paix

Frères et sœurs, **comment vivre l'année 2018 dans la paix ?** En cette 51ème journée mondiale de la paix, nous prions pour que les hommes soient délivrés des guerres et des conflits de toutes sortes. Le désir de la paix est d'abord celui du Christ lui-même, le Prince de la Paix. Lorsqu'il envoie ses disciples en mission, il leur dit : « *dans toute maison où vous entrerez, dites d'abord : "Paix à cette maison."* » (Lc 10,5) Et lui-même a souvent dit : « *va en paix* », ou « *la paix soit avec vous* ». Alors, 2000 ans après sa venue, pourquoi la paix ne règne pas sur la terre ? La paix ne régnera dans le monde que si elle règne d'abord dans nos cœurs. Or le Christ a dit lors de la dernière Cène : « *Je vous laisse la paix, je vous donne ma paix ; ce n'est pas à la manière du monde que je vous la donne* » (Jn 14,27). La manière du monde d'établir la paix, c'est d'exercer la force, comme les empereurs qui cherchaient à imposer la pax romana. **Le Christ, lui, donne sa paix non à ceux qui usent du glaive des Romains, mais d'un autre glaive, celui de sa Parole** : « *Ne pensez pas que je sois venu apporter la paix sur la terre : je ne suis pas venu apporter la paix, mais le glaive* » (Mt 10,34). La paix n'est possible que si nous laissons la Parole de Dieu nous transformer en profondeur[7]. Nous devons donc nous convertir, pour devenir des justes : « *justice et paix*

---

[7] « *Elle est vivante, la parole de Dieu, énergique et plus coupante qu'une épée à deux tranchants ; elle va jusqu'au point de partage de l'âme et de l'esprit, des jointures et des moelles ; elle juge des intentions et des pensées du cœur.* » (He 4, 12 13)

*s'embrassent »* (Ps 84). Vivre comme des justes signifie nous ajuster à la volonté de Dieu. C'est ce qu'a fait Marie tout au long de sa vie, c'est pourquoi nous la célébrons aujourd'hui comme la Mère de Dieu mais aussi la Reine de la paix. Le Fils de Dieu s'est incarné pour nous donner la paix : **Marie est la reine de la Paix parce qu'elle a laissé la Parole de Dieu transpercer son cœur,** comme un patient qui laisse le chirurgien l'opérer avec son bistouri. Bien qu'elle soit sans péché, Marie devait être sauvée, elle aussi, c'est pourquoi elle dit dans le Magnificat : *« exulte mon esprit en Dieu, mon Sauveur ! »* (Lc 1,47). St Luc écrit, au sujet de ce que racontaient les bergers : *« Marie, cependant, retenait tous ces événements et les méditait dans son cœur. »*[8] Alors, comme elle, faisons silence intérieurement pour méditer sur la Parole de Dieu, une Parole qui nous vient par l'Ecriture mais aussi par les évènements (« *dabar* », en hébreu, signifie à la fois « *parole* » et « *évènement* »). Et puisqu'elle-même a si bien mis en pratique la Parole de Dieu, **prenons exemple sur elle en méditant dans l'Écriture les évènements où elle fait**

---

[8] On pourrait traduire aussi : *« Marie retenait tous ces événements et les ruminait dans son cœur »*, comme si elle les passait et repassait dans son cœur. Les verbes *« méditait »* ou *« ruminait »* traduisent ici le mot *« symballousa »*, qui signifie réunir ensemble deux parties disparates. Dans le passé, c'est grâce aux symboles que deux personnes qui avaient conclu un accord ensemble pouvaient se reconnaître, même après une longue séparation. Par ailleurs, le cœur, en langage biblique, n'est pas seulement le siège des émotions, mais aussi de l'intelligence et de la volonté. Marie réunit ensemble des faits et des paroles qu'elle a vus ou entendus, et en tire des significations spirituelles.

briller ses vertus théologales : la Foi, l'Espérance et la Charité.

Pour commencer, admirons **la Foi de Marie**. Elle apparaît déjà au moment de l'Annonciation. Marie aurait pu douter de la volonté divine (qui lui faisait risquer la lapidation), ou de sa propre capacité à pouvoir l'accomplir (elle devrait mettre au monde et éduquer ensuite celui dont le règne n'aurait pas de fin). Mais elle dit oui, « *voici la servante du Seigneur ; que tout se passe pour moi selon ta parole* » (Lc 1,38), sûre que « *rien n'est impossible à Dieu.* » (Lc 1,37)

Cependant, la foi de Marie resplendit davantage dans les périodes d'obscurité qu'elle a traversées[9] : d'abord, au moment de la Présentation de Jésus au Temple, Luc écrit que « *le père et la mère de l'enfant s'étonnaient de ce qu'on disait de lui.* » (Lc 2,33) Surtout, 12 ans plus tard, lorsqu'ils retrouvent leur Fils au Temple après 3 jours de recherche, Marie lui dit : « *Mon enfant, pourquoi nous as-tu fait cela ? Vois ! ton père et moi, nous te cherchons, angoissés.* » (Lc 2,48) Et en entendant la réponse de Jésus, il est précisé : « *Mais ils ne comprirent pas ce qu'il leur disait.* » (Lc 2,50) La paix du Christ n'empêche pas des luttes contre l'angoisse et

---

[9] Comme Marie, tous les saints ont traversé « la nuit de la foi », à un moment ou un autre.

contre l'incompréhension. Mais Marie a fait confiance à son Fils[10]…

Ensuite, **admirons une 2nde vertu théologale de la Vierge : l'Espérance**. Marie en était habitée depuis qu'enfant, elle s'était consacrée à Dieu, attendant la venue de son Royaume. Durant le début du ministère de son Fils, quelle joie elle a dû éprouver en l'entendant annoncer que le règne de Dieu était tout proche ! Cependant, c'est au pied de la Croix que son espérance resplendit le plus. Alors que tous les apôtres (sauf Jean) avaient fui, anéantis par le désespoir comme Judas ou la tristesse comme Pierre, elle-même est restée debout au pied de la Croix : stabat Mater. Elle se souvenait des annonces que Jésus avait faites de sa Passion et de sa Résurrection, et elle est restée 3 jours dans l'attente confiante.

40 jours plus tard, alors que Jésus était retourné vers son Père le jour de l'Ascension, son Espérance a de nouveau brillé lorsqu'elle a attendu un autre événement majeur : le don de l'Esprit Saint. Grâce à saint Luc, nous savons qu'elle a continué de porter la communauté des disciples dans la

---

[10] Même dans l'obscurité de l'incompréhension, Marie a continué à croire. Aussi, des années plus tard encore, au début du ministère de Jésus, à Cana, Marie ne s'est pas laissé déstabiliser par la parole de son Fils à qui elle avait demandé d'agir. Alors qu'il semblait avoir refusé sa demande : « *Femme, que me veux-tu ? Mon heure n'est pas encore venue* », elle dit aux serviteurs : « *Faites tout ce qu'il vous dira* » (Jn 2,4-5), les invitant à embrasser la même foi, la même confiance.

prière : « *D'un seul cœur, ils participaient fidèlement à la prière avec quelques femmes dont Marie, mère de Jésus, et avec ses frères.* » (Ac 1,14)

Enfin, **admirons la plus belle des vertus chez la Vierge: la charité**. Marie l'a mise en pratique dès le début de sa mission. A peine après avoir reçu l'annonce de sa mission de mère du Sauveur, elle est envoyée auprès de sa cousine Elisabeth pour l'aider dans sa grossesse, car c'est une femme âgée qui pourrait difficilement se débrouiller seule dans une telle situation. Non seulement Marie accepte de partir à sa rencontre, mais elle le fait « *rapidement* » (Lc 1,39), un mot qui nous fait pressentir la joie qu'elle éprouve alors. En entendant sa cousine, Marie exulte et chante le Magnificat, dans lequel transparaît une autre facette de sa charité, qui est en fait la première : avant son amour des hommes, Marie éprouve un immense amour pour Dieu : « *Mon âme exalte le Seigneur, mon esprit exulte en Dieu mon Sauveur.* » (Lc 1,46)

Plus tard, si Jésus a réalisé son 1$^{er}$ signe à Cana, c'est parce que Marie l'y avait incité, en disant : « *Ils n'ont pas de vin.* » (Jn 2,3) La plupart des convives ne s'en étaient sans doute pas encore aperçus, mais Marie est attentive à ce qui se passe autour d'elle, car elle désire le bonheur de tous.

Finalement, c'est au pied de la Croix que la charité de Marie s'exprime le plus. Alors que Jésus la voyant « *et près d'elle le disciple qu'il aimait, dit à sa mère : "Femme, voici ton fils"* »

(Jn 19,26), elle ne refuse pas cette nouvelle mission. Elle a pourtant dû être difficile à accepter, telle un glaive qui transperçait son cœur, comme le vieillard Syméon l'avait annoncé (cf Lc 2,35).

Ainsi, frères et sœurs, la Vierge Marie nous invite à grandir dans la Foi, l'Espérance et la Charité. Certes, la Vierge a reçu une grâce et une mission unique, en devenant Mère de Dieu. Mais elle l'est devenue parce qu'elle était d'abord *« fille du Père »* et *« épouse de l'Esprit Saint,* la meilleure des disciples du Christ. Nous aussi sommes appelés à « enfanter Dieu » en lui donnant *« une humanité de surcroît »*, comme l'écrit sainte Elizabeth de la Trinité dans une très belle prière. Comment enfanter le Christ ? Lui-même nous répond : *« Ma mère et mes frères, ce sont ceux qui entendent la parole de Dieu, et qui la mettent en pratique ! »* (Lc 8,21) Alors, cette année, comme elle, manions le glaive de la Parole (qui s'exprime à la fois dans l'Ecriture et dans nos vies) en la méditant et en la mettant en pratique. **C'est ainsi que nous demeurerons dans la Paix !**

# Carême

# C'est maintenant le jour du salut

Frères et sœurs, **que signifient les cendres que nous allons recevoir sur nos fronts dans quelques minutes ?** Premièrement, les cendres sont donc un signe d'**humilité**[11] qui nous rappelle que nous sommes des créatures. Nous sommes poussière et nous retournerons à la poussière. Nous ne vivons que parce que Dieu nous donne son souffle, comme il l'a fait en créant Adam et Eve à partir de la glaise. Le piège que le serpent leur a tendu, et dans lequel ils se sont laissés prendre, était de leur faire croire qu'ils pouvaient être comme des dieux en désobéissant au Seigneur. Cette tentation est toujours actuelle. Toute notre société va dans ce sens, avec le désir de maîtrise de la vie de son début jusqu'à sa fin et les efforts des transhumanistes qui refusent la mort[12]. Nous chrétiens, nous ne refusons pas le progrès, au contraire, mais nous voulons qu'il ne dénature pas l'être humain. Nous devons rester à notre place de créatures.

Deuxièmement, les cendres sont un signe de **pénitence**. Car non seulement nous sommes des créatures, mais aussi nous

---

[11] Comme le manifeste Abraham avant la destruction de Sodome : « *J'ose encore parler à mon Seigneur, moi qui suis poussière et cendre.* » (Gn 18,27) Sodome sera justement réduite en cendres pour la punir de son orgueil, qui l'a fait rejeter Dieu et ses commandements.
[12] Le transhumanisme est un mouvement prônant l'usage des sciences et des techniques afin d'améliorer la condition humaine jusqu'à repousser voire même supprimer le handicap, la souffrance, la maladie, le vieillissement et même la mort.

sommes pécheurs. Souvenons-nous des habitants de Ninive : après la proclamation de Jonas, « *ils crurent en Dieu. ... Le roi se leva de son trône, quitta son manteau, se couvrit d'une toile à sac, et s'assit sur la cendre.* » (Jon 3,5-6) Ce carême peut nous aider à mieux prendre conscience de nos péchés, non pour en être écrasés, mais pour en être délivrés, comme les Hébreux furent délivrés de l'esclavage de Pharaon. Dans son message de Carême, Mgr Santier raconte ce que lui a dit un ami pianiste : « *dans la pénombre, mon piano est magnifique, mais dès qu'il y a de la lumière, on découvre des imperfections dues à la poussière et aux marques de doigts* ». Cette anecdote aide à comprendre ce qu'est le péché : tant que l'on ne se sait pas dans la Lumière de l'Amour de Dieu, on ne peut le reconnaître... Pendant ce Carême, nous serons invités à recevoir le sacrement du pardon.

Troisièmement, cependant, les cendres sont un signe d'**espérance**, qui nous rappelle que nous sommes fils de Dieu. Le feu peut parfois couver sous la cendre, et reprendre lorsqu'on souffle sur elle. Les cendres fertilisent la terre, et la vie peut « renaitre de ses cendres ». Oui, nous sommes poussière, mais nous avons reçu en nous le feu de l'amour divin, et pendant ce Carême, le Seigneur veut envoyer sur nous le souffle de son Esprit pour attiser son Amour. C'est le désir le plus profond du Christ, comme il l'avait dit à ses disciples : « *Je suis venu apporter un feu sur la terre, et comme je voudrais qu'il soit déjà allumé !* » (Lc 12,49) Nous savons que le feu qui couve sous la cendre est très fragile, et qu'il peut s'éteindre totalement si l'on y verse de l'eau par exemple. Dans son message pour le Carême, le pape François reprend la parole de Jésus : à la fin des temps, « *à cause de l'ampleur du mal, la charité de la plupart des hommes se refroidira.* » (Mt 24,12) Et il rappelle que « *dans sa description de l'enfer, Dante Alighieri imagine le diable assis sur un trône de glace ; il habite dans la froidure de l'amour étouffé* ».

Alors, comment réchauffer notre cœur pour qu'il brûle de l'Amour divin dans la nuit de ce monde, comme le cierge pascal brûlera dans la nuit lors de la Vigile pascale ? **Laissons le Seigneur souffler sur nous par son Esprit, et déposer en nous 3 grosses bûches. La première est la prière, pour attiser notre amour de Dieu. La seconde est l'aumône ou le partage, pour attiser notre amour du prochain. La troisième est le jeûne, ou les privations, pour attiser notre amour de nous-mêmes.** Lorsqu'elles brûlent, ces 3 bûches ne forment qu'un seul feu, tout comme il n'y a qu'un seul commandement : « *Tu aimeras le Seigneur, ton Dieu, de tout ton cœur, de toute ton âme, de toute ta force et de tout ton esprit ; et ton prochain comme toi-même* » (Lc 10,27) Voyons comment nous pourrons aimer mieux et davantage durant ce Carême.

**Commençons par le Seigneur.** « *Dieu premier servi* » disait Jeanne d'Arc. Tous ici, nous L'aimons, sinon pourquoi serions-nous ici ce soir ? Mais aimons-nous vraiment de tout notre cœur Celui qui « *est tendre et miséricordieux, lent à la colère et plein d'amour, renonçant au châtiment* » envers nous (1°

lect.) ? En ce jour où nous célébrons la saint Valentin, pensons à l'amour entre deux personnes. Premièrement, ils sont prêts à passer des heures dans l'intimité ensemble, ils voudraient ne jamais se quitter. Deuxièmement, ils cherchent à se connaître sans cesse mieux l'un l'autre. Troisièmement, ils aiment aussi se faire des cadeaux... Est-ce ainsi que nous agissons vis-à-vis du Seigneur ? D'abord, quel temps consacrons-nous à la prière, à ce cœur à cœur amoureux où alternent les paroles et le silence ? Ensuite, cherchons-nous à mieux connaître le Seigneur en formant notre Foi par des lectures ou par la participation à des cours ou à des conférences ? Enfin, sommes-nous désireux de recevoir les cadeaux de Dieu que sont les sacrements ? Et sommes-nous prêts à nous offrir nous-mêmes, à travers de petits ou de grands sacrifices ?

En deuxième lieu, **celui qui aime Dieu aime aussi son prochain**, c'est pourquoi Jésus a déclaré qu'ils ne formaient qu'un seul commandement[13]. Souvenons-nous qu'à la fin de notre vie, le Seigneur nous jugera sur la manière avec laquelle nous nous serons comportés avec les autres, et en particulier avec les plus pauvres. *« J'ai eu faim, et tu m'as donné à manger ; j'ai eu soif, et tu m'as donné à boire »* (cf Mt 25,35). Ce qui différencie l'Eglise des nombreuses associations de bienfaisance, c'est cela : lorsque nous servons nos frères, nous le faisons à la fois pour Dieu, présent en eux, et par

---

[13] *« Si quelqu'un dit : "J'aime Dieu" et qu'il déteste son frère, c'est un menteur : celui qui n'aime pas son frère, qu'il voit, ne saurait aimer le Dieu qu'il ne voit pas. »* (1 Jn 4,20).

Dieu, présent en nous. Cette présence divine en nous donne 2 caractéristiques à notre service. D'abord, nous l'effectuons non pour nous donner bonne conscience, mais avec amour : *« Quand je distribuerais tous mes biens en aumônes, si je n'ai pas la charité, cela ne me sert de rien. »* (1 Co 13,3) De plus, Jésus nous demande de l'effectuer avec humilité : *« quand tu fais l'aumône, que ta main gauche ignore ce que donne ta main droite, afin que ton aumône reste dans le secret ».* Saint Vincent de Paul en avait tellement conscience qu'il déclarait à propos des pauvres qu'il servait de tout son cœur : *« Ils sont nos maîtres ».* Et à la fin de sa vie, félicité par la reine sur l'extraordinaire travail qu'il avait accompli, il répondit: *« J'ai si peu fait »*[14]...

En troisième lieu, **celui qui aime Dieu et son prochain ne peut que s'aimer lui-même.** A la lumière de l'Esprit qui l'habite, il prend conscience de sa valeur inestimable, en tant que fils ou fille aimée de Dieu et serviteur de ses frères. Cet amour de soi n'est ni orgueil, ni égoïsme. Comme le disait sainte Thérèse d'Avila, *« l'humilité, c'est la vérité ».* Le plus bel exemple nous est donné par la Vierge Marie dans son magnificat: Dieu *« s'est penché sur son humble servante, désormais toutes les génération me diront bienheureuse. Le Seigneur fit pour moi des merveilles, saint est son Nom »* (Lc 1,48-49) Le jeûne, et plus largement les privations, peuvent nous aider à grandir dans l'amour de nous-mêmes. En me privant de quelque chose qui me tient à cœur, voire même

---

[14] Il était véritablement devenu le serviteur inutile félicité par le Maître de l'évangile ( Lc 17,10).

dont j'ai besoin, comme la nourriture, non seulement je me rends solidaire de ceux qui souffrent, mais je suis amené à faire davantage confiance à Dieu et à grandir ainsi dans la Foi[15].

Ainsi, frères et sœurs, *ne laissons pas mourir la terre,* **ne laissons pas mourir le feu**. La prière, le partage et les privations sont les bûches que le Seigneur nous offre pour attiser en nous le feu de son Amour. Suivons le Christ dans le souffle de l'Esprit, et non de façon volontariste. C'est ainsi que le Seigneur nous accordera **la «** *récompense* **»**[16]**, une joie immense**. Joie de lui être unis pendant 40 jours dans le désert, joie de la résurrection à Pâques, joie d'entrer un jour dans son Royaume, où le feu de son Amour nous éclairera et nous réchauffera éternellement.

---

[15] Je peux alors éprouver ce que saint Paul écrivait : « *Je peux tout en Celui qui me fortifie* » (Ph 4,13).
[16] 4 occurrences dans l'évangile d'aujourd'hui.

# Le Règne de Dieu est tout proche

**Frères et sœurs**, **comment transformer ce monde qui va si mal ? Comment combattre le mal dont nous souffrons tous ?** Certains estiment que Dieu est indifférent au mal, voire même responsable du mal, et ils lui en veulent. D'autres estiment au contraire que l'homme est seul responsable du mal ; parmi eux, certains veulent « venger Dieu » par les armes : en partant en Syrie s'entraîner à tirer avec une kalachnikov et à fabriquer des bombes, ils croient qu'ils établir son règne. Mais nous savons que la violence n'engendre que la violence. Au lieu de m'en prendre aux autres, je dois accepter de me convertir, parce que moi aussi je commets parfois le mal. Il faut le vaincre non en éliminant ceux qui le commettent, mais à sa racine, c'est-à-dire par l'amour. Dieu seul, qui est Amour, en est capable. Certes, au temps de Noé, Dieu a provoqué le déluge qui a fait mourir une multitude d'êtres humains. Mais s'il a agi ainsi, ce n'est par méchanceté, c'est pour 3 raisons. D'abord, les hommes s'étaient tellement endurcis qu'ils ne l'écoutaient plus : ils *« avaient refusé d'obéir, au temps où se prolongeait la patience de Dieu, quand Noé construisit l'arche»* (2° lect.) Ensuite, Il voulait repartir sur de nouvelles bases et établir une nouvelle alliance avec eux, symbolisée par l'arc-en-ciel[17] (1° lect.) Enfin, Il voulait sauver les hommes endurcis: il avait déjà prévu d'envoyer son Fils, qui établirait une nouvelle alliance avec nous par sa mort sur la croix et qui, après sa

---

[17] Magnifique symbole du retour du soleil après la pluie et de l'union du ciel et de la terre.

mort, descendrait aux enfers *« proclamer son message aux esprits qui étaient en captivité »*. Le déluge était une image du baptême, que devait d'abord recevoir celui qui nous sauverait. Alors que Noé n'a pu sauver qu' *« un petit nombre, en tout huit personnes*[18] *»*, Jésus est venu pour sauver tous les hommes. Alors que Noé a été préservé de la mort, Jésus s'est livré à elle, pour nous en préserver tous. Il nous a sauvés de la mort non pas physique, mais spirituelle, la seule qui soit grave car elle est éternelle. **Comment nous a-t-il sauvés ? D'abord, en partant au désert ; ensuite, en résistant à Satan ; enfin, en proclamant la Bonne Nouvelle.** Nous-mêmes, ses disciples qui avons été baptisés, nous sommes appelés à franchir ces 3 étapes afin de lutter avec lui contre le mal et à œuvrer pour l'établissement de son règne. Méditons sur chacune d'elles, et approfondissons ainsi les 3 grandes pistes que Jésus nous a données dans l'évangile de mercredi dernier pour vivre notre Carême : la prière, le jeûne et le partage.

**Première étape, qui correspond à la prière**: Jésus part au désert. Le Seigneur nous appelle à certains moments à nous retirer du monde et de son agitation. Ce n'est pas avec une audace téméraire que Jésus va au désert, mais *« poussé »* par l'Esprit. Littéralement, l'Esprit l'y *« chasse »*, un terme qui rappelle le moment où Dieu *« expulsa »*[19] Adam et Eve du paradis et qui sera encore employé lorsque Jésus *« chassera »*

---

[18] Chiffre symbolique d'une recréation.
[19] Cf Gn 3,24

les démons. Si Jésus part au désert, ce n'est pas de gaîté de cœur, c'est parce qu'il s'agit d'une étape essentielle pour l'accomplissement de sa mission. Mais il y va avec cette parole que son Père a dite au moment de son baptême: *« Tu es mon Fils bien-aimé ; en toi, je trouve ma joie.»* (Mc 1,11) L'Amour de son Père est sa force

Dans la tradition biblique, le désert est d'abord le lieu de la rencontre avec Dieu[20], loin des futilités de ce monde. Moïse y a passé 40 ans avant de recevoir sa mission et de retourner en Egypte, Elie y a passé 40 jours avant de rencontrer le Seigneur dans la brise légère. Jésus lui-même y retournera régulièrement, tout au long de son ministère : non pas au sens géographique, mais en prenant des temps de solitude et de cœur à cœur avec son Père[21]. A partir du IVème siècle, après la fin des persécutions de l'empire romain, le désert sera le lieu de prédilection de ceux qui chercheront le Seigneur, à l'instar de saint Antoine, qui y resta environ 80 ans...

Nous-mêmes, quels sont nos lieux et temps de désert ? Certains n'arrivent pas à sortir de l'agitation quotidienne. Certains ne parviennent pas à se détacher de leur télé, leur ordinateur, leur portable, leurs écouteurs, leur travail... Ils ne supportent pas le silence et la solitude. Cet esclavage concerne certains enfants, sans cesse sollicités. De plus en

---

[20] Cf *« C'est pourquoi je vais la séduire, je la conduirai au désert et je parlerai à son cœur. »* (Os 2, 16)
[21] Cf *« Le lendemain, bien avant l'aube, Jésus se leva. Il sortit et alla dans un endroit désert, et là il priait. »* (Mc 1,35)

plus de pédagogues soulignent l'importance de l'ennui pour permettre aux enfants de faire fonctionner leur imagination et leur créativité.

**Deuxième étape, qui correspond au jeûne** : Jésus résiste à Satan. Jeûner implique un combat. « *Et dans le désert il resta quarante jours, tenté par Satan.* » Contrairement à Matthieu et Luc, Marc ne précise pas la nature des tentations de Jésus, mais il indique qu'elles ne sont pas survenues seulement à l'issue des 40 jours, mais tout au long de son séjour. Il suggère ainsi que Jésus a été tenté tout au long de sa vie et de son ministère Souvenons-nous de l'épisode de Césarée de Philippes, où, après avoir félicité Pierre pour sa foi, il lui dit : *Passe derrière moi, Satan, tu es un obstacle sur ma route ; tes pensées ne sont pas celles de Dieu, mais celles des hommes.* » (Mt 16,23). Le chiffre 40 est peut-être réel, mais il est en tout cas symbolique : il renvoie aux 40 ans passés par les Hébreux dans le désert[22]. Alors qu'eux-mêmes avaient succombé maintes fois aux tentations, comme Adam et Eve qui s'étaient laissé séduire par le serpent, Jésus va remporter la victoire.

« *Il vivait parmi les bêtes sauvages, et les anges le servaient.* » Voici le signe de la victoire. Alors que le péché

---

[22] Cf aussi les 40 jours passés par Moïse sur le mont Sinaï et par Elie dans le désert lui-aussi. Il représente approximativement la durée d'une génération humaine.

d'Adam et Eve avait rompu l'harmonie de la création[23], Jésus la rétablit. Il manifeste qu'il est le messie annoncé par le prophète Isaïe : « *Le loup habitera avec l'agneau, le léopard se couchera près du chevreau, le veau et le lionceau seront nourris ensemble, un petit garçon les conduira.* » (Is 11,6) Les anges, qui devaient interdire à l'homme l'accès du jardin d'Eden[24], le servent...

Nous-mêmes, de quoi allons-nous jeûner pendant ce Carême ? Quel que soit notre choix, nous aurons à combattre. Alors, soyons courageux car les victoires que nous remporterons nous rendrons plus forts, et nous établiront dans la paix et l'harmonie intérieure. Et si nous chutons parfois, relevons-nous vite car « *la sainteté ce n'est pas de ne jamais chuter, mais de toujours se relever* »[25].

**Troisième étape, qui correspond au partage** : Jésus proclame la Bonne Nouvelle. « *Après l'arrestation de Jean Baptiste, Jésus partit pour la Galilée proclamer la Bonne nouvelle (littéralement l'évangile) de Dieu* ». Tout est dit dans cette expression : c'est Dieu qui est la Bonne Nouvelle pour les hommes qui doutent de son amour, de sa puissance ou

---

[23] Cf « Avec de la terre, le Seigneur Dieu façonna toutes les bêtes des champs et tous les oiseaux du ciel, et il les amena vers l'homme pour voir quels noms il leur donnerait. C'étaient des êtres vivants, et l'homme donna un nom à chacun. » (Gn 2, 19)
[24] Cf Gn 3,24
[25] Ste Thérèse d'Avila.

même de son existence. Alors que le serpent l'avait remis en cause[26], Jésus vient pour en témoigner. « *Les temps sont accomplis : le règne de Dieu est tout proche.* » Voilà la réponse de Dieu au mal : son règne qui est celui de l'Amour.

Que faut-il donc pour que ce règne vienne, puisqu'il est tout proche ? Jésus poursuit : « *Convertissez-vous et croyez à la Bonne Nouvelle.* » C'est notre péché et notre manque de foi qui empêchent le règne de Dieu d'advenir. La joie que nous éprouvons lorsque nous partons au désert vivre en cœur à cœur avec le Seigneur et lorsque nous repoussons Satan, nous désirons la communiquer à tous.

Alors, pendant ce Carême, en plus des biens matériels, comment allons-nous partager le bien le plus précieux, qui est l'évangile ? A qui allons-nous témoigner de la Bonne Nouvelle du règne de Dieu ?

Ainsi, frères et sœurs, **nous pouvons vaincre avec le Christ le mal et transformer le monde, car le Royaume de Dieu est tout proche.** Comme lui, nous sommes les enfants bien-aimés du Père, en qui Il met toute sa joie. Forts de cet amour et de cette joie, nous pouvons le suivre, **c'est-à-dire prier en partant au désert pour rencontrer son Père, jeûner pour résister à Satan, et partager avec nos frères, particulièrement à ceux qui souffrent le plus du mal, le**

---

[26] « *Le serpent dit à la femme : "Pas du tout ! Vous ne mourrez pas ! Mais Dieu sait que, le jour où vous en mangerez, vos yeux s'ouvriront, et vous serez comme des dieux, connaissant le bien et le mal."* » (Gn 3, 4-5)

**trésor de l'Evangile**. C'est ainsi que nous serons dignes de notre condition de baptisés, et que nous formerons dans le monde entier un arc-en-ciel, *signe de l'alliance que Dieu a établi avec nous et avec tous les êtres vivants, pour les générations à jamais »*. AMEN.

# Il fut transfiguré devant eux

Frères et sœurs, **comment être transfigurés ?** Alors que nous éprouvons parfois le poids de notre finitude, avec son lot de difficultés qui nous font « faire la grimace », si bien que nous sommes au sens propre « défigurés », **comment parvenir au bout de nos chemins,** celui du carême qui nous mène à la joie de Pâques, celui de nos vies qui nous mène à la joie de la résurrection ? Alors que nous nous sommes engagés dans le combat pour la conversion il y a dix jours, et que le Christ nous a montrés dimanche dernier qu'il nous était possible d'en sortir vainqueurs avec lui, peut-être avons-nous déjà essuyé quelques échecs qui pourraient nous faire douter de cette victoire. Aussi le Seigneur nous rappelle-t-il aujourd'hui le but de notre marche à travers le désert : la résurrection. Le Christ transfiguré l'anticipe sur le Thabor, qui signifie « nombril », c'est-à-dire le lieu où il révèle son identité la plus profonde. Les 3 p du Carême (prière, partage et privations) doivent nous conduire jusqu'au P de la Pâques, qui signifie Passage : passage du péché à la sainteté, et de la mort à la vie. Un jour nous aussi, après bien des carêmes, nous réaliserons notre grand Passage, et nous serons transfigurés[27]. Mais comment l'être? En étant des « contemplactifs ». **D'une part, nous devons monter avec le Christ sur la montagne, c'est-à-dire prendre le temps de la**

---

[27] « *Bien-aimés, dès maintenant, nous sommes enfants de Dieu, mais ce que nous serons ne paraît pas encore clairement. Nous le savons : lorsque le Fils de Dieu paraîtra, nous serons semblables à lui parce que nous le verrons tel qu'il est.* » (1 Jn 3, 2)

prière qui mène à la contemplation. D'autre part, nous devons redescendre dans la plaine de nos vies, i.e. être actifs là où est notre devoir d'état, où nous attendent des épreuves et des croix.

Pour commencer, **le Seigneur nous invite à monter avec lui sur la montagne, c'est-à-dire à prendre le temps de la prière qui mène à la contemplation,** comme il l'a fait avec Pierre, Jacques et Jean. L'événement que nous venons d'entendre, relaté par les trois évangiles synoptiques, se situe environ huit jours après la confession de foi de Pierre à Césarée. Après s'être écrié « *tu es le Messie* » (Mc 8,29), le chef des apôtres s'est fait reprendre fermement par Jésus, à qui il avait reproché vivement de casser le moral des troupes en annonçant sa Passion à venir. Et Jésus a ajouté : « *Si quelqu'un veut marcher derrière moi, qu'il renonce à lui-même, qu'il prenne sa croix, et qu'il me suive. Car celui qui veut sauver sa vie la perdra ; mais celui qui perdra sa vie pour moi et pour l'Évangile la sauvera.* » (Mc 8, 34-35) Nous pouvons imaginer le désarroi et les doutes qui ont dû agiter les Douze. Ainsi, celui qu'on attendait comme libérateur d'Israël allait souffrir et mourir ? Ils sont dans la « nuit de la Foi », une expression chère aux mystiques parce qu'ils l'ont tous traversée. Le sommeil accablant qui les saisit symbolise cette nuit pendant laquelle Dieu travaille leurs cœurs[28].

Pourquoi Jésus emmène-t-il ses amis sur la montagne ? Parce que dans la bible, elle est le symbole de la rencontre avec Dieu. C'est là que Moïse a reçu les tables de la Loi ; c'est là qu'Elie a entendu le Seigneur lui parler dans la brise légère. Ce n'est pas un hasard si ce sont justement les 2 personnages qui apparaissent sur le Thabor. Pourquoi sont-ils présents ? D'abord parce que, selon la Loi, il fallait que deux personnes soient présentes pour rendre un témoignage à quelqu'un. De plus, ils représentent respectivement la Loi et les Prophètes, soit les deux grandes parties de l'Ancien Testament : tout ce qu'ils ont dit et fait était destiné à préparer la venue du Christ. Enfin, ils ont vécu comme Jésus un jeûne de 40 jours, et ils font partie des quelques personnages de l'Ancienne Alliance à avoir presque vu Dieu (Moïse de dos[29], et Elie s'est voilé le visage devant lui dans la brise légère[30]). Désormais, ils peuvent s'entretenir avec lui face à face. Jésus est le nouveau Moïse, qui nous donne la Loi des Béatitudes, et le nouvel Elie (à la suite de Jean Baptiste), qui nous appelle sans cesse à la conversion, comme nous l'avons entendu dimanche dernier. Il est le Visage et la Parole du Père.

---

[28] Dans la bible, le sommeil est souvent associé à cette action de Dieu en profondeur : c'est pendant le sommeil d'Adam qu'Il crée Eve (Gn 2), pendant le sommeil d'Abraham qu'il établit une alliance avec lui (Gn 15)...
[29] Ex 33,18-33
[30] 1R19,12-13

Sur le Thabor, Jésus révèle à Pierre, Jacques et Jean qui il est réellement. La blancheur éclatante de ses vêtements symbolise sa divinité[31], et c'est pourquoi nous revêtons un vêtement blanc le jour de notre baptême. Le Christ est « *le plus beau des enfants des hommes* » (Ps 44), de cette beauté qui sauvera le monde (Dostoïevski). Sa beauté n'est pas celle que montre notre société, qui voue un culte idolâtrique au corps et en fait un objet de consommation, c'est la beauté de la grâce, qui vient non de spots extérieurs mais de l'unité intérieure et qui préfigure celle de nos corps glorifiés après la résurrection… La voix du Père qui se fait entendre, et la nuée qui rappelle celle qui accompagnait la tente de la rencontre dans le désert et qui symbolise l'Esprit Saint, constituent l'apothéose de cette épiphanie. Notons, comme saint Luc l'a fait, que c'est pendant qu'il prie que Jésus est transfiguré. La prière est le moment où l'homme cesse de se situer dans le faire pour passer dans l'être et dans le laisser-faire. Jésus a beau être pleinement homme, il est aussi une Personne divine[32].

**La prière et la contemplation doivent nous donner la force de transformer notre monde.** C'est ainsi qu'après la transfiguration, les apôtres doivent redescendre. Si Pierre veut dresser 3 tentes, c'est pour que cet événement dure

---

[31] Cf les anges vêtus de blanc au moment de la résurrection (Jn 20,12)
[32] Comme le concile de Chalcédoine l'a déclaré solennellement en 451

toujours. Après avoir traversé une nuit de la foi, il jouit maintenant de la lumière divine qui l'éclaire et le réchauffe. Mais c'est alors que survient une nuée, et que la voix du Père se fait entendre. Comme au baptême, elle redit : « *Celui-ci est mon Fils bien-aimé.* » Mais d'une part elle s'adresse aux disciples, alors qu'elle ne s'adressait qu'à Jésus lors de son baptême, selon Marc. D'autre part, elle ajoute cette fois : « *Écoutez-le.* » Écoutez celui qui vient de vous annoncer qu'il lui faudrait passer par la souffrance et la mort avant de ressusciter. N'ayez pas les pensées des hommes, ne soyez pas du côté de Satan, qui veut contrecarrer les projets divins (cf Mc 8,33)...

Après avoir ainsi soutenu une nouvelle fois son Fils, le Père disparaît, ainsi que Moïse et Elie. Jésus reste seul avec ses apôtres. C'est ainsi que s'accomplit toute vocation humaine. Même si Dieu manifeste son soutien à ses envoyés, Il les laisse assumer leurs missions dans le clair-obscur de leurs vies quotidiennes. C'est pourquoi Jésus redescend de la montagne, « au raz des pâquerettes », afin d'y retrouver l'immense foule des hommes souffrants et égarés qu'il est venu sauver. Pourquoi défend-il à ses trois compagnons de « *raconter à personne ce qu'ils avaient vu, avant que le Fils de l'homme soit ressuscité d'entre les morts* »[33] ? Parce que sans le mystère de la croix qu'il leur a annoncé, celui de la

---

[33] Le Fils de l'homme est un personnage mystérieux, à la fois individuel et collectif, qui combat les puissances du mal avec les saints avant qu'il ne soit intronisé (Dn 7). Les disciples devront combattre avec Jésus.

transfiguration risque d'être interprété comme un simple prodige... Les trois apôtres ont eux-mêmes eu du mal à le comprendre, eux qui se demandaient *« entre eux ce que voulait dire : "ressusciter d'entre les morts" »*.

Pourquoi avoir choisi ce moment et ces trois apôtres pour se révéler ainsi ? Parce que la Passion est proche, comme il l'a annoncé à Césarée, et que ces trois mêmes apôtres seront bientôt avec lui sur un autre mont - celui des Oliviers où se situe le jardin de Gethsémani - au moment où il sera non plus trans- mais dé-figuré par l'angoisse, non plus le plus beau des enfants des hommes mais *« sans beauté ni éclat pour attirer les regards »* (Is 53,2). Ce jour-là, ils auraient pu se souvenir du Thabor pour garder leur courage, mais ils ne verront même pas le visage angoissé et suant le sang de leur maître, car ils dormiront à nouveau. Ce sommeil-là, contrairement à celui du Thabor, sera celui de leur péché, car Jésus leur aura demandé auparavant de veiller...

Ainsi, frères et sœurs, **le Père dit à chacun d'entre nous : « Écoutez mon Fils ». Ne l'écoutez pas seulement lorsqu'il vous promet le bonheur, mais aussi lorsqu'il vous appelle à prendre votre croix pour le suivre.** Prenons exemple sur Abraham. Lorsque Dieu lui demande d'offrir en sacrifice *« ton fils, ton unique, celui que tu aimes, Isaac »* (1° lect.), il a une telle confiance en Dieu qu'il accepte ce qui paraît absurde et cruel à vues humaines. *« Il pensait en effet que Dieu est capable même de ressusciter les morts ; c'est pourquoi son fils* *lui fut rendu : il y a là une préfiguration.* » (He 11,19) Il sait que les épreuves venant de Dieu sont toujours pour notre bien[34]. C'est bien le sacrifice de son fils que le Seigneur lui demande, mais non de manière sanglante : il l'appelle à le laisser libre. Le bélier offert en sacrifice symbolise la paternité d'Abraham, qui doit accepter de laisser partir son fils vivre sa vie. Pendant ce Carême, soyons à l'écoute du Seigneur : prenons le temps de méditer sa Parole et de la laisser résonner dans le silence de notre cœur. Acceptons de marcher dans la direction que le Seigneur nous aura indiquée, même si elle nous semble obscure, sûrs qu'Il ne nous abandonnera pas. Et **si notre marche devient trop difficile, souvenons-nous de tous les moments de contemplation du Seigneur ou de communion avec les autres où nous avons vécu dans une lumière et une joie profonde : leur souvenir nous transfigurera à nouveau, et nous serons fortifiés pour redescendre dans les plaines de nos vies quotidiennes.** AMEN.

---

[34] « *Nous le savons, quand les hommes aiment Dieu, lui-même fait tout contribuer à leur bien, puisqu'ils sont appelés selon le dessein de son amour.* » (Rm 8,28)

## Ne faites pas de la maison de mon Père une maison de trafic

Frères et sœurs, **sommes-nous des personnes libres ?** Notre société exalte la liberté. Pendant des siècles dans le monde entier, certains hommes en ont dominé d'autres en les traitant comme des esclaves ou des serviteurs. Aujourd'hui encore, l'esclavage existe, sous différentes formes. Aussi pouvons-nous à la fois combattre ces formes d'esclavage moderne, et nous réjouir de la liberté dont beaucoup disposent aujourd'hui comme nous. Mais attention, cette liberté peut être illusoire, si nous la confondons avec le libre arbitre[35]. En effet, qu'est-ce que la liberté ? Elle n'est pas la possibilité d'agir selon tous nos désirs, qui sont parfois des sortes de caprices qui nous font du mal à nous-mêmes et aux autres, mais la capacité d'agir selon la volonté de Dieu, qui sait ce qui est bon pour nous et pour les autres et qui veut nous conduire à notre accomplissement. Comme un oiseau attaché par un simple fil ne peut pas s'envoler, ainsi notre âme retenue par quelque attache ne peut parvenir à la liberté de l'union divine[36]... Pour rendre son peuple libre, Dieu l'a

---

[35] Nelson Mandela, qui a passé 27 ans en prison, était certainement plus libre que certains de ses geôliers.
[36] Cf St Jean de la Croix : « *Peu importe qu'un oiseau soit retenu par un fil mince ou épais: tant qu'il ne l'aura point brisé, il sera incapable de voler. A la vérité, le fil mince est plus facile à rompre que celui qui est épais: mais si facile que soit la rupture, si elle n'a pas lieu, l'oiseau ne volera point. Ainsi en est-il de l'âme retenue par une attache. Quelque vertu qu'elle pratique par ailleurs, elle n'atteindra jamais la liberté de l'union divine.*»

d'abord délivré de Pharaon. Ensuite, Il lui a donné le décalogue, grâce auquel le croyant peut connaître « *un début de liberté* » (St Augustin). En effet, les 10 commandements- les 3 premiers pour l'amour de Dieu, et les 7 suivants pour l'amour du prochain- découlent tous du premier : « *Tu n'auras pas d'autres dieux que moi.* » (Ex 20, 3) Et ce premier commandement est lui-même subordonné à la première parole, qui le précède immédiatement : « *Je suis le Seigneur ton Dieu, qui t'ai fait sortir du pays d'Égypte, de la maison d'esclavage.* » (Ex 20, 2)Tous les commandements, à la suite du premier, n'ont donc qu'un seul but : nous rendre libres. Même s'ils ne sont qu'une étape intermédiaire vers la liberté parfaite, celle que nous procure l'évangile des Béatitudes, ils restent toujours valables. La preuve, c'est que toute la partie morale du Catéchisme de l'Église Catholique est basée sur eux. Voyons maintenant comment Jésus nous rend parfaitement libres, en méditant sur le moment où il a chassé les marchands du temple. Cet évènement fut tellement important qu'il est l'un des seuls qui apparaisse dans les quatre évangiles, en plus de la passion et de la résurrection, et qu'il fut l'un des motifs de sa condamnation à mort (cf Mt 26,61). Grâce à lui, nous allons comprendre que **le Christ nous appelle d'abord à chasser de nos cœurs toutes nos idoles. Ensuite, il nous invite à adorer Dieu** « *en esprit et en vérité* ».

**Pour commencer, le Christ veut chasser de nos cœurs toutes les idoles**, comme il chassa les marchands du Temple.

Pourquoi l'a-t-il fait ? Non pas parce qu'ils changeaient de l'argent ou vendaient des animaux – ces deux activités étaient nécessaires pour que les Juifs puissent offrir des sacrifices[37] – mais parce qu'ils transgressaient impunément le décalogue, et cela dans le lieu même où il devrait être le mieux respecté. Jésus souffre de constater que les marchands et les changeurs sont esclaves d'une idole qu'il n'aura de cesse de combattre : l'argent. Il le déclarera solennellement un jour : « *Vous ne pouvez pas servir à la fois Dieu et l'Argent.* » (Mt 6, 24) Si Jésus purifie le Temple, c'est avant tout parce qu'il veut purifier les cœurs. Il agit à la manière des prophètes, dont la mission principale était de combattre l'idolâtrie, qu'ils considéraient comme un adultère et une prostitution. Le Seigneur s'est en effet offert à Israël comme son Époux, et l'Écriture évoque maintes fois son amour jaloux. On pourrait oser dire que Dieu est fou d'amour pour l'humanité, c'est pourquoi il souffre de son indifférence et de son ingratitude. De même, Jésus souffre de voir la maison de son Père travestie en maison de trafic[38]. Ses disciples le comprennent en *se rappelant « cette parole de l'Écriture : L'amour de ta maison fera mon tourment[39] .* »

---

[37] Les sacrifices étaient prescrits dans la Loi, et l'argent romain n'était pas accepté dans le Temple.
[38] « Toute marmite, à Jérusalem et en Juda, sera consacrée à Yahvé Sabaot, tous ceux qui offrent un sacrifice viendront en prendre et cuisineront dedans, et il n'y aura plus de marchand dans la maison de Yahvé Sabaot, en ce jour-là. » (Za 14, 21)
[39] Ps 69,10

Mais le cœur humain, comme la nature, a horreur du vide. **Après avoir chassé l'idole qu'est l'amour de l'argent, Jésus veut y mettre le même amour que lui-même a pour son Père.** Il nous appelle à l'aimer « *en esprit et en vérité* », comme il le dira plus tard à la Samaritaine (Jn 4,23). Autrement dit, nous pouvons aimer Dieu partout et en tout temps, et pas seulement dans le Temple. Nous pourrions ajouter : « et pas seulement dans une église », à condition de nous souvenir que pour les Juifs, le Temple était le seul lieu sacré, le seul où ils pouvaient offrir des sacrifices. Déjà après la destruction du premier Temple par les armées de Nabuchodonosor, au VI$^e$ siècle, les prophètes avaient compris que le culte pouvait être rendu de manière nouvelle : « *c'est l'amour qui me plaît et non les sacrifices, la connaissance de Dieu plutôt que les holocaustes.* » (Os 6, 6) Cela n'avait pas empêché la reconstruction du Temple, et son embellissement par Hérode. Bientôt, en 70 précisément, les armées de Titus détruiront ce Temple, comme Jésus l'annoncera avant sa Passion à ses disciples[40]. Et cette fois, il ne sera pas reconstruit.

Mais aujourd'hui, il dit de manière mystérieuse : « *Détruisez ce Temple, et en trois jours je le relèverai.* » *Les Juifs lui répliquent* : « *Il a fallu quarante-six ans pour bâtir ce sanctuaire* » (la durée des travaux entrepris par le roi Hérode pour l'agrandir et l'embellir, travaux qui avaient été terminés

---

[40] « *Mais il leur répondit : "Vous voyez tout cela, n'est-ce pas ? En vérité je vous le dis, il ne restera pas ici pierre sur pierre qui ne soit jetée bas."* » (Mt 24, 2)

peu de temps avant la naissance de Jésus), « *et toi, en trois jours tu le relèverais !* » Mais, comme le note saint Jean, « *lui parlait du sanctuaire de son corps* ». Ce n'est qu'après sa mort et sa résurrection que les disciples purent comprendre cette parole : « *quand il se réveilla d'entre les morts, ils se rappelèrent qu'il avait dit cela ; ils crurent à l'Écriture et à la parole que Jésus avait dite* ». Jésus est le nouveau temple de Dieu. En lui « *habite la plénitude de la divinité.* » (Col 2,9)

En chassant les marchands du Temple, Jésus a réalisé un signe prophétique, mais il lui restait ensuite à accomplir la réalité elle-même. Ce n'est pas dans le Temple seulement, mais avant tout dans son cœur que l'homme est appelé à rendre un culte à Dieu. C'est dans le Christ, habité par l'Esprit comme par la *shekinah*, que nous pouvons adorer le Père.

Par sa mort et sa résurrection, Jésus a véritablement vaincu toutes les idoles. Son amour jaloux a été tellement fort qu'il s'est abaissé jusqu'à l'extrême pour nous sauver de l'adultère et de la prostitution de nos cœurs. En termes seulement humains et raisonnables, il est compréhensible que cet acte soit perçu comme « *scandale pour les Juifs, folie pour les peuples païens.* » Mais « *la folie de Dieu est plus sage que l'homme, et la faiblesse de Dieu est plus forte que l'homme* » (2° lect.)...

Ainsi, frères et sœurs, Jésus nous a libérés de toutes les idoles, nous donnant de pouvoir adorer Dieu en esprit et en vérité. Cependant, cette libération ne devient effective en nous que si nous acceptons d'être fidèles à sa parole : « *si vous demeurez fidèles à ma parole, vous êtes vraiment mes disciples ; alors vous connaîtrez la vérité, et la vérité vous rendra libres.* » (Jn 8, 32) Alors, sommes-nous vraiment fidèles à la parole du Christ ? Ne sommes-nous pas encore esclaves de certaines idoles : l'amour de l'argent, du pouvoir, du plaisir… ? Sommes-nous fous d'amour pour Dieu, comme Il l'est pour nous ? Depuis notre baptême, **nous sommes devenus avec le Christ** *« temples de Dieu »* (1Co 3,16) **et** *« temples de l'Esprit »* (1 Co 6,19). Cela signifie que nous devons offrir nos vies en sacrifice, comme l'a fait le Christ. *« Je vous exhorte, mes frères, par la tendresse de Dieu, à lui offrir votre personne et votre vie en sacrifice saint, capable de plaire à Dieu : c'est là pour vous l'adoration véritable. »* (Rm 12,1) Pendant ce Carême, demandons à Dieu de chasser de nos cœurs tous les désirs qui en font des *« maisons de trafic »*. Et pour y collaborer, **apprenons par cœur les dix commandements et mettons-les en pratique**, reconnaissants envers Celui qui nous rend libres.

## Le mal est vaincu, réjouissons-nous !

*Laetare.* Frères et sœurs, l'Eglise nous invite aujourd'hui à nous réjouir. Mais comment être dans la joie, alors qu'il y a tant de mal autour de nous ? Le prince de ce monde, Jésus nous l'a révélé, c'est Satan, le diable, qui effectue partout son œuvre de destruction et de division, jusque dans le Temple, le lieu le plus sacré de la rencontre avec Dieu, comme nous l'avons vu dimanche dernier. Alors, pourquoi nous réjouir ? Parce que **le Christ a vaincu Satan et toute forme de mal, non seulement pendant ses 40 jours au désert (cf 1$^{er}$ dimanche de Carême), mais aussi et surtout sur la Croix**, comme il l'annonce à Nicodème dans l'évangile d'aujourd'hui. Et nous aussi, nous pouvons vaincre Satan et le mal. Comment ? **Nous devons franchir deux étapes. La première est d'accepter de regarder le mal en face, ce qui implique de reconnaître que nous sommes pécheurs. La seconde est de croire au Christ, ce qui implique de nous unir à celui dont la miséricorde est infinie.**

Pour commencer, **nous devons accepter de regarder le mal en face**. Nous ne devons pas faire les autruches en enfouissant nos têtes dans le sable[41]. Jésus dit dans l'évangile : « *la lumière est venue dans le monde, et les hommes ont préféré les ténèbres à la lumière, parce que leurs*

---

[41] J'emploie cette expression parlante, même si l'on sait qu'elle est fausse car en face du danger, les autruches prennent la fuite avec leurs grandes pattes.

œuvres étaient mauvaises. *Celui qui fait le mal déteste la lumière : il ne vient pas à la lumière, de peur que ses œuvres ne soient dénoncées* ».

A propos du mal, saint Paul évoque « *le mystère d'iniquité* » (2 Th 2,7) On ne pourra jamais le comprendre totalement car il s'oppose à la raison. Il est raisonnable de vivre dans la lumière de l'amour et de la vérité, car c'est ainsi que nous sommes heureux. Pourtant, nous pouvons choisir les ténèbres de l'endurcissement du cœur, comme Pharaon qui refusa obstinément d'écouter Dieu. C'est ce que le peuple élu a expérimenté lui-même, comme nous l'explique l'auteur du livre des Chroniques (1° lect.) : « *En ces jours-là, tous les chefs des prêtres et du peuple multipliaient les infidélités… Le Seigneur, … sans se lasser, leur envoyait des messagers, car il avait pitié de son peuple et de sa Demeure. Mais eux tournaient en dérision les envoyés de Dieu, méprisaient ses paroles, et se moquaient de ses prophètes ; finalement, il n'y eut plus de remède à la fureur grandissante du Seigneur contre son peuple* »… et c'est alors qu'a lieu la destruction du Temple et l'exil à Babylone. La souffrance infligée au peuple apparaît comme l'ultime remède face à son endurcissement.

Reconnaître que nous sommes pécheurs demande une certaine humilité, et une certaine confiance (i.e. foi) en Dieu. Si nous craignons celui-ci comme un Juge cruel, il est sûr que nous nierons nos péchés, comme certains criminels qui nient l'évidence jusqu'à être acculés par les preuves contre eux, parce qu'ils ont peur de la peine qui les attend. Nous parvenons ainsi à notre 2$^{nde}$ étape.

Pour vaincre le mal, ou en guérir, il faut commencer par reconnaître qu'il nous concerne. Mais reconnaître que nous sommes malades ne suffit pas, il faut aussi faire appel au médecin. Autrement dit, **il faut croire au Christ**, qui s'est présenté comme le médecin[42]. Dans l'évangile d'aujourd'hui, le mot *« croire »* apparaît 4 fois. En particulier, saint Jean écrit : *« Dieu a tellement aimé le monde qu'il a donné son Fils unique, afin que quiconque croit en lui ne se perde pas, mais obtienne la vie éternelle »*. La foi implique non seulement une adhésion intellectuelle à un certain nombre de vérités, mais aussi et surtout un attachement à une Personne, le Christ. Il nous faut croire à celui qui, sur la croix, n'avait plus l'apparence d'un homme (Is 52,14).

Le mal peut être puissant, mais la bonne nouvelle est qu'il peut toujours être vaincu, guéri. Notre foi n'est pas manichéenne[43]. Le mal n'est qu'une absence de bien, comme l'ombre n'apparaît que s'il y a du soleil ou comme les parasites qui ne peuvent prospérer que sur des plantes ou des animaux sains. Satan n'est qu'une créature. Et Celui qui l'a créé est Tout-Puissant d'Amour, *« riche en miséricorde » (2°lect.)*, toujours prêt à pardonner. S'il a puni parfois, notamment en permettant l'exil de son peuple à, Babylone, c'était pour l'aider à ouvrir les yeux sur son péché. Mais au

---

[42] *« Ce ne sont pas les gens bien portants qui ont besoin du médecin, mais les malades. »* (Mt 9,12)
[43] Du prophète Mani qui croyait qu'un dieu du mal combattait un dieu du bien.

bout d'un certain temps, après qu'Israël eût reconnu ses péchés, Il lui envoya un sauveur, un messie. Il « *inspira Cyrus, roi de Perse* », qui appela les Israélites à retourner à Jérusalem pour y bâtir un nouveau Temple. Quel paradoxe, un païen qui sauve le peuple élu en l'invitant à être fidèle à ses lois et à son culte !

Nicodème a du mal à voir en Jésus le nouveau Messie, tout aussi inattendu que Cyrus car il ne vient pas de Jérusalem et de l' « intelligentsia » juive. En tant que Pharisien, il fait partie des chefs du peuple et jouit d'un grand prestige. Lorsqu'il va rencontrer Jésus pour la 1ère fois, c'est de nuit, car sa foi est encore bien fragile. C'est pourquoi Jésus lui dit : « *De même que le serpent de bronze fut élevé par Moïse dans le désert, ainsi faut-il que le Fils de l'homme soit élevé, afin qu'en lui tout homme qui croit ait la vie éternelle* ». En évoquant cet évènement de l'exode, il annonce sa propre mort. Dans le désert, ceux qui avaient été mordus par des serpents pouvaient être sauvés en regardant un serpent de bronze perché sur un mat. Ce qui les sauvait, ce n'était pas le serpent lui-même, symbole du mal qui les avait touchés, c'était la foi qu'ils avaient en la parole de Dieu et de son messager, Moïse. De même en sera-t-il avec le Christ en croix : ce qui nous sauve, ce n'est pas le crucifix lui-même, symbole du mal qui nous touche, c'est notre foi en celui qui a vaincu la haine par l'amour, et la mort par la résurrection. Comme l'écrit saint Paul aux Corinthiens, « *celui qui n'a pas connu le péché, Dieu l'a pour nous identifié au péché des hommes, afin que, grâce à lui, nous soyons identifiés à la justice de Dieu.* » (2 Co 5, 21)

Sur la croix resplendit la miséricorde du Seigneur, c'est-à-dire son amour qui pardonne, qui guérit, qui relève... De fait, c'est après la mort de Jésus que Nicodème aura le courage d'aller au grand jour réclamer son corps à Pilate.

Cela signifie-t-il que nous sommes tous sauvés et guéris du péché ? Non, car un malade ne guérit que s'il accepte de prendre le remède préconisé par le médecin. Dans le désert, certains avaient refusé de regarder vers le serpent d'airain, par manque de foi. De même, nous pouvons refuser de nous laisser sauver par le Christ. Lui-même l'a dit clairement à Nicodème : « *Celui qui croit en lui échappe au Jugement, celui qui ne veut pas croire est déjà jugé, parce qu'il n'a pas cru au nom du Fils unique de Dieu.* » Ce n'est pas Dieu qui nous jugera, c'est nous-mêmes qui nous jugeons lorsque nous refusons de croire dans la miséricorde du Seigneur qui resplendit sur le Christ en croix.

Ainsi, frères et sœurs, **le mal peut être vaincu, à condition que nous acceptions de le regarder en face, et que nous mettions notre foi en celui dont la miséricorde pour nous est infinie.** L'Eglise nous propose une aide pour franchir ces 2 étapes : le sacrement de réconciliation. Dans un premier temps, l'examen de conscience et la confession nous permettent de faire la lumière sur nos péchés. Dans un second temps, l'absolution et la pénitence que nous offrent le prêtre nous permettent de recevoir la miséricorde du Seigneur et de mener une vie nouvelle, unis au Christ ressuscité. D'ici Pâques, si nous ne l'avons pas encore reçu, l'Eglise nous invite à tous recevoir ce sacrement. Alors, préférons-nous faire l'autruche, ou nous élever comme des aigles vers le Soleil de Dieu ? En ce dimanche de Laetare, **soyons dans la joie d'être tant aimés de Dieu et agissons selon la vérité afin que** *nos œuvres soient reconnues comme des œuvres de Dieu !*

## Si le grain de blé tombé en terre ne meurt pas...

**Frères et sœurs, quelle est notre ambition ?** Les Grecs de l'évangile veulent voir Jésus, sans doute pas parce qu'ils ont reconnu en lui le véritable Sauveur, mais parce qu'il vient de ressusciter un mort (Lazare) et d'entrer dans Jérusalem comme une star, acclamé par la foule avec les cris de « Hosanna ». Comme on va d'abord s'adresser à l'impresario d'une vedette, ils s'adressent à l'apôtre qui leur était le plus accessible, Philippe, qui était de Bethsaïde, une ville fortement hellénisée[44]. Beaucoup de nos contemporains sont aussi attirés par la gloire humaine, soit pour admirer leurs idoles, comme des moustiques attirés par la lumière, soit pour être eux-mêmes des lumières. **Le Christ nous propose une autre ambition : celle de parvenir à la gloire, nous aussi, mais la gloire divine. D'abord, nous verrons ce qu'elle signifie. Puis nous verrons que le chemin qui y conduit est celui du service. Enfin, nous montrerons que ce chemin est parfois ardu, et qu'il implique de passer par la souffrance.**

**Dans notre monde, beaucoup aspirent à la gloire.** Ils cherchent à rayonner auprès des autres hommes afin de donner un sens à leur existence et d'être aimés. Leur désir est compréhensible, mais ils se trompent sur la gloire. Il y a entre la gloire divine et la gloire « humaine » - au sens de celle des

---

[44] Ils ressemblent à Hérode qui, lui aussi, cherchait à voir Jésus depuis qu'il avait entendu parler de ses miracles (Lc 9,9).

stars - la même différence qu'entre un objet précieux et un objet « kitch », qui ne l'est qu'en superficie. Parfois, il vaut mieux payer un peu plus cher pour obtenir un produit solide et durable. La gloire divine (*kavod* en hébreu) renvoie à la notion de poids : le poids d'amour de la personne. Au contraire, la gloire des stars ressemble parfois à une lumière éphémère, celle d'une étoile filante.

Le Christ, pour sa part, n'a pas recherché cette gloire-là. Tout au long de son ministère, il l'a même refusé avec vigueur. C'est dans l'évangile de Marc, que nous suivons cette année, que ce refus apparaît le plus nettement. Plusieurs fois, Jésus interdit à ceux qu'il a guéris de le faire savoir. C'est ce qu'on appelle le secret messianique, destiné à éviter le développement dans l'esprit de ses contemporains d'une fausse conception du messie, celle d'un héro populaire, faiseur de miracles[45].

Aujourd'hui, pourtant, Jésus déclare : « *L'heure est venue où le Fils de l'homme doit être glorifié* ». Cette heure, il l'a attendue depuis le début de son ministère, comme lorsqu'il a dit à Marie, à Cana : « *Mon heure n'est pas encore venue* » (Jn 2,4). Mais de quelle gloire s'agit-il ? Celle de l'amour. Sur la

---

[45] Après la multiplication des pains, alors que la foule veut le prendre de force pour le faire roi, Jésus décide de se retirer, tout seul, dans la montagne (Jn 6,15). Certes, il est vraiment le roi d'Israël, le fils de David tant attendu, mais sa royauté ne vient pas de ce monde, comme il le dira à Pilate (Jn 18,36). Il est aussi le serviteur souffrant, celui sur lequel le prophète Isaïe avait écrit, plusieurs siècles avant sa venue : « *c'est par ses blessures que nous sommes guéris.* » (Is 53,5)

croix, le Christ est au sommet de sa gloire, parce qu'il est au sommet de son amour. C'est là qu'il attire tous les hommes : l'un des premiers païens à se convertir sera le centurion qui, en le voyant mourir, s'écrira : « *Vraiment, cet homme était le Fils de Dieu !* » (Mc 15,39) Et le Christ les attire non pas pour sa propre gloire, mais pour celle de son Père, c'est pourquoi il dit aussi : « *Père, glorifie ton nom !* » On peut avoir peur de Zeus qui lance des éclairs, mais pas d'un Dieu qui, après avoir été un enfant dans une crèche, se présente à nous dans la pauvreté d'un homme mis à mort nu sur une croix. Parce qu'il se présente à nous dans sa faiblesse, le crucifié nous permet de lui offrir en retour nos propres faiblesses, sans peur d'être méprisés ou jugés. Sur la croix, *il ne sera ni beau ni brillant pour attirer nos regards* (cf Is 53,2-3). Pourtant, c'est à cette « *heure* » qu'il sera glorifié au maximum comme un roi sur son trône, et qu'il *attirera à lui tous les hommes*[46]. Certes, le Père a glorifié son Fils dès sa naissance par la voix des anges, puis lors de son baptême, puis à la transfiguration, mais c'est en le ressuscitant en réponse à la croix qu'il le glorifiera définitivement.

---

[46] L'amour de Dieu s'adresse non plus seulement à un peuple, Israël, mais à tous les hommes. Ce qui avait été préparé par la révélation progressive du Seigneur, notamment avec la diaspora des Juifs au milieu des païens, s'accomplit maintenant : le fait que ce soient des grecs qui cherchent à voir Jésus, et qu'ils passent par deux apôtres aux noms grecs (Philippe et André), le manifeste bien.

**Comment atteindre nous-mêmes cette gloire divine ? En servant le Christ** : *« Si quelqu'un me sert, mon Père l'honorera »*. Servir le Christ signifie le suivre : *« Si quelqu'un veut me servir, qu'il me suive ; et là où moi je suis, là aussi sera mon serviteur »*. C'est ce que Jésus avait déjà révélé à ses apôtres, après que Jacques et Jean lui avaient demandé *« de siéger, l'un à sa droite et l'autre à sa gauche, dans sa gloire. »* (Mc 10,37) Jésus ne leur avait pas reproché pas leur désir de gloire, mais il leur avait expliqué qu'ils se trompaient de chemin : *« Celui qui veut devenir grand sera votre serviteur. Celui qui veut être le premier sera l'esclave de tous. »* (Mc 10, 43-44)

L'Ancienne Alliance, fondée sur les 10 commandements que nous avons entendus il y a 2 dimanches, posait déjà l'exigence du service, puisqu'elle pouvait être résumée ainsi : *« tout ce que vous voudriez que les autres fassent pour vous, faites-le pour eux, vous aussi, voilà ce que dit toute l'Écriture : la Loi et les Prophètes. »* (Mt 7,12) Mais la nouvelle Alliance instituée par le Christ rend cette même exigence plus « intime » puisqu'elle est maintenant écrite non plus sur des tables de pierre, mais au plus profond de nous-mêmes, comme le Seigneur avait annoncé par le prophète Jérémie : *« Je mettrai ma Loi au plus profond d'eux-mêmes ; je l'inscrirai sur leur cœur. »* (1° lect.).

**La nouvelle Alliance, parce qu'elle est inscrite sur nos cœurs, est-elle plus facile à mettre en pratique ? Non, bien au**

contraire, car elle va plus loin que l'ancienne : là où Moïse avait dit « *œil pour œil, dent pour dent* », Jésus dit : « *Aimez vos ennemis, et priez pour ceux qui vous persécutent* » (Mt 5,44) La loi de l'évangile, plus encore que celle de l'Ancien testament, **demande de mourir à soi-même, et donc de souffrir.** Jésus lui-même a dû combattre pour accepter la souffrance. Avant même le jardin de Gethsémani, Jean nous le révèle de façon émouvante : « *Maintenant mon âme est bouleversée. Que vais-je dire ? "Père, sauve-moi de cette heure" ?– Mais non ! C'est pour cela que je suis parvenu à cette heure-ci ! Père, glorifie ton nom !* » Bientôt, au moment de sa Passion, la souffrance du Christ ne sera plus seulement morale, elle saisira tout son être. Alors que les philosophes soulignent l'impassibilité de Dieu, il est difficile d'accepter son choix[47]. Pourtant, l'auteur de l'épître aux hébreux écrit : « *Bien qu'il soit le Fils, il a pourtant appris l'obéissance par les souffrances de sa Passion ; et, ainsi conduit à sa perfection, il est devenu pour tous ceux qui lui obéissent la cause du salut éternel.* » (2° lect.)

Si Jésus a accepté la souffrance, c'est parce qu'il savait qu'elle ne serait pas vaine : « *Amen, amen, je vous le dis : si le grain de blé tombé en terre ne meurt pas, il reste seul ; mais s'il meurt, il donne beaucoup de fruit* ». Aussi nous invite-t-il à suivre le même chemin : « *Celui qui aime sa vie la perd ; celui*

---

[47] Ainsi, dans les premiers siècles de l'Eglise, les docètes estimaient que le Christ n'avait pris qu'une apparence charnelle, et qu'il n'avait pas souffert. De même, les musulmans considèrent que le grand prophète Issa (Jésus) n'est pas mort sur la croix, mais qu'il a été remplacé au dernier moment par un autre.

*qui s'en détache en ce monde la garde pour la vie éternelle. »*[48] Celui qui aime souffre, à un moment ou à un autre, c'est d'ailleurs pourquoi certains refusent de s'engager sur sa voie...

Ainsi, **le service du Christ, qui implique la souffrance, forme l'unique chemin qui conduit à la gloire**[49]. Alors que nous approchons de Pâques, frères et sœurs, ne relâchons pas nos efforts pour nous convertir, c'est-à-dire pour servir toujours plus. Acceptons les épreuves que nous rencontrons, sûrs *« qu'il n'y a pas de commune mesure entre les souffrances du temps présent et la gloire que Dieu va bientôt révéler en nous »* (Rm 8,18)... et sans oublier non plus que la création entière aspire, elle aussi, à *« connaître la liberté, la gloire des enfants de Dieu »* (Rm 8,21) !

---

[48] Ne pouvons-nous pas aimer notre vie ? Le premier commandement ne nous demande-t-il pas d'aimer notre prochain comme nous-mêmes ? Certes, mais Jésus vise ici l'amour égoïste de nous-mêmes, celui auquel saint Augustin faisait référence quand il opposait les deux amours, celui de Dieu et celui de soi-même. Le véritable amour de soi-même découle de l'amour de Dieu, il consiste à s'aimer soi-même en Dieu et pour Dieu. « Dieu premier servi », comme disait Jeanne d'Arc. Or l'amour est fort comme la mort (Ct 8,6), en ce sens qu'il est une passion dévorante.

[49] Dans son Cantique Spirituel, saint Jean de la Croix écrit : *« Tous veulent entrer dans les profondeurs de la sagesse, des richesses et des délices de Dieu, mais peu désirent entrer dans la profondeur des souffrances et des douleurs endurées par le Fils de Dieu : on dirait que beaucoup voudraient être déjà parvenus au terme sans prendre le chemin et le moyen qui y conduit. »*

## Vivons dans la Lumière de l'Amour

« *L'obscurité se fit dans tout le pays jusqu'à la neuvième heure.* » Saint Marc, qui était au jardin des oliviers et qui a reçu les confidences de Pierre, est l'évangéliste qui dépeint la Passion avec le plus de noirceur. L'obscurité qui enveloppe la Palestine, au moment où le Christ est en agonie, n'est pas seulement celle du ciel. Elle est aussi celle des cœurs. Oui, vraiment, **ce moment de l'histoire humaine est sombre**. Le Fils de Dieu a d'abord sué *« comme des gouttes de sang »* à Gethsémani, tant son angoisse était grande devant sa souffrance et sa mort à venir. Il est maintenant en train de mourir, crucifié comme un malfaiteur. Comment les foules, qui l'ont acclamé avec leurs rameaux comme le Messie lors de son arrivée à Jérusalem, ont-elles pu vociférer *« crucifie-le, crucifie-le »* quelques jours plus tard ? Comment Judas, qui a été choisi par Jésus et a été son compagnon pendant trois ans, a-t-il pu le trahir ? Comment Pierre, qui a été désigné par Jésus comme le chef des disciples, a-t-il pu le renier 3 fois ? Comment Pilate et Hérode, représentants de la justice, ont-ils pu l'abandonner à l'injustice ? Comment les chefs du peuple, qui devaient le guider vers le Messie, ont-ils pu être aussi aveugles ? Comment les soldats, qui devaient maintenir l'ordre, ont-ils pu maltraiter aussi cruellement un homme sans défense ? Autant de questions qui restent sans réponses… ou plutôt, que l'on ne peut expliquer que par le mystère du mal. Après avoir été vaincu par Jésus dans le désert, au début de son ministère, le démon s'était éloigné de lui « *jusqu'au moment fixé* »[50]. Ce moment, nous y sommes parvenus, c'est celui de la Passion. Le démon est entré en Judas, et il agit à travers tous les personnages cités, sans que leur responsabilité soit réduite à néant pour autant. Au désert, le diable avait incité Jésus à échapper à la souffrance et à réaliser des prodiges. Ici encore, il l'incite dans le même sens. C'est d'abord Pierre lui-même qui se sert de son épée pour le défendre. C'est ensuite Hérode qui espère le voir réaliser un miracle. Puis ce sont les chefs des prêtres, les soldats, et même l'un des autres condamnés, qui se moquent de lui en le défiant de se sauver lui-même au moment où il est sur la croix… Tous coopèrent à l'obscurcissement de la terre.

Dans cette obscurité, pourtant, **la lumière commence déjà à poindre**. Elle jaillit d'abord du cœur du Christ. Face à la haine et à l'injustice, comment réagit-il ? D'abord, après le troisième reniement de Pierre, il avait posé son regard sur lui, on peut imaginer avec quel amour et quelle tendresse. Pierre avait alors pleuré amèrement, première étape de sa conversion. Ensuite, sur la croix, Jésus prononce 7 paroles. Les 4 premières témoignent de son amour infini à notre égard : un amour qui pardonne : « *Père, pardonne-leur : ils ne savent pas ce qu'ils font* »[51] ; un amour qui accueille : « *En vérité, je te le dis aujourd'hui, tu seras avec moi dans le paradis* »[52] dit Jésus au malfaiteur repenti crucifié à côté de lui; un amour

---

[50] (Lc 4,13)
[51] (Lc 23,34)
[52] (Lc 23,43)

qui donne : « *Femme, voici ton fils* »[53] dit Jésus à sa mère, qui devient ainsi notre mère, et quel plus beau cadeau aurait-il pu nous faire ? Un amour qui supplie enfin : « *J'ai soif* »[54]. Cette parole manifeste à la fois la souffrance physique de Jésus (la crucifixion entraînait l'asphyxie progressive) mais aussi sa souffrance spirituelle. C'est cette parole que Mère Teresa entendit au plus profond de son cœur et qui la poussa à partir dans les rues de Calcutta pour soulager les pauvres en qui elle voyait Jésus lui-même. Les 3 autres paroles témoignent de l'amour infini de Jésus à l'égard de son Père : « *Mon Dieu, mon Dieu, pourquoi m'as-tu abandonné ?* »[55] suggère d'abord la profondeur de la solitude et de la souffrance de Jésus[56], mais c'est aussi la reprise d'un psaume qui exprime une confiance inaltérable, dont témoignent les 2 paroles suivantes : « *Tout est achevé* » et « *Père, entre tes mains je remets mon esprit* »[57].

Cette fois, nous sommes face au mystère de l'Amour, beaucoup plus profond et puissant que celui du Mal. *Le rideau du Sanctuaire* qui *se déchire en deux, depuis le haut jusqu'en bas,* signifie que désormais, l'accès à Dieu ne se fera plus seulement dans le Temple, mais dans le cœur de n'importe quel croyant. Face à la lumière qui émane du Christ, plusieurs se laissent illuminer à leur tour. D'abord, l'un des condamnés se convertit : saisi par la « *crainte de Dieu* », il

---

[53] (Jn 19,25)
[54] (Jn 19,28)
[55] (Mc 15,34 & Mt 27,46)
[56] Un sentiment que Thérèse a éprouvée elle-aussi à la fin de sa vie.
[57] (Lc 23,46)

reconnaît humblement qu'il a ce qu'il mérite ; surtout, il espère dans la miséricorde de Dieu, plus grande que ses fautes : « *Jésus, souviens-toi de moi quand tu viendras inaugurer ton Règne.* »[58] Ce malfaiteur devient le premier canonisé. Face à lui, un autre homme se convertit, le centurion romain : voyant comment Jésus avait expiré, il déclare : « *Vraiment, cet homme était Fils de Dieu !* » Un autre rayon de lumière vient de Joseph d'Arimathie. Homme influent, membre du Conseil qui attendait le règne de Dieu, il a « *l'audace d'aller chez Pilate pour demander le corps de Jésus* » avant de le descendre de la croix, de l'envelopper dans un linceul et de le mettre dans un sépulcre taillé dans le roc. Enfin, les femmes qui accompagnaient Jésus depuis la Galilée ont elles-aussi eu la force de suivre Joseph jusqu'au tombeau, avec l'intention d'y retourner ensuite pour l'embaumer comme il le méritait. Ainsi, alors que l'obscurité enveloppe le pays, des rayons de lumière annoncent déjà l'aurore de la résurrection.

Et nous-mêmes, frères et sœurs, vivons-nous dans la pleine lumière de la résurrection ? Ne nous arrive-t-il pas de préférer les ténèbres de notre égoïsme et de nos penchants mauvais ? **A chaque fois que nous péchons, nous crucifions à nouveau le Christ et nous rendons le monde plus sombre.** Mais l'amour de Dieu pour nous est infini ; il sait que, parfois, nous ne savons pas ce que nous faisons. Alors, **convertissons-nous pleinement.** Pleurons notre péché comme saint Pierre, reconnaissons notre injustice comme le bon larron, frappons-

---

[58] (Lc 23,42)

nous la poitrine comme les foules, ayons du courage comme Joseph d'Arimathie et le cœur plein d'amour comme les saintes femmes. Et surtout, émerveillons-nous devant le Christ comme le centurion. Pour ce militaire, que la tradition identifie à saint Longin, le centurion qui perça le côté du Christ et qui mourut plus tard martyr en Cappadoce, c'est parce que Jésus est allé jusqu'au bout de son amour, jusqu'à la mort sur la croix qu'il se révèle vraiment comme Fils de Dieu. Comment ne pas nous émerveiller nous-mêmes en pensant aujourd'hui à Arnaud Beltrame, cet officier gendarme qui a offert sa vie pour sauver ceux qui étaient retenus en otage dans le supermarché de Trèbes ? Alors que son assassin a tué au nom de Dieu (le blasphème par excellence), cet homme de 45 ans qui se préparait au mariage religieux a remis sa vie à Dieu... Les six premières semaines de Carême ont dû nous aider à cheminer vers la lumière. La semaine qui s'ouvre aujourd'hui peut nous permettre d'aller plus loin encore. **Pendant ces jours très saints, contemplons le Christ qui a donné sa vie pour nous, et laissons nos cœurs s'embraser au contact de son Cœur infiniment brûlant d'Amour. Suivons-le pas à pas dans sa Passion. Alors, un jour, nous ressusciterons à notre tour, et nous le rejoindrons avec Longin et tous les saints au Paradis. AMEN.**

## Faites cela en mémoire de moi

Dans quelques minutes, frères et sœurs, nous allons répéter le geste extraordinaire que Jésus a accompli il y a 2000 ans, lorsqu'il a lavé les pieds de ses disciples. Lui, **le Fils de Dieu, a pris la position des esclaves et des serviteurs. Pourquoi l'a-t-il fait ?** Il nous répond lui-même : « *Si donc moi, le Seigneur et le Maître, je vous ai lavé les pieds, vous aussi, vous devez vous laver les pieds les uns aux autres.* ***C'est un exemple que je vous ai donné afin que vous fassiez, vous aussi, comme j'ai fait pour vous.*** » Cette exhortation du Christ signifie deux choses : d'abord que nous devons servir Dieu et les autres ; c'est le sens qui nous vient le plus spontanément à l'esprit. Mais aussi, que nous devons nous laisser servir par Dieu et par les autres. Cherchons à mieux comprendre ces deux sens, à la lumière de l'Eucharistie, à laquelle le Christ nous a demandé de participer : « *faites cela en mémoire de moi* » a-t-il répété 2 fois (2° lect.)

**Premièrement, nous devons servir Dieu et les autres**. Il nous faut lutter contre notre égoïsme (« vivre pour soi ») par la charité. Mais il y a un ordre : « *Dieu premier servi* », disait Jeanne d'Arc. Certes, Dieu n'a besoin de rien, mais c'est pour nous qu'Il nous demande de Le servir, afin de nous faire grandir. Une maman qui demande à son enfant de l'aider à préparer le repas va « perdre du temps » mais elle va lui permettre d'acquérir des compétences et des qualités. Alors, qu'est-ce que Dieu nous demande pour le servir ? Puisque j'évoquais les repas, parlons-en : dans le passé, on cherchait à servir les dieux en leur offrant des sacrifices, animaux ou même humains. Mais le Seigneur nous a révélé que le seul sacrifice qui lui plaisait, c'était nous-mêmes. « *Je vous exhorte donc, frères, par la tendresse de Dieu, à lui présenter votre corps – votre personne tout entière –, en sacrifice vivant, saint, capable de plaire à Dieu : c'est là, pour vous, la juste manière de lui rendre un culte.* » (Rm 12,1) Ce culte du Seigneur, nous pouvons le réaliser dans toutes nos activités : « *tout ce que vous dites, tout ce que vous faites, que ce soit toujours au nom du Seigneur Jésus, en offrant par lui votre action de grâce à Dieu le Père* » (Col 3,17)[59].

Cependant, **la participation à la messe est une des plus belles manières de servir le Seigneur.** Dans la 2° prière eucharistique, le célébrant dit : « *Tu nous as choisis pour servir en ta présence* ». Avant tout, la messe est le mémorial du sacrifice du Christ, dont celui de l'agneau pascal était une figure (1° lect.) et que nous sommes appelés à reproduire. C'est pourquoi Paul écrit : « *chaque fois que vous mangez ce pain et que vous buvez cette coupe, vous proclamez la mort du Seigneur, jusqu'à ce qu'il vienne* » (2° lect.) C'est pourquoi aussi les saints, même s'ils se sont occupés des pauvres, ont toujours pris le temps de célébrer l'Eucharistie. Mère Teresa, durant chacune de ses journées bien sûr très chargées, prenait non seulement un temps d'oraison mais aussi un temps pour la messe. Participer à l'eucharistie, ce n'est pas

---

[59] Et plus loin : « *Quel que soit votre travail, faites-le de bon cœur, comme pour le Seigneur et non pour plaire à des hommes* » (v.23)

d'abord remplir une obligation pour se donner bonne conscience, c'est s'offrir à Dieu pour qu'Il puisse accomplir sa volonté en nous et par nous.

**En servant Dieu, notamment en participant comme Il me le demande à l'eucharistie, je ne peux pas ensuite ne pas servir mes frères. N'oublions pas que le Corps du Christ, c'est bien sûr l'hostie consacrée, appelée aussi le corps eucharistique, mais c'est aussi l'Eglise, appelée aussi son Corps mystique.** La même Jeanne d'Arc disait à propos du Christ et de l'Eglise : « *c'est tout un* ». Et les membres de ce corps, ce ne sont pas seulement les baptisés, mais aussi les personnes qui souffrent : « *ce que vous l'avez fait à l'un de ces plus petits de mes frères, c'est à moi que vous l'avez fait.* » (Mt 25,40) En communiant au corps eucharistique du Christ, je reçois son Esprit, sa force, sa vie, qui me permettent de me mettre au service de mes frères, comme il l'a fait. A la fin de la messe, lorsque le célébrant dit « *allez dans la paix du Christ* », nous pouvons comprendre : « allez servir vos frères ».

**Le Christ nous invite donc à servir, mais ce n'est pas tout : il nous demande aussi, et c'est moins facile pour nous peut-être, de nous laisser servir.** Alors que le service de Dieu et des autres nous oblige à renoncer à notre égoïsme (« vivre pour soi »), nous laisser servir par eux contredit parfois notre orgueil (« vivre par soi »). Pour commencer, **laissons-nous servir par Dieu lui-même.** C'est ce que Pierre a du mal à accepter : lorsque Jésus veut lui laver les pieds, il s'écrie : « *Tu* *ne me laveras pas les pieds ; non, jamais !* » Mais la réponse de Jésus est claire et nette : « *Si je ne te lave pas, tu n'auras pas de part avec moi.* » Pierre a la même réaction que Jean, lorsqu'il vit Jésus venir à lui pour recevoir le baptême[60]. Nous devons aussi bien accepter du Seigneur les croix (ce que Pierre eut du mal à faire aussi, souvenons-nous de la volée de bois vert qu'il reçut à Césarée de Philippes après que Jésus ait annoncé sa Passion et sa mort à venir cf Mt 16,22-23), que les « douceurs ». Accepter que Dieu nous serve, c'est d'abord accepter de Lui obéir[61].

Si le Christ nous appelle à participer à l'eucharistie, c'est non seulement pour nous offrir avec lui en sacrifice, mais aussi pour nous nourrir de lui. La messe est aussi un repas, dans lequel le Seigneur lui-même nous sert. « *Heureux ces serviteurs-là que le maître, à son arrivée, trouvera en train de veiller. Amen, je vous le dis : c'est lui qui, la ceinture autour des reins, les fera prendre place à table et passera pour les servir.* » (Lc 12,37)… paroles incroyables, qui se réalisent au moment de la dernière Cène, et qui anticipent le banquet

---

[60] « Il voulait l'en empêcher et disait : 'C'est moi qui ai besoin d'être baptisé par toi, et c'est toi qui viens à moi' ! Mais Jésus lui répondit : 'Laisse faire pour le moment, car il convient que nous accomplissions ainsi toute justice'. Alors Jean le laissa faire » (Mt 3,14-15)

[61] Un autre exemple : le général syrien Naaman, qui était venu de loin pour se faire guérir de sa lèpre par Elisée, et qui était reparti en colère parce que le prophète ne lui avait demandé que quelque chose de très simple, se tremper 7 fois dans les eaux du Jourdain (2R 5). Il avait fallu l'intervention de ses serviteurs pour qu'il accepte finalement de le faire et soit guéri.

eschatologique ! Le Christ nous sert en particulier par sa Parole, qui nous éclaire, par son Corps qui nous nourrit, et aussi par son Pardon qui nous purifie. C'est l'un des sens que l'on peut donner à la parole mystérieuse de Jésus à Pierre : « *Quand on vient de prendre un bain, on n'a pas besoin de se laver, sinon les pieds : on est pur tout entier. Vous-mêmes, vous êtes purs* ». Selon saint Augustin, le baptême nous purifie tout entiers, mais les pieds sont les symboles de notre contact avec la terre, c'est-à-dire avec le monde des hommes qui nous salit forcément un peu, que nous le voulions ou non. C'est pourquoi, au début et à plusieurs reprises au cours de chaque messe, nous demandons au Seigneur de nous pardonner.

Mais **en participant à la messe, nous nous laissons aussi servir par les autres**, ceux qui ont préparé les fleurs, les chants, la musique, la liturgie, l'autel, l'homélie, etc. Et de même qu'à la fin de la célébration, nous sommes envoyés pour servir les autres, nous le sommes aussi pour nous laisser servir, c'est-à-dire pour accepter de ne pas vivre seulement par nous-mêmes, mais aussi par eux. Comme le dit un proverbe : « *si tu veux aller vite, agis seul ; si tu veux aller loin, agis avec les autres* ».

Ainsi, frères et sœurs, **en lavant les pieds de ses disciples, Jésus a voulu nous inviter à la fois à servir Dieu et les autres, mais aussi à nous laisser servir par eux. Tout cela, nous pouvons l'accomplir en participant à la messe**, non pour

**remplir une obligation mais comme un acte d'amour.** De cette façon, nous pourrons devenir des hommes et des femmes eucharistiques, c'est-à-dire que nous pourrons offrir chaque jour nos vies en sacrifice, tout en nous nourrissant sans cesse de Dieu. **Ce soir, nous pouvons prier particulièrement pour les prêtres, dont c'est la fête.** Nous avons été appelés par Dieu à lui offrir nos vies pour vous servir, vous les laïcs[62], en particulier en célébrant la messe, qui est au cœur de nos vies, avec le sacrement de la réconciliation qui lui est intimement lié. Mais nous ne pouvons rien sans vous, car nous sommes tous membres d'un même Corps, qui est celui du Christ. C'est pourquoi nous devons aussi nous laisser servir par vous. Rendons grâce au Seigneur qui a institués pour nous le sacrement de l'Eucharistie, servons-Le et laissons-Le nous servir en y participant de tout notre cœur. AMEN.

---

[62] « Mieux les chrétiens vivent leur sacerdoce baptismal, plus ils ont besoin du sacerdoce ministériel, plus leur vie et leur action appellent que des prêtres les accompagnent. » (Card. André 23, homélie de la messe chrismale 2016)

# Temps pascal

## Vous cherchez Jésus de Nazareth, le Crucifié ? Il est ressuscité

**Pourquoi avons-nous allumé un feu**, frères et sœurs ? Pour signifier que dans la nuit de ce monde, il y a 2000 ans, une lumière a resplendi[63]. La vie a vaincu la mort, l'amour a vaincu

---

[63] « Entre deux aujourd'hui il y a toujours une nuit, comme nous l'avons entendu tout à l'heure : il y eut un soir et il y eut un matin, premier jour. Cette nuit nous évoque les quatre grandes nuits de l'histoire du salut :
- La première nuit est celle de la création : nous en avons entendu la lecture. La création, c'est le premier moment de l'histoire du salut : "Dieu a créé l'homme pour avoir quelqu'un en qui déposer ses bienfaits" (Irénée). C'est le moment initial du salut, c'en est aussi un moment toujours présent : car Dieu nous crée à chaque instant de notre existence.
- La seconde nuit est celle de l'alliance de Dieu avec Abraham qui s'accomplit à la nuit tombée : "Quand le soleil fut couché et que les ténèbres s'étendirent, voici qu'un four fumant et un brandon de feu passèrent entre les animaux partagés. Ce jour là Yahvé conclut une alliance avec Abram" (Ex 15,17-18). Cette alliance sera confirmée au terme de l'épreuve où Dieu demande à Abraham de sacrifier son fils Isaac. C'est l'alliance de la foi. La grande figure de la foi dans l'Ancien Testament est Abraham, comme la grande figure dans le Nouveau Testament est la Vierge Marie.
- La troisième nuit, c'est la nuit de la sortie d'Egypte, la libération du peuple élu, qui inaugure l'alliance du Sinaï. C'est le passage de la mer rouge ; c'est une nuit de salut. Nous l'avons entendue dans son lien avec le baptême. Cette nuit de la libération d'Egypte est la nuit qui symbolise notre baptême, participation à la vie nouvelle du Christ mort et ressuscité, lui aussi en pleine nuit.
- La quatrième nuit, dans la perspective biblique, c'est la nuit eschatologique, la nuit de la fin des temps, quand le Messie reviendra. Pour nous chrétiens, cette quatrième nuit est déjà

la haine. Nous avons allumé d'abord le cierge pascal, symbole du Christ ressuscité, et c'est à cette flamme que nous avons pu allumer ensuite nos propres cierges. **Cette flamme est le symbole de notre foi**, synonyme de confiance en Dieu, que nous nous communiquons les uns aux autres et qui nous permet de ne pas être aveugles et effrayés malgré la nuit qui nous entoure. « *Ne soyez pas effrayées !* » est la première parole que le jeune homme adresse aux femmes qui découvrent le tombeau ouvert. La foi-confiance est un don du Seigneur, qui l'a offerte d'abord à Abraham et qui s'est ensuite répandue dans le monde jusqu'à nous et jusqu'à Gaëlle qui sera baptisée ce soir. C'est cette histoire de la foi que nous venons d'entendre à travers les lectures. Au commencement, Dieu a tout créé, en particulier la lumière *(« et la lumière fut »)*. Les ténèbres du péché et de la mort sont venues ensuite obscurcir le monde, mais Il ne nous a pas abandonnés à la nuit. C'est ce mystère que nous venons de commémorer aujourd'hui, Samedi Saint : le Fils de Dieu est descendu aux enfers pour y chercher Adam et Eve et leurs descendants, et pour les conduire vers la Lumière. Comme nos frères juifs qui, la nuit de Pâques, réentendent leur histoire par la bouche du plus âgé ou du plus sage qui répond aux questions du plus jeune, **méditons sur notre histoire**

---

présente avec la résurrection de Jésus. L'avenir, vers lequel nous tendons tous est déjà présent, puisque cette nuit s'est déjà inscrite dans notre passé » (http://www.assumpta.org/6-Homelie-de-la-Vigile-pascale).

**sainte**, par laquelle la lumière de la foi s'est transmise depuis Abraham jusqu'à nous.

Pour commencer, nous devons prendre conscience que **le Seigneur nous a créés pour la Vie éternelle**, la Vie bienheureuse auprès de Lui. Le premier récit de la création (1° lect.) nous le rappelle : tout ce qu'Il a créé est « *bon* », et l'ensemble est même « *très bon* ». Parmi toutes les créatures de la terre, l'homme et la femme sont le sommet, puisque Dieu les a créés « *à son image* ». Le premier commandement qu'Il leur donne est un commandement de Vie : « *Soyez féconds et multipliez-vous, remplissez la terre et soumettez-la* ». Mais alors, d'où vient la mort ? La bible répond : « *C'est par la jalousie du diable que la mort est entrée dans le monde.* » (Sg 2,23) Cette jalousie, elle s'est concrétisée par la ruse du serpent, relatée dans le chapitre suivant le 2$^{nd}$ récit de la création. Le Seigneur avait dit à Adam: « *Tu peux manger les fruits de tous les arbres du jardin ; mais l'arbre de la connaissance du bien et du mal, tu n'en mangeras pas ; car, le jour où tu en mangeras, tu mourras.* » (Gn 2,16-17) Pourquoi un interdit ? Non pour empêcher l'homme de vivre pleinement, mais au contraire pour lui éviter la mort. Car au départ, l'homme était comme un enfant qu'il fallait protéger, et à qui le Seigneur voulait enseigner progressivement la connaissance du bien et du mal. Le serpent l'a trompé, lui faisant croire que Dieu voulait l'empêcher de participer à Sa vie et qu'il pourrait devenir comme un dieu instantanément en lui désobéissant (Gn 3,1-5). Mais au lieu de la vie divine, l'homme a récolté la mort. Cependant, Dieu ne l'a pas abandonné à son pouvoir[64].

Après le déluge, le Seigneur a contracté une alliance avec **Noé**, représentant l'humanité nouvelle qui ne s'était pas corrompue. Il a renouvelé son commandement de vie : « *Dieu bénit Noé et ses fils. Il leur dit : Soyez féconds, multipliez-vous, remplissez la terre.* » (Gn 9,1) Mais ensuite, l'homme a continué à commettre le mal, érigeant notamment la tour de Babel pour s'élever vers le ciel par ses propres forces. C'est alors que surgit **Abraham**, le père des croyants, qui accepte de répondre à l'appel du Seigneur. Cet homme fait tellement confiance au Seigneur qu'il accepte de sacrifier son fils **Isaac** (2° lect.), croyant « *que Dieu est capable même de ressusciter les morts.* » (He 11,19)

D'Abraham va naître un peuple, Israël. Obligé au temps de **Joseph** de s'exiler en Egypte pour y trouver du pain, il va y devenir esclave 4 siècles plus tard. Confronté à la mort, celle des premiers-nés d'abord puis celle de tous lorsque le joug de Pharaon se fera plus pesant, il en sera délivré grâce à **Moïse** qui le conduira à travers le désert. La traversée de la Mer Rouge (3° lect.) fut un évènement fondateur, passage par

---

[64] « Dans ta miséricorde, tu es venu en aide à tous les hommes pour qu'ils te cherchent et puissent te trouver. Tu as multiplié les alliances avec eux, et tu les as formés, par les prophètes, dans l'espérance du salut. Tu as tellement aimé le monde, Père très saint, que tu nous as envoyé ton propre Fils, lorsque les temps furent accomplis, pour qu'il soit notre Sauveur » (P.E.n°4)

excellence de la rive de l'esclavage et de la mort à celle de la liberté et de la vie. Mais la liberté et la vie doivent s'apprendre, d'où le don de la Loi. Pour que le peuple atteigne la terre promise, il fallut 40 ans pendant lesquels il apprit à faire confiance à Dieu en pratiquant cette Loi, alors qu'il était confronté à de nouvelles menaces de mort (la faim, la soif, les serpents…)

Après le temps des patriarches (Abraham, Isaac, Jacob, Joseph et Moïse) vient celui des prophètes. Leur mission est double : rappeler la loi de Moïse, lorsque le peuple s'en détourne pour adorer d'autres dieux ; et annoncer le bonheur à venir lorsque le peuple sombre dans la désespérance.

En plus des prophètes, il y a les sages, qui incitent le peuple à mettre en pratique les commandements du Seigneur dans leur vie quotidienne. Réécoutons **Baruc** : « *Écoute, Israël, les commandements de vie, prête l'oreille pour acquérir la connaissance… la Sagesse est apparue sur la terre, elle a vécu parmi les hommes. Elle est le livre des préceptes de Dieu, la Loi qui demeure éternellement : tous ceux qui l'observent vivront, ceux qui l'abandonnent mourront* » (4° lect.)

Finalement, **après avoir ainsi préparé sa venue par les patriarches, les prophètes et les sages, Dieu a envoyé ce Sauveur, son propre Fils.** Mais il n'est pas facile de passer de la peur de la mort à la foi en Dieu et la reconnaissance pour la vie. Durant son ministère, Jésus avait annoncé plusieurs fois sa mort et sa résurrection. Mais ses disciples *ne comprirent* *pas ses paroles* (Mc 9,10). Même après avoir entendu les paroles du jeune homme en blanc qui les invitait à ne pas avoir peur et à aller dire à ses disciples et à Pierre : « *Il vous précède en Galilée. Là vous le verrez, comme il vous l'a dit* », Marc écrit qu'« *elles sortirent et s'enfuirent du tombeau, parce qu'elles étaient toutes tremblantes et hors d'elles-mêmes. Elles ne dirent rien à personne, car elles avaient peur.* » (Mc 16,8)[65]

Ainsi, frères et sœurs, **le passage des ténèbres à la lumière, de la peur à la foi et de la mort à la vie ne va pas de soi. Il exige de nous un autre passage : celui de l'homme ancien qui est en nous à l'homme nouveau.** « *Pensez que vous êtes morts au péché, mais vivants pour Dieu en Jésus Christ* »

---

[65] Finalement, ce sont quand même les femmes qui furent les premières messagères de la résurrection. « Les femmes qui sont, par nature et par vocation, celles qui conçoivent et donnent la vie, celles qui enfantent, celles qui soignent, celles qui veillent sur le malade et le mourant, celles qui ensevelissent aussi le défunt, celles qui mènent la vie à son terme, celles qui ont enseveli Jésus au soir du sabbat commençant, les femmes qui ont un lien secret avec la vie, sont les premières à recevoir le grand message de la vie ressuscitée. Quand il s'agit de la vie, de la vie définitive, de la vie qui ne peut plus mourir, elles sont les premières à pouvoir comprendre. Elles sont donc les premières à être les messagères de la résurrection de Jésus. Comme Marie avait entouré les premiers instants de Jésus venu dans la chair, les femmes entourent en quelque sorte de leur présence les premiers instants temporels du retour de Jésus à la vie » (http://www.assumpta.org/6-Homelie-de-la-Vigile-pascale)

(épître). Arnaud Beltrame, comme saint Maximilien Kolbe avant lui et tous les martyrs, n'a pas eu peur de donner sa vie pour sauver celle d'une mère de famille… Si le feu est le symbole de la foi en Dieu, l'eau est le symbole de la purification que nous apporte le baptême, que Gaëlle va recevoir. Le feu et l'eau sont aussi 2 symboles de l'Esprit Saint, car lui seul peut nous donner la vie même de Dieu. Et il fait de nous des missionnaires. Le jeune homme en blanc demande aux disciples, immédiatement après leur avoir annoncé la résurrection, d'aller *en Galilée*, ce « *carrefour des nations* » (Mt 4,15) que Jésus n'a cessé de parcourir pour proclamer la Bonne Nouvelle. Etre chrétien, c'est être vivant, ce qui signifie aussi être missionnaire car la vie cherche toujours à se propager… Pendant le Carême, nous avons lutté et expérimenté nos faiblesses. Désormais, pendant 50 jours, nous sommes appelés à nous réjouir de nos victoires, si petites soient elles, mais surtout de la Victoire du Christ. **N'ayons plus peur de la nuit et de la mort, vivons dans la confiance en Dieu et dans la joie de la Résurrection du Christ, et témoignons-en autour de nous.** AMEN.

## Il est vraiment ressuscité !

« **Christ est ressuscité, il est vraiment ressuscité. ALLELUIA** ». Cet évènement, frères et sœurs, est le plus important dans l'histoire des hommes, avec l'incarnation. Le Christ a vaincu la mort, non pas en revenant à la vie terrestre, comme il l'avait fait avec Lazare, mais en ressuscitant avec un corps glorieux, c'est-à-dire un corps qui n'est plus soumis aux limites de l'espace et du temps, mais qui garde en même temps les traces de son histoire (avec les stigmates). Jésus n'est pas revenu à la vie, il est la Vie elle-même. **Cet évènement est la Bonne Nouvelle par excellence pour nous car il nous permet d'espérer ressusciter nous-mêmes après notre mort. Mais d'ici là, qu'est-ce que la résurrection du Christ change à nos vies ?** Eh bien, elle peut les transformer entièrement, en nous touchant dans nos intelligences, mais aussi dans nos cœurs, dans nos âmes, dans nos corps… Aujourd'hui, les lectures nous montrent que **la résurrection du Christ nous sollicite à 4 niveaux de nos êtres. Nous sommes invités à croire, à comprendre, à vivre, et à témoigner.**

Pour commencer, **nous devons croire** à la résurrection. Les évangiles témoignent de la difficulté pour l'homme d'accueillir cette Bonne Nouvelle. Saint Marc révèle que les femmes qui étaient venues au tombeau pour embaumer le corps, lorsqu'elles eurent reçu l'annonce de la résurrection et la mission de la transmettre aux disciples et à Pierre,

« *s'enfuirent et ne dirent rien à personne, car elles avaient peur* » (Mc 16,8). Et les apôtres, lorsque Marie-Madeleine revint du tombeau avec ses compagnes, « *l'entendant dire qu'il vivait et qu'elle l'avait vu, ne la crurent pas* » (Mc 16,11) *estimant que c'était du* « *radotage* » (Lc 24,11). Pierre lui-même, le chef des apôtres, après avoir couru au tombeau et vu les linges, « *s'en alla chez lui, tout surpris de ce qui était arrivé* » (Lc 24,12), sans pouvoir croire encore. Alors, comment être étonné lorsqu'on lit dans les Actes des Apôtres à propos des Athéniens, qui avaient écouté Paul à l'aréopage avec attention jusque-là : en entendant les mots de « *résurrection des morts, les uns se moquaient, les autres disaient :* " *Nous t'entendrons là-dessus une autre fois*" » (Ac 17,32) ? Comment être étonné que parmi les catholiques eux-mêmes, seule une minorité croit à la résurrection ? La résurrection, que ce soit celle du Christ ou la nôtre, ne peut se démontrer, elle est offerte à notre liberté de croire ou de ne pas croire...

Si Dieu ne veut nous donner aucune preuve scientifique de la résurrection, ce qui réduirait à néant notre liberté précisément, Il nous offre des signes. Parmi les disciples, alors que beaucoup refusèrent de croire comme nous l'avons souligné, le disciple que Jésus aimait, nous révèle saint Jean, « *vit et crut* » (év.). Qu'a-t-il vu ? Pas grand-chose : un tombeau vide, mais aussi « *les linges, gisant à terre, ainsi que le suaire qui avait recouvert sa tête ; non pas avec les linges, mais roulé à part dans un endroit.* » Ce simple signe suffit pour lui : si Jésus avait été enlevé, les linges seraient tous ensemble, les ravisseurs n'auraient pas pris la peine de rouler le suaire à part. Lazare était sorti de son tombeau encore enveloppé de bandelettes, mais Jésus en est ressorti libre. Qu'est-ce qui a permis à ce disciple de croire, ce que les autres ne parvenaient pas à faire ? C'est l'amour. Ce n'est pas un hasard si Jean l'a désigné comme *« le disciple que Jésus aimait »*. Cela signifie qu'il existait entre lui et son Maître une grande intimité, qu'atteste la scène du dernier repas où il était assis à son côté, et où il s'était penché sur sa poitrine pour lui demander qui allait le trahir (cf Jn 13,25). Seul l'amour permet de franchir les barrières que la raison est impuissante à ôter.

Deuxièmement, **nous sommes invités à comprendre**. Vous êtes peut-être surpris que j'en parle en second, dans notre mentalité cartésienne, mais saint Anselme avait bien dit : *« il faut croire pour comprendre »*. A la fin de l'évangile que nous venons d'entendre, saint Jean écrit : ***« les disciples n'avaient pas compris que, d'après l'Écriture, il fallait que Jésus ressuscite d'entre les morts »***. Pourquoi le fallait-il ? Parce que l'homme était asservi aux forces de la mort, et que seul Dieu pouvait l'en délivrer. Même en cherchant bien, on ne trouvera aucune annonce explicite de la résurrection du Messie. Mais c'est toute l'Ecriture, relue à la lumière de cette résurrection, comme Jésus l'a fait avec les disciples d'Emmaüs, qui nous permet de découvrir que Dieu est plus fort que la mort[66].

Si nous croyons à la résurrection et si nous en avons compris le sens, sommes-nous parvenus là où le Seigneur veut nous mener ? Non, il reste encore deux étapes à franchir : d'abord, **il nous faut en vivre**. Nietzsche dit un jour, en voyant des chrétiens sortir d'une église : « *je croirai quand je les verrai avec des gueules de ressuscités* ». Mais comment vivre ainsi, alors que nous cheminons sur cette terre qui ressemble souvent à une « *vallée des larmes* » (ps 84) ? En nous unissant à celui qui a vaincu la mort, comme nous l'avons célébré cette nuit. Mais pour nous unir à lui, nous devons passer par le chemin qu'il a suivi lui-même. La victoire de la Vie sur la mort est inséparable de celle de l'Amour sur le péché. C'est pourquoi saint Paul écrit aux Colossiens : « *Vous êtes ressuscités avec le Christ. Recherchez les réalités d'en haut […] En effet, vous êtes morts avec le Christ, et votre vie reste cachée avec lui en Dieu.* » (2° lect.) Qu'est-ce que cela signifie ? Non pas que nous devrions mépriser les réalités de la terre, mais que nous devons les transformer, conscients que le Seigneur nous prépare « *des cieux nouveaux et une terre nouvelle* » (Ap 21,1). La petite Thérèse l'avait si bien

---

[66] La traversée de la mer rouge, que nous avons entendue cette nuit, en est une illustration parmi beaucoup d'autres : alors que le peuple était promis à la mort, avec la mer devant lui et l'armée de Pharaon derrière lui, le Seigneur lui a tracé un chemin de vie, qui ressemble à une résurrection.

compris qu'elle dit, au moment de mourir : « *j'entre dans la Vie* ». Cela signifie aussi que nous devons mourir au péché, et vivre à la manière du Christ. Comme Paul le précise dans les versets suivants, il s'agit de « *faire mourir en nous ce qui n'appartient qu'à la terre : débauche, impureté, passion, désir mauvais, et cette soif de posséder, qui est une idolâtrie* » (Col 3,5) et de « *revêtir l'homme nouveau* » (le vêtement blanc des nouveaux baptisés en est le signe) et ainsi de se revêtir «*de tendresse et de compassion, de bonté, d'humilité, de douceur et de patience.* » (Col 3,10.12) Cette transformation n'est pas visible de tous, car notre vie *reste cachée avec le Christ en Dieu*. Comme le disaient St François de Sales et St Vincent de Paul: « *Le bruit ne fait pas de bien, et le bien ne fait pas de bruit.* »

En plus de vivre comme des ressuscités, **le Seigneur nous invite à une ultime étape : le témoignage**. La résurrection est la Bonne Nouvelle, l'évangile par excellence, que nous ne pouvons pas garder pour nous seuls. Tant d'hommes et de femmes autour de nous sont comme des brebis égarées ! Il nous faut imiter les Apôtres et Pierre, qui dit au centurion Corneille : « *Il nous a chargés d'annoncer au peuple et de témoigner que Dieu l'a choisi comme Juge des vivants et des morts.* » (1° lect.) Certes, le fait de vivre comme des ressuscités est déjà un beau témoignage. Mais dans certaines situations, il nous faut y ajouter la parole car, comme l'écrit saint Paul aux Romains : « *la foi naît de ce qu'on entend ; et ce qu'on entend, c'est l'annonce de la parole du Christ.* »

(Rm 10,17) Alors, même si nous ne sommes pas de grands théologiens, même si nous ne pourrons pas répondre à toutes les questions, n'ayons pas peur d'aller vers « les périphéries », comme le Pape François nous y invite, pour proclamer, « *à temps et à contretemps* » (2Tm 4,2), que le Fils de Dieu est mort pour nos péchés et ressuscité pour nous donner la vie !

Pour conclure, frères et sœurs, **rendons grâce à Dieu qui nous a appelle à comprendre, à croire, à vivre et à témoigner de la résurrection du Christ. Un jour, nous aussi, nous ressusciterons et nous entrerons pleinement dans la Vie. En attendant, nous devons combattre pour vaincre avec le Christ.** La victoire de la Vie sur la mort et de l'Amour sur le péché ne s'acquière pas d'un coup de baguette magique, elle exige des efforts et du temps. Du temps pour faire mourir en nous le vieil homme et faire advenir l'homme nouveau, c'est pourquoi pendant 40 jours, nous avons lutté avec le Christ pour nous convertir à travers la prière, le partage et les privations. Du temps aussi pour nous réjouir avec le Christ de sa victoire, que nous allons célébrer pendant les 8 jours de l'octave et les 50 jours du temps pascal. Paradoxalement, il nous est peut-être plus facile de lutter que de célébrer, du fait que notre vie sur la terre est parsemée d'épreuves multiples. Le temps pascal qui commence aujourd'hui nous demande d'anticiper la vie divine que nous connaîtrons après notre résurrection. Comme le dit saint Augustin dans un de ses sermons les plus célèbres : « *Chantons dès ici-bas l'alléluia* *au milieu de nos soucis, afin de pouvoir un jour le chanter là-haut dans la paix... Chantons et marchons ».* **Avec le Christ, chantons et marchons, avec des gueules de ressuscités.** C'est ainsi que nos frères non-croyants, en nous voyant, pourront croire que oui, vraiment, le Christ est ressuscité, il est vraiment ressuscité. ALLELUIA.

# Offrons nos vies au Dieu de miséricorde[67]

Parmi tous les attributs de Dieu, lequel est le plus important ? Certains croyants d'autres religions répondraient sans doute : « la toute-puissance », « l'omniscience », « la justice »… Les chrétiens, nous affirmons que « Dieu est Amour », et que tous les autres attributs sont relatifs à cet Amour. **L'Amour a de multiples visages, mais il en est un qui nous concerne plus particulièrement : la Miséricorde.** Par définition, le miséricordieux est celui dont le cœur se laisse toucher par la misère de l'autre. Il est touché non seulement dans ses sentiments, mais aussi dans ses actions : non seulement il est ému, mais encore il tend une main secourable. Notre Dieu s'est révélé comme infiniment riche en miséricorde. Cela apparaît déjà dans l'Ancienne Alliance, par exemple lorsqu'Il libère son peuple d'Egypte[68]. Mais sa miséricorde est pleinement révélée par le Christ, en qui nous voyons le Père. En mourant sur la Croix, il nous témoigne de son Amour infini, qui n'a pas reculé devant la souffrance. En ressuscitant, il va encore en témoigner, comme nous allons le comprendre en méditant sur l'évangile, d'abord vis-à-vis des disciples, ensuite vis-à-vis de Thomas. **Il va s'adapter à chacun, libérant les**

---

[67] Saint Jean-Paul II a été tellement habité par sa foi en la miséricorde divine, dont Faustine Kowalska (sa compatriote qu'il a lui-même canonisée) était devenue un témoin privilégié, qu'il a institué cette fête du 2ème dimanche de Pâques…

[68] Il déclare à Moïse : « *J'ai vu, oui, j'ai vu la misère de mon peuple qui est en Égypte, et j'ai entendu ses cris sous les coups des chefs de corvée. Oui, je connais ses souffrances* » (Ex 3, 7) et il envoie Moïse pour le délivrer.

premiers de leur culpabilité, de leur désarroi et de leur peur, et Thomas de son refus de croire.

**Jésus ressuscité va d'abord libérer les disciples de leur culpabilité, de leur désarroi et de leur peur.** Culpabilité par rapport au passé, désarroi par rapport au présent, peur par rapport à l'avenir. D'abord, les disciples souffrent certainement d'un immense sentiment de culpabilité. Ils ont abandonné leur Maître au jardin de Gethsémani, et leur chef, Pierre, l'a même renié trois fois. En plus, ils sont en plein désarroi : maintenant que leur Guide a disparu, quel sens peuvent-ils donner à leur vie ? Enfin, ils ont peur : ils ont *« verrouillé les portes du lieu où ils étaient, car ils avaient peur des Juifs »*. Ils ont bien compris que leur vie était en danger, comme Jésus lui-même le leur avait d'ailleurs clairement annoncé avant sa Passion : *« On portera la main sur vous et on vous persécutera ; on vous livrera aux synagogues, on vous jettera en prison, on vous fera comparaître devant des rois et des gouverneurs, à cause de mon Nom. »* (Lc 21,12) Ils sont enfermés dans le Cénacle, mais aussi dans leurs cœurs.

Se plaçant non au-dessus d'eux dans un nuage mais *« au milieu d'eux »*, sa première parole est : *« La paix soit avec vous ! »* Et parce que la blessure est profonde, il la répète une seconde fois. Il ne leur fait aucun reproche. Et pour bien leur montrer qu'il n'est pas un fantôme ou un imposteur, *« il leur montre ses mains et son côté »*. La culpabilité et la peur font alors place à la joie. La mort de Jésus avait ruiné leurs espérances et aveuglé leurs esprits, sa résurrection les remet debout et les illumine.

Mais il faut aussi redonner du sens à leur vie : c'est pourquoi Jésus ajoute : *« De même que le Père m'a envoyé, moi aussi, je vous envoie »* et, pour qu'ils en aient la force, il répand sur eux le souffle de l'Esprit Saint. Il leur donne alors une mission : *« Tout homme à qui vous remettrez ses péchés, ils lui seront remis ; tout homme à qui vous maintiendrez ses péchés, ils lui seront maintenus »*. Le Seigneur est prêt à pardonner tous les péchés, mais il ne peut le faire que si l'homme est prêt à accueillir son pardon, et donc à se reconnaître pécheur. Jésus envoie ses disciples témoigner de la miséricorde de Dieu, dont ils sont les premiers bénéficiaires.

Le jour de la Pentecôte, 6 semaines plus tard, Jésus leur enverra à nouveau l'Esprit Saint, grâce auquel ils seront encore plus profondément libérés de leur peur et forts pour annoncer la Bonne Nouvelle, au point de mettre en jeu leur vie, en s'adressant à tous ceux qui seront à Jérusalem pour cette fête.

**La miséricorde du Christ brille une seconde fois dans cet évangile huit jours plus tard. Cette fois, c'est l'apôtre Thomas qui en est le bénéficiaire.** On fait souvent de lui le prototype du « rationaliste », de celui qui s'appuie solidement sur sa raison, les pieds bien sur terre. Pourquoi pas, mais Thomas est aussi le prototype de celui qui refuse de croire malgré les signes qui lui sont donnés. 3 fois, Jésus avait annoncé sa mort et sa résurrection. Les femmes avaient annoncé la bonne nouvelle en revenant du tombeau, et les apôtres avaient confirmé avoir vu le Ressuscité. Pourtant, Thomas refuse toujours de croire. Son problème n'est pas rationnel, mais spirituel. Sans qu'on en connaisse la raison, il a endurci son cœur. Cependant, Jésus ne l'abandonne pas à son incrédulité. Non seulement il vient à lui mais il lui propose en plus de toucher les cicatrices de ses mains et de son côté, lui offrant ainsi ce qu'il avait exigé. Ainsi, le Seigneur s'adapte à chacun, pour que tous les hommes puissent croire et être sauvés. Devant une telle miséricorde, Thomas est entièrement retourné, et son exclamation est la plus belle expression de Foi que l'on puisse trouver : « *Mon Seigneur et mon Dieu !* » Il a eu besoin de voir le corps physique de Jésus, mais il voit maintenant bien au-delà, jusqu'à sa divinité. Il ira ensuite jusque loin en Orient pour témoigner de sa Foi, et il mourra martyr en Inde. Son cri est celui que nous pouvons lancer nous-mêmes parfois, notamment devant le Saint-Sacrement. Jésus est certainement heureux de cette illumination du cœur de Thomas, mais il ajoute à son intention et à celle des autres disciples : « *Parce que tu m'as vu, tu crois. Heureux ceux qui croient sans avoir vu.* »

Cette parole de Jésus s'adresse surtout à nous. Nous-mêmes, nous ne pouvons pas voir Jésus dans sa chair glorifiée, sauf si nous en recevons le privilège comme certains saints, telle que

Thérèse d'Avila. Mais elle-même a écrit que les apparitions dont elle a bénéficié n'étaient pas déterminantes dans sa conversion. Le Seigneur, depuis 2000 ans, se rend présent aux hommes, par la Foi, de diverses manières : dans l'Ecriture, dans les sacrements – particulièrement dans l'Eucharistie, dans les personnes – notamment les plus pauvres, dans les évènements... C'est à nous de garder les yeux de notre cœur ouverts pour le reconnaître.

Ainsi, frères et sœurs, le Seigneur est infiniment riche en miséricorde. Il ne cesse de venir en aide aux hommes dans leurs misères. **Le Christ ressuscité a délivré ses disciples de leur culpabilité, de leur désarroi et de leur peur et il a délivré Thomas de son incrédulité. Et nous-mêmes, quelles sont les misères dont nous voudrions qu'il nous délivre ?** Certes, saint Pierre nous dit: « *tressaillez de joie, même s'il faut que vous soyez attristés, pour un peu de temps encore, par toutes sortes d'épreuves ; elles vérifieront la qualité de votre foi qui est bien plus précieuse que l'or (cet or voué pourtant à disparaître, qu'on vérifie par le feu)* » ($2^{e}$ lect.). Cependant, nous pouvons aussi demander au Seigneur son aide. Lorsque nous péchons, il peut nous pardonner, en particulier dans le sacrement de la pénitence et de la réconciliation. Lorsque nous sommes désemparés, il peut nous montrer des chemins pour nous engager à son service et à celui de nos frères. Lorsque nous avons peur, il peut nous donner sa paix. Lorsque nous doutons, il peut nous donner la Foi. Alors, cette semaine, **demandons humblement au Seigneur dans la** prière qu'il envoie sur nous son souffle pour nous éclairer sur nos misères, non pas pour nous écraser, mais au contraire pour nous relever. Alors, nous deviendrons nous-mêmes des témoins de sa Miséricorde. Nous pourrons même nous offrir à elle, comme l'a fait la petite Thérèse. Contrairement aux apôtres, nous n'accomplirons peut-être pas de grands « *prodiges* », mais nous formerons comme eux une communauté unie et fraternelle[69] (1° lect.). Et **en nous adaptant aux besoins de nos frères, nous pourrons les soulager de leurs misères. AMEN.**

---

[69] « *Les frères étaient fidèles à écouter l'enseignement des Apôtres et à vivre en communion fraternelle, à rompre le pain et à participer aux prières. La crainte de Dieu était dans tous les cœurs [...] ils prenaient leurs repas avec allégresse et simplicité* ».

## Sommes-nous ressuscités ?

Frères et sœurs, le jour de Pâques, nous avons entendu saint Paul nous dire : « *vous êtes ressuscités avec le Christ* ». **Vivons-nous vraiment comme des ressuscités ?** Saint Paul évoquait notre identité profonde de chrétiens, d'hommes et de femmes unis au Ressuscité, mais sommes-nous fidèles à notre vocation ? « *Chrétien, deviens ce que tu es* » disait saint Augustin. Comme les arbres produisent leurs fruits au printemps ou en été après avoir été élagués en automne, le temps pascal marque une sorte de plénitude, qui peut nous aider à parvenir à notre propre accomplissement. Cependant, 3 maux nous empêchent de vivre pleinement comme des ressuscités : le péché, l'ignorance, et la peur de souffrir. C'est pourquoi **les lectures de ce dimanche nous invitent à nous convertir, à nous instruire, et à accepter de souffrir**.

**Pour commencer, nous devons nous convertir.** St Pierre exhorte ainsi le peuple : « *Convertissez-vous donc et tournez-vous vers Dieu pour que vos péchés soient effacés.* » (1° lect.) St Jean, lui, écrit : « *Mes petits enfants, je vous écris pour que vous évitiez le péché* » (2° lect.). Et Jésus conclut son discours aux disciples en les invitant à proclamer *la conversion* « *en son nom, pour le pardon des péchés, à toutes les nations* ». Cet appel à la conversion, au début du temps pascal, peut nous surprendre, alors qu'il était déjà lancé le 1$^{er}$ jour du Carême : « *convertissez-vous et croyez à la Bonne Nouvelle* ». En fait, la conversion, qui consiste à se détourner des idoles pour se tourner vers Dieu, est une exigence de chaque jour, mais elle peut être entreprise à différents niveaux. Pendant l'Avent, nous nous sommes tournés progressivement vers l'Enfant de la crèche, en cultivant en nous l'esprit d'enfance et l'Espérance. Pendant le Carême, nous nous sommes tournés progressivement vers le Serviteur souffrant, en cultivant en nous le sens du sacrifice et de la pénitence. Pendant le temps pascal, nous sommes invités à nous tourner vers le Vivant qui donne l'Esprit, en cultivant en nous le dynamisme de la vie.

Pour nous convertir, nous devons d'abord reconnaître que nous sommes pécheurs. Ce n'est pas si facile, comme l'a souligné st Jean[70] : « *Celui qui fait le mal déteste la lumière : il ne vient pas à la lumière, de peur que ses œuvres ne soient dénoncées* » (Jn 3,20). C'est pourquoi Jésus est parfois assez « dur », notamment avec les Pharisiens ou avec ses disciples. A ceux d'Emmaüs, après les avoir écoutés, il a dit : « *Esprits sans intelligence ! Comme votre cœur est lent à croire tout ce que les prophètes ont dit !* » (Lc 24,25). Mais nous n'avons pas à avoir peur : « *La paix soit avec vous !* », sa 1$^{ère}$ parole à ses disciples rassemblés le soir du même jour, est une façon de leur exprimer son pardon. St Jean écrit aussi : « *si l'un de nous vient à pécher, nous avons un défenseur devant le Père : Jésus*

---

[70] « *Et le Jugement, le voici : la lumière est venue dans le monde, et les hommes ont préféré les ténèbres à la lumière, parce que leurs œuvres étaient mauvaises. Celui qui fait le mal déteste la lumière : il ne vient pas à la lumière, de peur que ses œuvres ne soient dénoncées* » (Jn 3,19 20)

*Christ, le Juste »* (2° lect.). St Pierre commence lui aussi par des paroles qui peuvent paraître dures pour ceux qui l'écoutent : *« Vous avez renié le Saint et le Juste, et vous avez demandé qu'on vous accorde la grâce d'un meurtrier. Vous avez tué le Prince de la vie... »* Mais pour adoucir ses paroles, et se souvenant de celles de Jésus sur la croix : *« Père, pardonne-leur, ils ne savent pas ce qu'ils font »*, il ajoute : *« je sais bien que vous avez agi dans l'ignorance, vous et vos chefs. »* (1° lect.) Nous reconnaître pécheurs n'est possible que parce que nous croyons à la Miséricorde du Seigneur.

Le péché est une forme d'ignorance, mais toute ignorance n'est pas peccamineuse. Parfois, nous ne comprenons pas le sens des événements, même si nous avons le cœur pur. C'est pourquoi **nous devons laisser le Seigneur nous instruire** avec sa Parole. Il n'y a pas d'événements bruts ou objectifs, tout est question d'interprétation. Le mot événement (« ex-venire » en latin = venir d'ailleurs) suggère une certaine transcendance, une altérité radicale, imprévue, non maîtrisable. Les disciples d'Emmaüs ont reçu la nouvelle de la résurrection de Jésus, mais c'est pour eux un évènement « insensé », c'est-à-dire qui ne fait pas sens pour eux. Il faut que Jésus *partant de Moïse et de tous les Prophètes, leur interprète, dans toute l'Écriture, ce qui le concernait*[71]

---

[71] La loi de Moïse, les prophètes et les psaumes (qui représentent ici tous les livres de sagesse) constituent l'ensemble de l'Ancien Testament. Certes, les références directes au messie n'y sont pas très nombreuses, mais c'est à la fois par elles et par les allusions

(Lc 24,27) pour que leur intelligence s'éclaire et que leur cœur devienne brûlant. Le même soir, avec les apôtres, Jésus agit de la même manière : « *il ouvrit leur intelligence à la compréhension des Écritures* ». L'écoute ou la lecture priante de la bible sont donc pour nous le moyen de comprendre le sens de nos existences. Il nous faut la « *ruminer* », à l'image de Marie, « *qui conservait toutes ces choses en son cœur* ». C'est ainsi que les évènements peuvent devenir nos « maîtres intérieurs », selon l'expression du philosophe Emmanuel Mounier.

**Le Seigneur nous invite à nous convertir, à nous instruire mais aussi à surmonter notre peur de souffrir.** Même si notre cœur est pur et même si nous comprenons le sens de ce que le Seigneur nous demande, nous pouvons avoir peur d'accomplir sa volonté. Jésus lui-même a connu ce sentiment, en particulier à Gethsémani où il a transpiré du sang. Mais il a su surmonter son angoisse : « *Père, si tu le veux, éloigne de moi cette coupe ; cependant, que soit faite non pas ma volonté, mais la tienne.* » (Lc 22,42) Et l'auteur de l'épître aux Hébreux va jusqu'à écrire que c'est par ses souffrances que

---

indirectes que l'on peut y trouver une préfiguration de la vie de Jésus. C'est pourquoi nous entendons tous les dimanches, en dehors du temps pascal, une lecture tirée de l'Ancien Testament pour éclairer l'évangile. Le lien entre les deux n'est pas toujours évident, et c'est le rôle du prédicateur d'ouvrir l'esprit des fidèles à l'intelligence des Ecritures, à la suite du Christ qu'il représente.

Jésus a appris l'obéissance et a été *conduit à sa perfection* (He 5,7-9) ! Aux disciples d'Emmaüs, Jésus a demandé : « *Ne fallait-il pas que le Christ souffrît cela pour entrer dans sa gloire ?* » (Lc 24, 26) Et il dit aux apôtres : « *Voici les paroles que je vous ai dites quand j'étais encore avec vous : "Il faut que s'accomplisse tout ce qui a été écrit à mon sujet dans la loi de Moïse, les Prophètes et les Psaumes." [...] Ainsi est-il écrit que le Christ souffrirait et qu'il ressusciterait d'entre les morts le troisième jour...* ». C'est pourquoi Jésus se manifeste à ses disciples en leur montrant ses mains et ses pieds, sur lesquels sont inscrites les traces de sa Passion. Il leur avait annoncé celle-ci 3 fois avant qu'elle n'arrive, mais ils n'avaient pas pu le comprendre. Souvenons-nous de Pierre, qui s'était écrié après la première annonce : « *Dieu t'en garde, Seigneur ! cela ne t'arrivera pas.* » (Mt 16,22) Et Jésus avait dû répondre encore plus vivement : « *Passe derrière moi, Satan, tu es un obstacle sur ma route ; tes pensées ne sont pas celles de Dieu, mais celles des hommes.* » (v.23) Et il avait ensuite déclaré, à l'intention de ses disciples : « *Si quelqu'un veut marcher derrière moi, qu'il renonce à lui-même, qu'il prenne sa croix et qu'il me suive.* » (v.24)

Ainsi, frères et sœurs, **pour que nous puissions vivre comme des ressuscités, le Seigneur nous appelle à nous convertir, à nous instruire et parfois à souffrir.** Les apôtres ont eu du mal à accepter aussi bien la Passion que la Résurrection. Pourquoi cette difficulté à accueillir les grands évènements qui constituent la Bonne Nouvelle ? La Passion heurte notre volonté parce que nous ne voulons pas souffrir. La Résurrection heurte notre intelligence : comment ce qui est mort peut-il revivre, n'est-il pas plus raisonnable de croire que la poussière retournera à la poussière (Gn 3,19), et que notre âme seule survivra, comme l'estimaient les sages grecs (cf Ac 17,32) ? Cette semaine, convertissons-nous en faisant notre examen de conscience et en recevant le sacrement du pardon. Instruisons-nous en méditant les Ecritures. Et accomplissons coûte que coûte la volonté du Seigneur, même lorsqu'il nous faudra souffrir. C'est ainsi que nous connaîtrons comme les apôtres une joie immense, celle qui habite au cœur des ressuscités. AMEN.

## Le vrai berger donne sa vie pour ses brebis

**Qu'est-ce qu'un bon pasteur ?** Frères et sœurs, cette question est importante, parce que nous avons tous à guider d'autres personnes, et parce que nous sommes tous guidés par d'autres, d'une manière ou d'une autre : dans notre famille, dans notre travail, dans notre vie de foi… Ces deux aspects ne sont pas contradictoires : c'est seulement si nous savons nous laisser guider que nous pouvons devenir de bons guides pour les autres[72]. Ils correspondent à deux désirs profondément ancrés dans notre nature humaine. Le désir d'être guidé est si fort qu'il peut susciter dans certains peuples des dictateurs, à des moments où plane le risque d'anarchie et de désordre. Le désir de guider les autres est également très fort, comme les luttes pour l'accession au pouvoir le manifestent dans tous les pays et toutes les institutions humaines. Malheureusement, il existe de mauvais pasteurs, comme l'histoire le montre abondamment. Dans le peuple de Dieu lui-même, les prophètes, en particulier Ezéchiel, les ont maintes fois critiqués[73], et ont annoncé la

---

[72] « Chacun est tantôt conduit tantôt conducteur, tantôt suiveur tantôt leader. Avec le risque d'ailleurs de faire payer à ceux qui me voient dans un rôle ce dont je souffre dans un autre rôle. Tel salarié obéissant et fidèle devient un tyran à la maison. Tel bon père de famille devient insupportable au bureau. » (http://lhomeliedudimanche.unblog.fr/2012/07/21/du-bon-usage-des-leaders-et-du-leadership/)

[73] « Par ma vie, oracle du Seigneur Yahvé, je le jure : parce que mon troupeau est mis au pillage et devient la proie de toutes les bêtes sauvages, faute de pasteur, parce que mes pasteurs ne s'occupent

venue du Pasteur par excellence, celui qui serait envoyé par Dieu pour guider son peuple, le Christ lui-même. Maintenant qu'il est venu, mettons-nous à son écoute pour bien comprendre ce qu'est un bon pasteur. **Premièrement, il connaît le lieu où conduire son troupeau. Deuxièmement, il établit avec ses brebis une relation d'amour et de confiance. Troisièmement, il le protège des loups.**

En premier lieu, **le bon pasteur mène ses brebis vers les frais pâturages**. « *Le Seigneur est mon berger : je ne manque de rien. Sur des prés d'herbe fraîche, il me fait reposer. Il me mène vers les eaux tranquilles et me fait revivre ; il me conduit par le juste chemin pour l'honneur de son nom.* » (Ps 23, 1-3) Les frais pâturages, c'est le Royaume de Dieu, et l'herbe grasse qu'y trouvent les brebis, c'est sa Parole que nous pouvons méditer, et qui nous introduit dans sa contemplation. Voici en effet le but de notre vie, que tous les mystiques ont su exprimer. « *Montre-moi ton visage* », demanda Moïse à Dieu. « *Montre-nous le Père, et cela nous suffit* » (Jn 14,8), dit Philippe à Jésus. « *Je veux voir Dieu* »,

---

pas de mon troupeau, parce que mes pasteurs se paissent eux-mêmes sans paître mon troupeau, eh bien ! pasteurs, écoutez la parole de Yahvé. Ainsi parle le Seigneur Yahvé. Voici, je me déclare contre les pasteurs. Je leur reprendrai mon troupeau et désormais, je les empêcherai de paître mon troupeau. Ainsi les pasteurs ne se paîtront plus eux-mêmes. J'arracherai mes brebis de leur bouche et elles ne seront plus pour eux une proie. » (Ez 34, 8-10) écrit sainte Thérèse d'Avila pour résumer toute sa quête intérieure[74].

Pourquoi cherchons-nous tant à voir Dieu ? Parce que nous avons été créés à son image (Gn 1,26), mais cette image a été obscurcie par nos péchés. En contemplant Dieu, nous contemplons ce que nous sommes au fond et ce que nous sommes appelés à devenir. « *Bien-aimés, dès maintenant, nous sommes enfants de Dieu, mais ce que nous serons ne paraît pas encore clairement. Nous le savons : lorsque le Fils de Dieu paraîtra, nous serons semblables à lui parce que nous le verrons tel qu'il est.* » (2° lect.). En nous purifiant du péché, le Christ purifie notre cœur de telle sorte qu'il puisse voir celui vers lequel il tend : « *Heureux les cœurs purs : ils verront Dieu !* » (Mt 5,8)

Le Bon Pasteur ne se contente pas de conduire son troupeau vers les frais pâturages, « loin devant », **il établit avec chacune de ses brebis une relation d'amour et de confiance**. Il ne se contente pas non plus d'aimer ses brebis, il désire aussi que la réciproque soit vraie, autrement il ne sera pas suivi. Or, Jésus ajoute : « *je connais mes brebis, et mes brebis*

---

[74] Ce désir peut-il être assouvi ? Dans l'Ancien Testament, il est écrit clairement que nul ne peut voir Dieu sans mourir (cf Jg 13,22) et le premier commandement interdit de façonner des images de Dieu (cf Ex 20,4). Oui, mais quelque chose a changé radicalement avec la venue du Christ. En lui, Dieu s'est rendu visible : « celui qui m'a vu a vu le Père » (Jn 14,9), répond Jésus à Philippe qui lui demande de lui montrer le Père.

*me connaissent [...] Elles écouteront ma voix* ». Dans le conte de Saint Exupéry, le renard explique au petit prince qu'il aime sa rose parce qu'il l'a apprivoisé, parce qu'il a pris le temps de créer une relation unique avec elle. Les hommes politiques cherchent à faire de même. Depuis qu'en 1974, une journaliste avait interrogé le candidat à la présidence Valéry Giscard d'Estaing sur le prix d'une baguette de pain et d'un ticket de métro, la question leur est posée régulièrement... Le succès du populisme dans plusieurs pays d'Europe en ce moment est fondé sur cette proximité avec le peuple. Mais celle-ci n'est pas un gage d'amour véritable. Parfois, il faut savoir prendre ses distances avec ceux qu'on aime, comme Jésus qui s'était éloigné de sa famille pour accomplir sa mission et qui s'éloignait parfois de ses disciples pour prier.

Troisièmement, **le Bon pasteur protège ses brebis du mal. Il est même prêt à se sacrifier pour elles**. Jésus dit : « *Le vrai berger donne sa vie pour ses brebis* », contrairement au berger mercenaire qui, « *s'il voit venir le loup, abandonne les brebis et s'enfuit* », parce que « *les brebis ne comptent pas vraiment pour lui* ». Pourquoi est-il prêt à donner sa vie pour elles ? Tout simplement parce qu'il les aime. Jésus dira plus tard : « *Il n'y a pas de plus grand amour que de donner sa vie pour ses amis.* » (Jn 15,13)

Méditons sur l'exemple de Pierre. Alors que Jésus avait fait de lui le pasteur de son troupeau en lui confiant les clefs du Royaume, il l'avait renié au moment de la Passion, abandonnant par là-même ceux dont il avait reçu la charge. Mais après la Résurrection et la Pentecôte, repenti de son péché et fortifié par l'Esprit Saint, il a été capable d'assumer avec courage la charge qu'il avait reçue. Devant le grand conseil qui l'avait convoqué après qu'il avait guéri un infirme, il n'a pas cédé à la peur et il a osé leur déclarer : « *Ce Jésus, il est la pierre que vous aviez rejetée, vous les bâtisseurs, et il est devenu la pierre d'angle. En dehors de lui, il n'y a pas de salut.* » (1° lect.) Plus tard, après avoir été libéré de la prison dans laquelle les chefs d'Israël l'enfermeront, il poursuivra sa mission jusqu'à donner sa vie à son tour, crucifié la tête en bas par humilité par rapport à son Maître.

Tous les martyrs ont fait de même. Récemment, le colonel Arnaud Beltrame, en donnant sa vie pour une femme qu'il ne connaissait pas, comme Maximilien Kolbe qui s'était sacrifié pour un père de famille, a manifesté au monde que nous sommes tous responsables les uns des autres, faisant tous partie du troupeau de Dieu. Après avoir tué son frère Abel, Caïn dit au Seigneur : « *Est-ce que je suis, moi, le gardien de mon frère ?* » (Gn 4,9) Eh bien oui, nous sommes tous gardiens les uns des autres.

Ainsi, **le bon pasteur est celui qui, avec son bâton, guide ses brebis vers le lieu de leur bien-être, qui crée avec elles une relation d'intimité et de confiance, et qui les protège des loups**. On reconnaît là le Christ qui, avec son sceptre - le bois de la Croix - nous conduit vers le Père pour que nous puissions le contempler, qui établit avec chacun d'entre nous une relation d'amour, et qui nous délivre du mal. 3 types de questions se posent à nous. D'abord, **sommes-nous de bonnes brebis**, i.e. nous laissons-nous guider par le Christ ? Ou bien suivons-nous d'autres pasteurs, consciemment ou non, qui nous conduisent loin du Royaume (cf le désir mimétique de René Girard) ? Ou encore, sommes-nous des moutons de Panurge, qui suivent les autres moutons, même si ceux-ci se précipitent dans la mer (cf l'histoire de Rabelais) ? Deuxièmement, **sommes-nous de bons pasteurs** vis-à-vis de ceux dont nous avons la charge, nos enfants, nos parents âgés, nos employés… ? Cherchons-nous à les connaître vraiment, et sommes-nous prêts à donner notre vie pour eux ? Enfin, **ne ressemblons-nous pas parfois à des loups** lorsque nous n'écoutons que nos égoïsmes ? Apprenons dans la prière à ressembler au Christ, Pasteur pour nous et « brebis » de son Père *(« l'agneau de Dieu »)*. Prions aussi pour les évêques et pour les prêtres, qu'il a appelés à être les pasteurs de son Eglise, et pour les séminaristes, qui le seront demain. AMEN.

## Celui qui demeure en moi porte beaucoup de fruit

Frères et sœurs, **quel fruit portons-nous ?** Un fruit beau à voir et savoureux à manger, ou un fruit rabougri et amer ? Le Seigneur nous dit aujourd'hui : « *Celui qui demeure en moi et en qui je demeure, celui-là donne beaucoup de fruit* ». Notre foi, si elle est bien vivante, doit nous transformer. Comme l'écrit saint Jean, « *nous devons aimer non pas avec des paroles et des discours, mais par des actes et en vérité.* » (2° lect.) En agissant conformément à l'évangile, nous sommes configurés au Christ par l'Esprit, et nous portons le même fruit que lui. Quel est ce fruit ? Saint Paul le décrit dans l'épître aux Galates : il est **« *amour, joie, paix, patience, bonté, bienveillance, foi, humilité et maîtrise de soi.* »** (Ga 5,22-23) Pourquoi évoque-t-il un seul fruit, et pas neuf ? Parce que ces neuf vertus sont comme les raisins d'une grappe unique, alimentée par la sève de l'Esprit, qui est Amour. Et la vigne, c'est le Christ, dont nous sommes les sarments. La vigne produit à la fois des raisins savoureux à manger, et du vin délicieux à boire. Alors, comment pouvons-nous porter ce fruit ? Jésus donne deux conditions à ses disciples. **Premièrement, il faut demeurer en lui. Deuxièmement, il faut accepter d'être émondé.**

Dans les écrits de saint Jean, considéré comme le modèle des contemplatifs, le mot *« demeurer »* revient très souvent (7 fois dans les 8 versets d'aujourd'hui). Dans notre société agitée et en mouvement perpétuel, il apparaît presque comme décalé. Nous sommes constamment poussés à bouger : pour changer de ville, de métier, de conjoint... On parle beaucoup aujourd'hui des enfants hyperactifs, incapables de contrôler le flux de leurs paroles et de leurs actes, mais on pourrait parler aussi de « *la société hyperactive* ». Certes, il y a des aspects positifs dans cette évolution, notamment les progrès techniques. Dieu lui-même est mouvement, et Il nous entraîne dans son sillage. Saint Paul a utilisé plusieurs fois l'image de la course pour symboliser sa vie[75]. En même temps cependant, Dieu sait aussi « *se reposer* », comme Il le fit le septième jour de la création[76]. Jésus, lui aussi, a mené une vie très active, à l'image de la journée à Capharnaüm que saint Marc nous a décrite dans le premier chapitre de son évangile. Mais lui aussi savait se reposer[77] et surtout prendre le temps de prier, parfois pendant toute la nuit[78]. De ce fait, il n'était jamais agité, même au milieu de ses multiples activités,

---

[75] Aux Philippiens par exemple, il écrit : « *je cours vers le but pour remporter le prix auquel Dieu nous appelle là-haut dans le Christ Jésus.* » (Ph 3,14)
[76] cf Gn 2,2
[77] cf Mc 6,31
[78] cf Lc 6,12

contrairement à Marthe, à qui il reprocha non se servir, mais précisément de s'agiter[79].

Et nous, frères et sœurs, savons-nous prendre le temps de demeurer dans le Christ ? C'est ce que permet notamment la prière d'oraison. Certes, nous sommes appelés à prier sans cesse[80], et donc à demeurer sans cesse dans le Christ, mais nous ne pouvons y parvenir que si nous prenons régulièrement des temps assez longs d'intimité avec lui. Le démon y est très hostile et cherche à nous en dissuader : il nous « souffle » que nous n'avons pas le temps, ou – si nous en avons – que nous allons le gaspiller, que cette activité est réservée aux religieux, etc. Même parmi eux, il agit : Ste Thérèse d'Avila, par exemple, cessa de faire oraison pendant plusieurs années parce qu'elle ne s'en sentait pas digne. Après avoir pris conscience de son erreur, elle redoubla d'efforts pour faire au moins 2 heures d'oraison par jour, alors que son activité apostolique était pourtant débordante. Les carmes d'aujourd'hui font de même. Alors, nous-mêmes, ne pensons pas qu'il nous est impossible de faire oraison. Quand on aime quelqu'un, on trouve toujours du temps pour lui ou pour elle. Deux conjoints qui ne trouveraient plus le temps de communiquer dans l'intimité régulièrement sont en danger grave. De même, un chrétien qui ne fait jamais oraison est en danger grave, et le divorce avec le Seigneur

---

[79] *« Marthe, Marthe, tu te donnes du souci et tu t'agites pour bien des choses. Une seule est nécessaire. Marie a choisi la meilleure part, elle ne lui sera pas enlevée. »* (Lc 10,41-42)

[80] (cf 1 Th 5,17)

n'est pas loin... Comme lui, ne soyons pas des hyperactifs, mais des « contemplactifs »[81].

Le Christ nous appelle non seulement à porter du fruit, mais à en porter le plus possible : « *tout sarment qui donne du fruit, il le nettoie, pour qu'il en donne davantage.* » Pour cela, il nous faut accepter d'**être émondé** (du grec « kathairos » : purifier, nettoyer). Les sarments qui donnent du fruit, ce sont les chrétiens qui cherchent à vivre selon l'évangile. Parce que nous sommes tous pécheurs, et que nous avons bien du mal à le faire parfaitement, le Christ nous émonde, c'est-à-dire qu'il coupe en nous certaines branches, même si elles pourraient porter du raisin, afin que les autres en portent ensuite davantage. Cette opération est douloureuse, mais elle est pour notre bien. Pour la vigne, elle est effectuée à la fin de l'hiver, avant que la sève ne monte dans les branches. Pour

---

[81] Le temps que nous passons dans l'intimité avec le Seigneur doit nous aider à agir uni à lui tout le reste du temps, et donc à garder ses commandements. Saint Jean écrit : « *Celui qui garde ses commandements demeure en Dieu, et Dieu en lui* » (2° lect.). De quels commandements s'agit-il ? Il le précise : « *voici son commandement : mettre notre foi dans le nom de son Fils Jésus Christ, et nous aimer les uns les autres comme il nous l'a commandé* ». Aimer « *par des actes et en vérité* », voilà qui nous permet de porter le même fruit que le Christ.

nous, elle survient à différentes périodes, selon le type d'émondage.

Le premier est actif, opéré par nous-mêmes même si c'est avec la grâce du Seigneur, et s'appelle l'ascèse (du grec « askêsis »: l'exercice, au sens d'un entraînement sportif). Il consiste à faire effort sur nous-mêmes pour nous convertir et être délivrés de nos erreurs et de nos penchants mauvais. Nous y sommes particulièrement invités pendant le Carême, mais cette ascèse est nécessaire tout au long de nos vies. Elle s'exerce notamment dans le sacrement de réconciliation, où nous offrons au Seigneur toutes les *« branches mortes »* de nos vies, afin qu'il les consume dans son amour miséricordieux. Le second type d'émondage est passif et demande une forme d' « abandon » et de « laisser-faire ». Il peut survenir à tout moment et dans des conditions totalement inattendues. Imaginez que vous êtes chez un coiffeur qui cherche à vous faire une coupe particulière. Il n'y parviendra que si vous ne vous agitez pas en tous sens. Qu'est-ce qui unit ces 2 types d'émondage ? Le Seigneur y est toujours actif, même s'Il nous laisse tenir le sécateur dans le premier cas, se contentant de nous donner des conseils.

Ainsi, frères et sœurs, **le Christ nous appelle à porter le fruit de l'Esprit, à la fois pour notre propre bonheur et pour celui des autres. Pour cela, il nous demande de demeurer en lui, et de nous laisser émonder par lui, d'une manière aussi bien active que passive.** Comment y parvenir ? Parce que l'Esprit de Dieu et sa Parole sont intimement unis, **nous devons laisser la sève de cette Parole nous irriguer**. C'est grâce à elle que le Christ demeure en nous : « *Si vous demeurez en moi, et que mes paroles demeurent en vous, demandez tout ce que vous voulez, et cela se réalisera pour vous* ». C'est grâce à elle aussi qu'il peut nous émonder : « *Mais vous, déjà vous voici purifiés grâce à la parole que je vous ai dite* ». N'oublions pas qu'« *elle est vivante, la parole de Dieu, énergique et plus coupante qu'une épée à deux tranchants ; elle pénètre au plus profond de l'âme, jusqu'aux jointures et jusqu'aux moelles ; elle juge des intentions et des pensées du cœur.* » (He 4,12) Elle opère en nous un discernement, une « crise » (du grec « krinein » : jugement, décision) qui révèle ce qui est fécond et ce qui stérilise. Quelles que soit l'ascèse que nous choisissons ou l'épreuve que le Seigneur nous donne de traverser, elles ne peuvent nous purifier que si nous les vivons en union avec Lui, à la lumière de sa Parole. Elles peuvent alors être sources de joie[82]. Sans quoi, elles peuvent nous centrer sur nous-mêmes ou, pire, nous écraser[83]. Aussi,

---

[82] Dans son épître, saint Jacques va jusqu'à écrire : « *Mes frères, quand vous butez sur toute sorte d'épreuves, pensez que c'est une grande joie. Car l'épreuve, qui vérifie la qualité de votre foi, produit en vous la persévérance, et la persévérance doit vous amener à une conduite parfaite ; ainsi vous serez vraiment parfaits, il ne vous manquera rien.* » (Jc 1, 2-4)

[83] Saint Paul a vécu pleinement de cette manière, lui qui était à la fois un grand ascète et qui a été en butte à l'hostilité de beaucoup dès le début de son ministère (1° lect.)

posons-nous quelques questions. Quelle place est-ce que je donne à la Parole de Dieu ? Combien de temps est-ce que je consacre à l'oraison chaque jour ? Combien de fois par an vais-je me confesser ? Est-ce que j'accepte de bon gré, et même avec joie, les épreuves que je rencontre ? Demandons au Seigneur qu'il nous donne de produire le fruit de l'Esprit, un fruit savoureux non seulement pour nous mais aussi pour ceux que nous côtoyons. AMEN.

# Aimez-vous les uns les autres comme je vous ai aimés

Frères et sœurs, **savons-nous aimer ?** La question est vitale, car notre bonheur dépend de la réponse. Créés à l'image de Dieu, qui est Amour, nous ne pouvons nous accomplir qu'en aimant nous-mêmes. Même les non-croyants pourraient en convenir, comme en témoigne la quantité incalculable de livres, de films, d'œuvres d'art qui mettent l'amour au premier plan. Qui n'a jamais lu Romeo et Juliette ? L'homme sait qu'il ne peut atteindre le bonheur qu'en aimant, mais sait-il ce qu'est l'amour véritable[84] ? Aimer est à la fois l'action la plus simple pour nous, parce qu'elle correspond à notre vocation profonde, mais aussi la plus difficile, parce qu'elle représente la plus haute et la plus belle des réalités humaines. On peut mal aimer. Par exemple, le chat aime les souris, en ce sens qu'il désire les manger. Beaucoup d'hommes, et nous aussi parfois, aiment de cette façon, égoïste et possessive. Pourquoi cette caricature de l'amour existe-t-elle ? Parce que, contrairement aux animaux, nous n'avons qu'un seul instinct, celui de la succion, et nous devons apprendre tout le reste. Nous apprenons à lire, à écrire, à compter, à faire du vélo, mais que faisons-nous pour apprendre à aimer, qui est encore bien plus important, qui est même la seule réalité essentielle sans laquelle nous ne

---

[84] Mère Teresa racontait que les hindous caractérisaient ainsi les religions présentes à Calcutta : « *le bouddhisme est la religion du détachement, l'islam est la religion de l'obéissance, le christianisme est la religion de l'amour* ».

pouvons être heureux ? L'amour est beaucoup plus qu'un sentiment, il engage toute notre intelligence et notre volonté, et c'est pourquoi le Christ dit à ses disciples : « *ce que je vous commande : c'est de vous aimer les uns les autres* ». Les parents doivent parfois commander à leurs enfants afin de les aider à grandir ; ils le font par amour. Jésus, lui aussi, nous commande par amour. Comme ses disciples, il nous exhorte aujourd'hui : « *Aimez-vous les uns les autres comme je vous ai aimés.* » L'important dans ce commandement est le mot « *comme* ». **Comment le Christ nous a-t-il aimés ? 1°, comme un Fils. 2°, comme un Ami. 3°, comme un grand Frère.**

Pour commencer, **le Christ nous a aimés comme un Fils. Tout l'amour qu'il nous a donné, il l'a reçu de son Père.** On ne peut donner que ce que l'on a d'abord reçu. Or, Jésus dit : « *Comme le Père m'a aimé, moi aussi je vous ai aimés.* » C'est pourquoi les évangélistes, Luc en particulier, le montrent souvent en prière. En tant que Fils, la deuxième Personne de la Trinité reçoit tout de son Père, depuis toute éternité. Une fois incarné, il demeure toujours dans cette attitude d'accueil : « *tout ce que j'ai appris de mon Père, je vous l'ai fait connaître.* » Plus tôt dans son ministère, Jésus avait aussi déclaré solennellement : « *Amen, amen, je vous le dis : le Fils ne peut rien faire de lui-même, il fait seulement ce qu'il voit faire par le Père ; ce que fait celui-ci, le Fils le fait pareillement.* » (Jn 5,19)

Saint Jean, le disciple que Jésus aimait, a bien compris ce message. Dans sa première lettre, il écrit : « *Mes bien-aimés, aimons-nous les uns les autres, puisque l'amour vient de Dieu.* » (1° lect.) Un peu plus loin, il poursuit : « *Voici à quoi se reconnaît l'amour : ce n'est pas nous qui avons aimé Dieu, c'est lui qui nous a aimés, et il a envoyé son Fils qui est la victime offerte pour nos péchés.* » Comme Jésus, nous pouvons puiser dans l'amour infini du Père. Les saints sont avant tout des personnes qui ont su se laisser aimer par Dieu[85]. Parce que nous aussi sommes les fils du Père, Jésus va jusqu'à dire : « *tout ce que vous demanderez au Père en mon nom, il vous le donnera.* »

**Jésus nous a aimés aussi comme un Ami.** Jésus dit à ses disciples : « *Je ne vous appelle plus serviteurs, car le serviteur ne sait pas ce que fait son maître ; je vous appelle mes amis, car tout ce que j'ai entendu de mon Père, je vous l'ai fait connaître.* » Quelle parole incroyable : alors que l'homme était porté à offrir des sacrifices, souvent sanglants et parfois humains à Dieu, son Fils nous appelle ses amis ! L'amitié sous-entend un rapport d'égalité mais aussi de confiance et d'intimité. C'est ainsi que nous devons aimer le Seigneur mais

---

[85] La petite Thérèse, par exemple, était tellement consciente de l'amour que Dieu avait pour elle, qu'elle put s'écrier un jour : « *Tout est grâce* ». En relisant son histoire, elle fut capable d'y discerner dans tous les évènements importants, même dans les épreuves, la présence et l'action aimantes du Seigneur. C'est l'expérience que saint Paul avait faite avant elle : « *Nous le savons, quand les hommes aiment Dieu, lui-même fait tout contribuer à leur bien, puisqu'ils sont appelés selon le dessein de son amour.* » (Rm 8,28)

aussi nous aimer les uns les autres. Pour évangéliser quelqu'un, il ne suffit pas de lui annoncer la Bonne Nouvelle avec la voix impersonnelle de nos machines hi-tech, il faut lui offrir son amitié.

Dans les rapports humains, l'amitié est un trésor rare, qu'on a tendance à réserver à quelques-uns, qui font partie de nos proches. C'est l'un des buts des interdits alimentaires. La nourriture cashrout ou hallal n'est pas avant tout liée à des raisons d'hygiène, mais à la possibilité de rester entre soi en préservant l'identité communautaire. C'est pour se différencier des autres que le peuple juif ne mange pas comme eux : afin de ne pas disparaître au milieu des nations. Idem pour les musulmans. Pour les chrétiens, le débat fit rage dans les premiers temps, et il fallut un concile (le 1$^{er}$, celui de Jérusalem) pour trancher cette question qui divisait les chrétiens issus du judaïsme et les autres. Pourtant, le Seigneur avait été clair avec Pierre, à qui l'Esprit Saint avait déclaré que tous les aliments étaient purs et devant qui il avait envoyé l'Esprit Saint à Corneille et à ceux de sa maison, alors qu'il était entré chez lui sans en avoir le droit au plan religieux[86] (1° lect.)[87]. Et dans nos eucharisties, savons-nous

---

[86] « *Les croyants qui accompagnaient Pierre, et qui étaient juifs d'origine, furent stupéfaits de voir que, même sur les nations, le don de l'Esprit Saint avait été répandu* »

[87] Mais cette question était tellement sensible que plus tard, à Antioche, Pierre refusa à nouveau de manger avec des païens pour ne pas froisser les disciples issus du judaïsme, et que Paul dût le reprendre en public (Ga 2,11-14) ! Aujourd'hui encore, les hommes tendent à manger avec leurs semblables (cf certains riches qui

accueillir les nouveaux ou tendons-nous à créer un esprit communautariste, replié sur nous-mêmes[88] ? Quelle grâce à Ste Thérèse d'avoir différentes cultures qui peuvent s'exprimer en harmonie les unes avec les autres, comme aujourd'hui les Antilles, dimanche prochain le Portugal, et le 27 mai tous les peuples !

Enfin, Jésus nous a aimés comme un grand Frère. **Lorsqu'on puise dans l'amour de Dieu comme dans une source, on est capable d'offrir notre vie.** En devenant amis du Christ, nous devenons en même temps prêts à le suivre jusqu'à la mort... C'est ce que Jésus vient de nous dire : « *Il n'y a pas de plus grand amour que de donner sa vie pour ceux qu'on aime.* » L'acte et la vérité suprêmes de l'amour, c'est de donner sa vie. C'est pourquoi l'Eglise a toujours placé les martyrs (du grec *martyrios*, qui signifie témoin) au sommet de la « hiérarchie » de ses enfants, comme autant de frères et sœurs aînés qui nous montrent l'exemple.

Même si les martyrs ont été tués au nom de leur foi au Christ, c'est chaque jour que nous sommes appelés à donner notre vie. C'est pourquoi sainte Jeanne de Chantal incitait ses filles de la Visitation au « *martyre blanc* » (par opposition au rouge,

---

évitent de côtoyer des gens d'une autre classe, aussi bien chez eux que dans les restaurants qu'ils fréquentent).
[88] Nos frères protestants, notamment les baptistes ou les évangélistes, ont un sens de l'accueil dont nous devrions sans doute nous inspirer, nous les catholiques (comme j'en ai fait l'expérience pendant mon année aux Etats-Unis)...

qui représente le sang), c'est-à-dire à renouveler chaque jour leur don total d'elles-mêmes.

Ainsi, **le Christ nous appelle, pour notre propre bonheur et pour notre accomplissement, à nous aimer les uns les autres comme il nous a aimés**, c'est-à-dire comme des fils, comme des amis, et comme des frères. Nous reconnaissons ici les 3 facettes de l'Amour. Là où il n'y a qu'un seul mot en français, il y en a 3 en grec, comme le Pape Benoît XVI l'a souligné dans son encyclique *Dieu est Amour* : *eros* est l'amour qui reçoit, comme un fils reçoit de son père ; *philein* est l'amour qui échange, comme le font deux amis ; *agapein* est l'amour qui donne et se donne, comme un grand frère qui se sacrifie pour le bien de ses petits frères... Alors, frères et sœurs, mettons-nous à l'école du meilleur des maîtres de l'amour. Laissons-nous aimer par Dieu, ouvrons les yeux de nos cœurs pour reconnaître qu'Il fait tout contribuer à notre bien et que tout est grâce. Créons entre nous et avec nos prochains des relations d'amitié. Et offrons nos vies au Seigneur, pour pouvoir les offrir en même temps à nos frères. C'est ce que nous sommes appelés à faire dans cette eucharistie, particulièrement au moment de l'offertoire où nous n'offrirons pas à Dieu que le pain et le vin mais notre être tout entier, corps, âme et esprit. Alors, notre amitié avec le Christ deviendra encore plus forte, et nous donnerons du fruit, un fruit qui demeure. Nous lui serons tellement unis que *tout ce que nous demanderons au Père en son nom, il nous l'accordera* !

# Jésus fut enlevé au ciel et s'assit à la droite de Dieu

Frères et sœurs, **jusqu'où va notre désir du ciel ?** Chaque jour, nous prions ainsi : « *Notre Père, qui es aux cieux, que ton Nom soit sanctifié, que ton Règne vienne, que ta volonté soit faite sur la terre comme au ciel* ». Que signifient ces trois demandes, qui n'en forment qu'une seule en réalité ? D'abord que nous désirons le ciel, où la volonté du Père est accomplie de manière parfaite, où Il règne et où son Nom est sanctifié. Mais aussi que nous désirons que le ciel vienne sur la terre. En s'incarnant, le Fils de Dieu est descendu du ciel. Puis il s'est abaissé de plus en plus, se mettant au niveau des prostituées et des publicains pendant son ministère, des « maudits » sur la croix, et finalement de tous ceux qui peuplaient les enfers. Mais sa résurrection a marqué le début de sa remontée vers le ciel, qui s'achève avec son Ascension 40 jours plus tard. Cet évènement suscite en nous le désir du Ciel, nous divinise et nous rend missionnaires.

**Pour commencer, le Seigneur nous invite à désirer le Ciel.** Si la seconde Personne de la Trinité en est descendue, c'est pour y remonter ensuite et nous montrer ainsi le chemin. Le Christ est le premier de cordée qui a planté le drapeau de notre humanité en terre divine. Il est aussi l'ascenseur qui nous conduit vers le ciel, selon l'expression de la petite Thérèse, qui soulignait ainsi que notre divinisation ne s'opérait pas à la force du poignet, mais par pure grâce.

Nous avons tendance à garder les yeux fixés sur les réalités d'en bas, comme les apôtres qui, 40 jours après Pâques, attendent encore que le Christ établisse son règne de façon terrestre, à la manière de David : *« Seigneur, est-ce maintenant le temps où tu vas rétablir le royaume pour Israël ? »* (1° lect.) Le Seigneur, lui, nous invite à *« rechercher les réalités d'en-haut, non celles de la terre »* (Col 3,1-2)[89] Comment ne pas désirer de tout notre être le Royaume, dans lequel *« Il essuiera toute larme de leurs yeux, et la mort ne sera plus, et il n'y aura plus ni deuil, ni cri, ni douleur »* (Ap 21,4)[90] ? Nous attendons la Parousie, lorsque *« Jésus qui a*

---

[89] Dans un registre analogue, Raphaëlle Giordano reprend en citation : *"Certains regardent la vase au fond de l'étang, d'autres contemplent la fleur de lotus à la surface de l'eau, il s'agit d'un choix."* (Ta deuxième vie commence quand tu comprends que tu n'en as qu'une, 2015).

[90] Mais le Ciel est-il si désirable ? Ceux qui n'ont pas reçu ou pas cultivé la vertu d'Espérance se disent : qu'allons-nous faire là-haut ? « L'éternité, c'est long, surtout vers la fin », disait Woody Allen. Une telle affirmation, même si elle est humoristique, révèle une incompréhension de ce qu'est la vie éternelle. Auprès de Dieu, l'ennui n'est pas possible. Deux personnes qui s'aiment ne s'ennuient jamais, et le temps ne leur pèse pas. De même, un homme passionné de musique ou un cinéphile peuvent passer des heures à cultiver leur passion sans se rendre compte des heures qui passent. Au ciel, nous serons dans une joie perpétuelle, et le spectacle sera permanent : le chœur des anges jouera le plus beau des concerts, nous contemplerons les plus belles images possibles – puisque nous verrons Dieu lui-même et tous les saints, c'est-à-dire ceux qui rayonnent de la gloire divine... qui sait même si nous ne goûterons pas le meilleur des nectars, à l'instar des dieux de l'olympe, puisque le Christ ressuscité a mangé et bu au milieu de ses disciples ? Car nous ne serons pas au ciel seulement avec nos âmes -

*été enlevé au ciel d'auprès de vous, viendra de la même manière que vous l'avez vu s'en aller vers le ciel »* (1° lect.).

L'Espérance du Royaume affermit notre patience et nous donne de supporter les épreuves d'ici-bas, sans en vouloir à Dieu ou aux hommes, car nous savons qu'elles auront une fin et qu'elles peuvent nous purifier, comme l'or au creuset. C'est ainsi que saint Paul a pu supporter des épreuves qui auraient pu le briser : « *En toute circonstance, nous sommes dans la détresse, mais ... notre détresse du moment présent est légère par rapport au poids vraiment incomparable de gloire éternelle qu'elle produit pour nous[91].* » (2 Co 4,8-9.17) Notre société vit beaucoup dans l'instantanéité et a du mal à se projeter dans le long-terme. Lorsque l'on court un marathon, il y a des moments très difficiles, mais on les supporte parce qu'on sait qu'on approche de la ligne d'arrivée et qu'on éprouvera ensuite une joie et une fierté

---

comme le croyaient notamment les grecs, pour qui le corps était « le tombeau de l'âme » - mais avec nos corps de ressuscités, et donc avec tous nos sens... Mais surtout, nous serons avec toutes les personnes que nous aurons aimé sur la terre, et nous en rencontrerons beaucoup d'autres, nos frères et sœurs que nous ne connaissons pas encore ou seulement par le récit qu'on nous en a fait. Dans l'éternité, nous pourrons être en communion d'amour avec tous...

[91] « *En toute circonstance, nous sommes dans la détresse, mais sans être angoissés ; nous sommes déconcertés, mais non désemparés ; nous sommes pourchassés, mais non pas abandonnés ; terrassés, mais non pas anéantis... Car notre détresse du moment présent est légère par rapport au poids vraiment incomparable de gloire éternelle qu'elle produit pour nous.* » (2 Co 4,8-9.17)

immenses. Lorsqu'un bateau est pris dans la tempête, le capitaine garde son sang-froid en fixant son cap sur le phare dont la lumière brille dans les ténèbres.

**Mais il y a plus encore : l'Ascension du Christ a définitivement supprimé la barrière qui séparait le Ciel et la terre.** Songeons au mur de Berlin a été démoli le 9 novembre 1989, rendant possible depuis lors le libre passage entre l'est et l'ouest de l'Allemagne. Ou encore à l'accord de Schengen signé en 1985 et mis en œuvre en 1995, permettant la libre circulation des biens et des personnes dans les pays d'Europe. Le jour du baptême de Jésus au Jourdain, les cieux se sont ouverts (Mt 3,16) et l'Esprit en est descendu, accomplissant ainsi la prière d'Isaïe : *« Ah ! Si tu déchirais les cieux, si tu descendais !»* (Is 63,19) Le jour de l'Ascension, Jésus remonte au ciel, mais il ne nous abandonne pas : *« je suis avec vous tous les jours jusqu'à la fin du monde. »* (Mt 28,20) Le ciel et la terre, la divinité et l'humanité sont maintenant liés de façon intime et définitive, comme l'eau et le vin qui sont versés dans le calice, lorsque le célébrant dit à mi-voix : *« Comme cette eau se mêle au vin pour le sacrement de l'Alliance, puissions-nous être unis à la divinité de celui qui a pris notre humanité.»* Nous n'avons pas à attendre que le ciel s'ouvre au moment de notre mort ou à la Parousie (le retour du Christ), il l'est déjà et nous pouvons y vivre dès maintenant. Nous sommes *« citoyens des cieux »* (Ph 3,20) et la vie éternelle est déjà commencée. C'est ainsi que la petite Thérèse a pu écrire : *« Je ne vois pas bien ce que j'aurai de plus au ciel que* *maintenant : je verrai le Bon Dieu, c'est vrai ; mais, pour être avec lui, j'y suis déjà tout à fait sur la terre*[92]*. »* (Carnet jaune) Il y a donc une tension permanente entre le « déjà là » (le Christ est présent) et le « pas encore » (il reviendra).

**Cette bonne nouvelle d'un Dieu qui nous ouvre le ciel et qui vit au milieu de nous, nous ne pouvons pas la garder pour nous, nous devons en être les témoins actifs.** Tout comme le Christ ne nous a pas abandonnés en retournant auprès de son Père, nous ne pouvons pas abandonner nos frères les hommes[93]. Comme les anges qui « réveillent » les Apôtres : « *Galiléens, pourquoi restez-vous là à regarder vers le ciel ?* » (1° lect.), le Christ le dit à ses disciples, juste avant de remonter au Ciel : « *Allez dans le monde entier. Proclamez la Bonne Nouvelle à toute la création.* » Le plus grand service que nous puissions rendre aux hommes, c'est de leur faire

---

[92] Lorsqu'elle essaye de décrire ce qu'elle vit, elle n'y arrive pas : « *La vie est bien mystérieuse. Nous ne savons rien, nous ne voyons rien, et pourtant, Jésus a déjà découvert à nos âmes ce que l'œil de l'homme n'a pas vu. Oui, notre cœur pressent ce que le cœur ne saurait comprendre, puisque parfois nous sommes sans pensée pour exprimer un « je ne sais quoi » que nous sentons dans notre âme* » (http://www.jevismafoi.com/jesusdonne-2-2/)

[93] Introduction de la constitution Gaudium et Spes : « *Les joies et les espoirs, les tristesses et les angoisses des hommes de ce temps, des pauvres surtout et de tous ceux qui souffrent, sont aussi les joies et les espoirs, les tristesses et les angoisses des disciples du Christ, et il n'est rien de vraiment humain qui ne trouve écho dans leur cœur. […] La communauté des chrétiens se reconnaît donc réellement et intimement solidaire du genre humain et de son histoire* ».

connaître la Bonne Nouvelle. Qu'ils décident de l'accueillir ou de la rejeter, en revanche, ne nous appartient pas : « *Celui qui croira et sera baptisé sera sauvé ; celui qui refusera de croire sera condamné.* » Comme le dira sainte Bernadette à propos du message que la Vierge Marie lui a demandé d'annoncer : « *Je suis chargé de vous le dire, pas de vous le faire croire* » !

Certes, annoncer la Bonne Nouvelle peut nous valoir des épreuves et des persécutions. Mais le Christ nous rassure : « *Voici les signes qui accompagneront ceux qui deviendront croyants : en mon nom, ils chasseront les esprits mauvais ; ils parleront un langage nouveau ; ils prendront des serpents dans leurs mains, et, s'ils boivent un poison mortel, il ne leur fera pas de mal ; ils imposeront les mains aux malades, et les malades s'en trouveront bien.* » Unis au Christ, nous n'avons rien à craindre, car lui-même a surmonté toutes les épreuves et vaincu la mort.

Ainsi, frères et sœurs, **l'Ascension du Christ nous permet de vivre autrement sur la terre, de façon divinisée.** Ce que le serpent de la Genèse avait promis à Adam et Eve sous forme de mensonge *(« vous serez comme des dieux »* Gn 3,5) peut s'accomplir… Comment ? En vivant dans l'Esprit Saint. C'est lui qui suscite en nous le désir du ciel, nous donnant ainsi la patience devant les épreuves, et qui nous permet de vivre unis au Christ dès ici-bas, et la force d'en témoigner. Dans 10 jours, nous célébrerons la Pentecôte, qui est comme la fête symétrique de l'Ascension : dans la $1^{\text{ère}}$, c'est l'homme avec sa chair qui va habiter avec le Fils de Dieu dans le ciel. Dans la 2$^{nde}$, c'est Dieu qui vient habiter en l'homme sur notre terre. Notre représentation habituelle, l'homme est en-bas et Dieu est au ciel, mais le Christ est venu tout mettre sens dessus dessous. La vie spirituelle ne consiste pas à s'évader de notre vie charnelle, elle ne se limite pas à la messe du dimanche et aux prières de chaque jour, elle s'exerce dans toutes nos activités du quotidien[94]. Durant les 10 jours qui nous séparent de la Pentecôte, prions avec ferveur celui que le Père nous a donnés lors de notre baptême et de notre confirmation : le Saint-Esprit. Parce qu'il affermira notre Espérance, notre intimité avec le Christ et notre charité qui pourra aller jusqu'au martyr, nous susciterons dans les cœurs de certains le désir d'être baptisés et de vivre selon les commandements du Seigneur.

---

[94] St Vincent de Paul disait : c'est « *quitter Dieu pour Dieu* » que de passer de l'oraison au service des pauvres.

# Il nous a donné part à son Esprit

Frères et sœurs, **quel esprit nous habite et nous meut ?** Est-ce l'Esprit Saint ? Avant de méditer dimanche prochain – jour de la Pentecôte – sur l'action missionnaire de l'Esprit, qui nous pousse vers les non-croyants, nous sommes invités à méditer aujourd'hui sur son rôle plus intime, celui de nous unir à Dieu et aux autres disciples. **La 3ème Personne de la Trinité unit le Père au Fils, et nous donne d'entrer dans leur intimité.** Cette intimité nous est rarement dévoilée dans les évangiles. On voit souvent Jésus qui prie, mais on n'entend ses paroles qu'en quelques circonstances[95], en particulier lorsqu'il s'adresse à son Père au moment de son dernier repas, livrant ainsi son testament spirituel dans ce qu'on a appelé le « discours sacerdotal » (Jn 17). Ici, Jésus prie justement pour que ses disciples puissent entrer dans son intimité avec son Père. Même s'il ne parle pas de l'Esprit, comme il l'a fait auparavant en s'adressant à ses disciples, il est bien présent. **Comment accueillir en nous l'Esprit pour vivre dans l'intimité du Père et du Fils ? Jésus donne 3 conditions, que la Vierge Marie a parfaitement remplies, qui « s'imbriquent » les unes dans les autres comme des poupées russes : d'abord être unis en son nom ; ensuite se garder du Mauvais et ne pas appartenir au monde ; enfin se sanctifier dans la Vérité.**

---

[95] Lorsqu'il exulte de joie sous l'action de l'Esprit Saint, et proclame la louange du Père qui se révèle aux tout-petits. (Lc 10,21) ; lorsqu'il remercie son Père de ressusciter Lazare (Jn 11); lorsqu'à Gethsémani, il le supplie de lui épargner la croix...

Pour commencer, Jésus prie ainsi : « ***Père saint, garde mes disciples unis dans ton nom***, *le nom que tu m'as donné, pour qu'ils soient un, comme nous-mêmes.* » Les divisions entre Chrétiens sont non seulement un contre-témoignage, mais aussi nous éloignent de l'union parfaite avec le Seigneur. Elles font « fuir » l'Esprit Saint. Admirons la première communauté chrétienne, réunie autour de Pierre comme chef mais aussi de Marie comme « maman » (Ac 1,14). Après la défection de Judas, que « *l'Esprit avait d'avance annoncée* », elle se rassemble dans la prière pour que le Seigneur lui-même lui indique celui qu'Il a choisi pour prendre la place que l'apôtre « *a désertée en allant à la place qui est désormais la sienne* » (1° lect.). Judas s'est coupé du Christ, comme il s'est coupé de la communauté.

Le désir d'unité est puissant dans le cœur de l'homme, il habite même dans le cœur de ceux qui s'opposent au Seigneur, comme l'épisode de Babel en témoigne. Plus récemment, Hitler voulait rassembler tous les hommes sous la bannière du pangermanisme. C'est pourquoi Jésus précise : « *dans ton nom, le nom que tu m'as donné* ».

Comment demeurer unis dans le Christ ? C'est l'objet de la 2$^{ème}$ demande: « ***Je ne prie pas pour que tu les retires du monde, mais pour que tu les gardes du Mauvais. Ils n'appartiennent pas au monde, de même que moi, je*** *n'appartiens pas au monde.* » Pourquoi ne sommes-nous pas du monde ? Parce que son prince, c'est Satan[96], qui cherche à nous unir contre Dieu ou à nous diviser par ses mensonges. Il est « *menteur et père du mensonge* » (Jn 8,44). Souvenons-nous de la Genèse. A Adam et Eve, il dit deux mensonges successifs. D'abord, « *il dit à la femme : "Alors, Dieu vous a dit : 'Vous ne mangerez le fruit d'aucun arbre du jardin' ?"* » (Gn 3,1), alors que seul un arbre leur est interdit. Et pour pousser Eve à manger du fruit défendu, il ajoute: « *Dieu sait que, le jour où vous en mangerez, vos yeux s'ouvriront, et vous serez comme des dieux, connaissant le bien et le mal* » (Gn 3,5), alors que cet acte est précisément ce qui va les aveugler et les éloigner de leur vocation divine.

La Vierge Marie est la nouvelle Eve, qui a vaincu Satan parce qu'elle est toujours restée fidèle aux commandements du Seigneur. Dans beaucoup de peintures, on voit Marie qui foule aux pieds sans effort le serpent de la Genèse.

Sans cesse, nous devons faire preuve de jugement pour nous garder du Mauvais, mais aussi pour ne pas « *appartenir au monde* » (le mot apparaît 9 fois dans la péricope d'aujourd'hui). Cela signifie-t-il que face au monde, nous devons adopter une attitude de rejet total ? Non, bien-sûr, parce que le monde a été créé bon par le Seigneur, et parce que les semences d'évangile y ont également produit beaucoup de bons fruits. En Europe, en particulier, nous bénéficions des intuitions géniales des fondateurs de la

---

[96] cf Jn 12, 31 ; 14, 30 ; 16, 11

Communauté Européenne[97], qui étaient tous des chrétiens convaincus. Mais la parabole de l'ivraie et du bon grain (Mt 13) nous révèle que tous deux croîtront ensemble jusqu'à la Parousie. Nous devons donc dénoncer les actions de Satan, mais en prenant garde de ne pas arracher le blé avec l'ivraie[98].

Comment ne pas nous laisser piéger par les mensonges de Satan et trouver notre juste place dans le monde ? C'est l'objet de la 3ème demande de Jésus : **« *Sanctifie-les dans la vérité : ta parole est vérité.* »** C'est grâce à la Parole de Dieu que Jésus a vaincu Satan dans le désert. Notons que celui-ci a également utilisé l'Ecriture pour le tenter, lorsqu'il lui a dit : *«Si tu es le Fils de Dieu, jette-toi en bas ; car il est écrit : Il donnera pour toi des ordres à ses anges, et : Ils te porteront sur leurs mains, de peur que ton pied ne heurte une pierre[99]. »* Cela doit nous protéger du risque de fondamentalisme :

---

[97] appelée CECA au départ, communauté européenne du charbon et de l'acier

[98] Finalement, que dire de notre rapport au monde ? Comme l'écrit l'auteur de l'épître à Diognète, une apologie du christianisme de la fin du 2° siècle, *« en un mot, ce que l'âme est dans le corps, les chrétiens le sont dans le monde. L'âme est répandue dans tous les membres du corps comme les chrétiens dans les cités du monde. L'âme habite dans le corps, et pourtant elle n'appartient pas au corps, comme les chrétiens habitent dans le monde, mais n'appartiennent pas au monde »*.

[99] Ps 91,11-12 & Mt 4, 6

l'Ecriture ne nous sanctifie dans la vérité que si elle est accueillie avec amour, et non utilisée à nos propres fins. Autrement, on peut faire dire n'importe quoi à l'Ecriture et, au lieu de servir Dieu, on fait de Lui notre serviteur. C'est pourquoi elle doit être reçue en Eglise, qui nous donne de bien l'interpréter grâce aux méditations de nos frères et sœurs du passé et du présent, et qui forment ce qu'on appelle la Tradition.

N'oublions pas que nous ne sommes pas une religion du livre. Alors que les musulmans considèrent le Coran comme incréé, et alors que Luther affirmait : « *sola scriptura* », *seule l'Ecriture nous sauve*, nous – catholiques – croyons que la vérité est une Personne, le Christ[100], et que c'est lui seul qui nous sauve. C'est pourquoi nous donnons à la Tradition plus d'importance qu'à l'Ecriture, la seconde étant elle-même issue de la première. De fait, le canon des livres considérés comme inspirés n'a été fixé qu'assez tard (le canon de Muratori date de la seconde moitié du II° siècle) et après bien des débats.

Elargissons encore la perspective, au-delà de l'Ecriture et de la Tradition. Dieu parle à l'homme d'autres manières encore : dans le livre de la nature, mais aussi dans la prière, les personnes, les évènements… Dans tous les cas, Il se sert de médiations pour atteindre notre intelligence.

---

[100] cf Jn 14,6 & He 4,12

La Vierge Marie, qui *« retenait tous les événements et les méditait dans son cœur »* (Lc 2,19), est pour nous un modèle. Même si elle était pleine de grâce depuis sa conception, elle n'a pas tout compris tout de suite, elle s'est laissée sanctifier progressivement dans la Vérité.

Ainsi, frères et sœurs, **le Christ a prié son Père pour que nous entrions dans leur intimité, en nous laissant habiter et mouvoir par l'Esprit Saint qui les unit**. Pour ne pas le faire fuir, il y a 3 conditions : être unis les uns aux autres en Christ ; nous garder du Mauvais et être vigilant dans notre rapport au monde ; nous sanctifier dans la Vérité, en méditant la Parole de Dieu. **En ces jours qui précèdent la Pentecôte, laissons-nous guider particulièrement par l'Esprit**, qui nous unira au Père et au Fils. Alors, nous pourrons goûter la joie que le Christ a demandé pour nous à son Père : *« Et maintenant que je viens à toi,* **je parle ainsi, en ce monde, pour qu'ils aient en eux ma joie***, et qu'ils en soient comblés. »*

# Viens, Esprit Saint, en nos cœurs

Frères et sœurs, **quelle place l'Esprit Saint joue-t-il dans nos vies ?** Beaucoup de chrétiens ne le prient jamais et vivent comme s'il n'existait pas. Au contraire, certains non-chrétiens se laissent guider par lui, au point de vivre de façon plus évangélique que certains baptisés. Comme le rappelaient les pères du Concile Vatican II : *«L'Esprit Saint offre à tous, d'une façon que Dieu connaît, d'être associés au mystère pascal*[101]*»* (GS 22). Il agit dans le cœur de tous les hommes et toutes les cultures, et c'est grâce à lui que certains s'approchent de la Vérité, allant parfois jusqu'au Christ pour recevoir le baptême, comme les 3000 personnes qui furent touchés par le discours de Pierre le jour de la Pentecôte (Ac 2,41). Pour répondre à la question, souvenons-nous qu'*on reconnaît un arbre à ses fruits* (Mt 7,16-20). Or, quels sont les fruits de l'Esprit ? St Paul les énumère : « *amour, joie, paix, patience, bonté, bienveillance, fidélité, douceur et maîtrise de soi.* » (2° lect.) Si nous produisons ces fruits, c'est que la sève de l'Esprit irrigue nos cœurs. Mais si nous ne les produisons pas, si nous sommes habités par la haine, la tristesse, la peur… et d'autres sentiments destructeurs, c'est que nous ne laissons pas l'Esprit entrer en nous[102]. Même si nous produisons les fruits

---

[101] « *Puisque le Christ est mort pour tous et que la vocation dernière de l'homme est réellement unique, à savoir divine, nous devons tenir que l'Esprit Saint offre à tous, d'une façon que Dieu connaît, la possibilité d'être associé au mystère pascal.* » (Gaudium et Spes 22, 5)

[102] Cette « exclusion » peut s'expliquer par 3 raisons : soit nous accomplissons certaines choses qui sont mauvaises (par exemple

de l'Esprit, nous pouvons en produire davantage (souvenons-nous de la parabole de la vigne qui doit être taillée). Comment ? En le priant, bien sûr, mais aussi en étant plus attentifs à lui, qui cherche à être notre compagnon. N'oublions pas qu'il est une Personne, la 3$^{ème}$ de la Trinité. Pour mieux le connaître, **partons du récit des Actes des apôtres qui l'évoque avec des images « fortes »: le feu et le vent.**

*« Ils virent apparaître comme une sorte de feu qui se partageait en langues et qui se posa sur chacun d'eux. »* L'Esprit peut d'abord être comparé à un feu[103]. Quels sont les trois effets du feu ? Premièrement, le feu purifie en détruisant, comme dans la vallée de la Géhenne, à Jérusalem, où l'on jetait toutes les ordures. De même, l'Esprit Saint nous purifie en détruisant en nous nos vices, si nous le voulons : *« si vous vivez sous l'emprise de la chair, vous devez mourir : mais si, par l'Esprit, vous tuez les désordres de l'homme pécheur, vous vivrez. »* (Rm 8,12) N'oublions pas ce que nous avons dit et demandé dans la séquence : *« sans ta puissance*

---

tromper notre conjoint), soit nous ne sommes pas à la bonne place dans la société (notre métier n'est pas celui qui nous correspond), soit nous sommes à la bonne place mais nous n'accomplissons pas notre tâche de la bonne façon (sans amour, sans enthousiasme...)

[103] *« Moi, je vous baptise dans l'eau, en vue de la conversion. Mais celui qui vient derrière moi est plus fort que moi, et je ne suis pas digne de lui retirer ses sandales. Lui vous baptisera dans l'Esprit Saint et le feu. »* (Mt 3,11)

*divine, il n'est rien en aucun homme, rien qui ne soit perverti ; lave ce qui est souillé »*...

Deuxièmement, le feu éclaire. Jésus a promis à ses disciples : « *Quand il viendra, lui, l'Esprit de vérité, il vous conduira dans la vérité tout entière* ». L'Esprit nous enseigne non comme un savant loin de nous mais comme le « *père des pauvres* » (séq.), comme une onction qui pénètre nos cœurs[104] et se fait comprendre par tous[105]. Le miracle des langues, le jour de la Pentecôte, signifie que le disciple qui annonce la Bonne Nouvelle dans l'Esprit parvient à toucher le cœur et l'intelligence de ceux à qui il s'adresse, sans qu'aucune barrière de langue ou de culture puisse l'en empêcher. Saint François sans connaître l'arabe, a su communiquer avec le sultan d'Egypte...

Enfin, le feu réchauffe. L'enfer est souvent représenté par le feu, mais il pourrait l'être plutôt par la glace, comme l'a fait Dante. En effet, l'Esprit Saint réchauffe nos cœurs parfois glacés par la haine ou le mépris (souvenons-nous de la « guerre froide »), pour les faire jouir de la chaleur de l'amour. Amour envers Celui qui nous a créés, mais aussi Amour entre nous. La Pentecôte est l'accomplissement de

---

[104] « *Quant à vous, l'onction que vous avez reçue de lui demeure en vous, et vous n'avez pas besoin d'enseignement. Cette onction vous enseigne toutes choses, elle qui est vérité et non pas mensonge ; et, selon ce qu'elle vous a enseigné, vous demeurez en lui.* » (1 Jn 2,27)
[105] Comme l'écrit saint Ignace de Loyola, « *ce n'est pas d'en savoir beaucoup qui rassasie et satisfait l'âme, mais de sentir et de goûter les choses intérieurement* » (ES 2)

Babel, lorsque les hommes avaient été dispersés sur toute la surface de la terre et que les langues étaient apparues. Cette diversité n'est pas mauvaise, au contraire, l'Esprit crée une communion entre les hommes avec leur différences, qui sont autant de richesses[106].[107]

« *Il vint du ciel un bruit pareil à celui d'un violent coup de vent.* » Deuxièmement, l'Esprit Saint peut être comparé au vent. Quelles sont ses caractéristiques ? Premièrement, le vent est libre : comme le dit Jésus à Nicodème, « *le vent souffle où il veut : tu entends le bruit qu'il fait, mais tu ne sais pas d'où il vient ni où il va. Il en est ainsi de tout homme qui est né du souffle de l'Esprit.* » (Jn 3,8) La Pentecôte est célébrée 50 jours après Pâques ; le nombre 50 rappelle les années jubilaires, où les esclaves étaient libérés... L'Esprit nous rend libres en nous libérant de la peur qui paralyse : « *L'Esprit que vous avez reçu ne fait pas de vous des esclaves, des gens qui ont encore peur ; c'est un Esprit qui fait de vous des fils.* » (Rm 8,15). C'est pourquoi la Pentecôte, d'abord fête des moissons, est la fête par excellence de la plénitude.

Deuxièmement, le vent rafraîchit, comme nous l'expérimentons parfois durant les jours les plus chauds de

---

[106] Dans le récit de Luc, 16 peuples sont cités (2X8), symbole de toute l'humanité renouvelée (2= l'homme et la femme, toute l'humanité ; 8= la résurrection).
[107] Nous méditerons davantage sur ce point dimanche prochain, lorsque nous célébrerons la Sainte Trinité.

l'été. Comme Elie au Sinaï, nous goûtons alors la douceur et la paix de Celui qui vient à nous dans une brise légère. (1 R 19,12) Lorsque nous sommes enfiévrés par nos passions, nous pouvons prier ainsi : « *viens, consolateur souverain, hôte très doux de nos âmes, adoucissante fraîcheur. Dans le labeur le repos ; dans la fièvre, la fraîcheur ; dans les pleurs, le réconfort* » (séq.).

Troisièmement, le vent communique sa force. Il fait avancer les bateaux et tourner les moulins et les éoliennes. C'est grâce à cette force que les apôtres ont pu sortir du Cénacle où ils étaient reclus depuis 50 jours, et partir annoncer la Bonne Nouvelle jusqu'au bout du monde, et jusqu'au martyre : « *L'Esprit de vérité qui procède du Père, il rendra témoignage en ma faveur. Et vous aussi, vous allez rendre témoignage* ».

Pour conclure, frères et sœurs, nous pourrions évoquer l'Esprit Saint avec d'autres images : celle de l'eau d'abord, avec laquelle nous avons été baptisés[108]. Elle est symbole de pureté, mais aussi de vie[109]. Elle descend du ciel, s'adapte à

---

[108] « *Je verserai sur vous une eau pure, et vous serez purifiés. De toutes vos souillures, de toutes vos idoles je vous purifierai.* » (Ez 36,25)

[109] « Pour quelle raison le don de l'Esprit est-il appelé une 'eau' ? C'est parce que l'eau est à la base de tout ; parce que l'eau produit la végétation et la vie ; parce que l'eau descend du ciel sous forme de pluie ; parce qu'en tombant sous une seule forme, elle opère de façon multiforme. ~ Elle est différente dans le palmier, différente

l'être qui la reçoit, et produit des fruits spécifiques à chacun[110]. L'Esprit Saint peut aussi être représenté comme une colombe, notamment celle qui est venu sur Jésus au moment où il a été baptisé. La colombe, un des rares animaux fidèles dans son couple, symbolise la fidélité de Dieu pour son peuple…. Finalement, au-delà de toutes ces images, la question essentielle est de savoir **quelle place nous donnons à l'Esprit Saint dans nos vies et si nous produisons ses fruits**. La Pentecôte revêt une triple signification : naturelle, historique et eschatologique. Elle était d'abord une fête païenne où on célébrait les moissons. Pour Israël, elle est devenue la fête du don de la Loi au Sinaï (que le feu et le vent rappellent). Pour nous chrétiens, elle anticipe le Royaume dans lequel nous serons parfaitement divinisés. Dès maintenant, apprenons à vivre de plus en plus à l'écoute de

---

dans la vigne, elle se fait toute à tous. Elle n'a qu'une seule manière d'être, et elle n'est pas différente d'elle-même. La pluie ne se transforme pas quand elle descend ici ou là, mais, en s'adaptant à la constitution des êtres qui la reçoivent, elle produit en chacun ce qui lui convient. L'Esprit Saint agit ainsi. Il a beau être un, simple et indivisible, *il distribue ses dons à chacun, selon sa volonté*. De même que le bois sec, associé à l'eau, produit des bourgeons, de même l'âme qui vivait dans le péché, mais que la pénitence rend capable de recevoir le Saint-Esprit, apporte des fruits de justice » (Catéchèse de St Cyrille de Jérusalem sur le St Esprit)

[110] « *De même que le bois sec, associé à l'eau, produit des bourgeons, de même l'âme qui vivait dans le péché, mais que la pénitence rend capable de recevoir le Saint-Esprit, apporte des fruits de justice* » (St Cyrille).

celui qui veut être notre compagnon pour nous y conduire[111]. C'est ainsi que nous pourrons témoigner avec force du Christ ressuscité et toucher les cœurs de nos frères non-croyants. Pour finir, écoutons les paroles d'Ignace de Lattaquié : « *Sans l'Esprit Saint, Dieu est loin, le Christ reste dans le passé, l'Evangile est une lettre morte, l'Eglise une simple organisation, l'autorité une domination, la mission une propagande, le culte une évocation et l'agir chrétien une morale d'esclave. Mais en lui, le cosmos est soulevé et gémit dans l'enfantement du Royaume, le Christ ressuscité est là, l'Evangile est puissance de vie, l'Eglise signifie la communion trinitaire, l'autorité est un service libérateur, la mission est une Pentecôte, la liturgie est mémorial et anticipation, l'agir humain est déifié* » !

---

[111] « *Celui qui nous a formés pour cela même, c'est Dieu, lui qui nous a donné l'Esprit comme première avance sur ses dons.* » (2 Co 5, 5)

# Temps ordinaire

## Venez et voyez !

Frères et sœurs, **quelle est notre vocation ?** A beaucoup d'entre vous, qui êtes mariés ou consacrés à Dieu, cette question peut sembler incongrue et inutile. Pourquoi ? Parce que vous considérez la vocation sous un angle unique, celui de l'état de vie. Certes, cet angle-là est important, et l'Église nous invite à prier régulièrement pour les vocations sacerdotales ou religieuses, et pour les couples qui s'engagent sur le chemin du mariage. Cependant, la vocation (du latin « *vocare* », appeler) a un autre sens. Le Seigneur ne nous appelle pas une seule fois dans notre vie : il nous appelle sans cesse, chaque jour. A quoi nous appelle-t-il ? A nous accomplir, à atteindre notre perfection, qui consiste en notre sainteté. **La question de départ devient donc : comment entendre les appels du Christ et y répondre ? Nous devons franchir 4 étapes : d'abord, attendre le Christ ; ensuite, vivre avec lui ; puis, accepter les missions qu'il nous donne ; enfin, témoigner de lui pour aider les autres à atteindre leur plénitude.**

**Comment atteindre notre plénitude ? Pour commencer, il nous faut attendre le Christ.** Ce n'est pas un hasard si l'année liturgique commence par l'Avent, qui est essentiellement un temps de veille : « *veillez et priez* » ! La vie de foi ne peut exister si nous sommes endormis spirituellement. Les disciples de Jean étaient dans l'attente du messie, et c'est pourquoi, lorsqu'il leur dit : « *voici l'agneau de Dieu* », ils acceptent d'aller vers Jésus.

**Ensuite, il faut vivre avec le Christ.** A ses deux premiers disciples, qu'il a dû regarder avec tant d'amour, Jésus demande d'abord : « *que cherchez-vous ?* » Il leur pose la question ouverte par excellence, sans mettre sur eux aucune pression, aucune séduction particulière. Eux-mêmes répondent avec beaucoup de sagesse : « *Rabbi, où demeures-tu ?* » Ils souhaitent demeurer quelque temps avec Jésus, car ils savent que c'est en côtoyant un homme qu'on apprend véritablement à le connaître et à éprouver sa valeur. Jésus le sait bien lui aussi, et il ne se dérobe pas : « *venez, et vous verrez* ». C'est pour les disciples le début d'une longue aventure, dont Jean se souvient comme d'un moment de grâce particulier, à tel point qu'il précise : « *C'était vers quatre heures du soir.* »

Une grande tentation, chez les croyants de toutes religions, est d'agir pour Dieu, mais non par Dieu. Ils veulent faire à tout prix la volonté de Dieu, « que Dieu le veuille ou non ». Voilà pourquoi la prière est fondamentale. Sans elle, on ne peut être uni à Dieu, on ne peut discerner sa volonté. On devient un « fonctionnaire de Dieu ». Après avoir appelé les Douze, Jésus les institua « *pour être ses compagnons et pour les envoyer prêcher* » (Mc 3,14).

**Puis, il nous faut accepter de dire « oui » au Christ lorsqu'il nous appelle.** Il nous faut dire « *me voici* », comme l'a dit 3 fois le jeune Samuel, et comme le disent les religieux au moment de la profession de leurs vœux et les prêtres au moment de leur ordination. Le Christ n'a pas obligé Simon à devenir le chef de l'Eglise. Lorsqu'il lui dit : « *Tu es Simon, fils de Jean ; tu t'appelleras Kèphas* » – ce qui veut dire Pierre, celui-ci aurait pu refuser, non seulement à ce moment-là mais aussi plus tard. C'est d'ailleurs ce qu'il fera à certains moments, notamment lorsqu'il reniera son Maître au moment de la Passion. Mais malgré ses chutes, Pierre se relèvera toujours, et il finira par suivre le Christ jusqu'au bout, en lui donnant sa vie sur une croix. C'est là qu'il atteindra sa plénitude, sa perfection, car *« il n'y a pas de plus grand amour que de donner sa vie pour ses amis. »* (Jn 15,13) C'est là que Simon deviendra pleinement Pierre, un fondement pour la Foi des croyants.

**Atteindre la perfection grâce au Christ ne peut suffire à notre bonheur, il nous faut aussi le partager.** L'appel divin passe par des intermédiaires. D'abord, c'est Jean Baptiste qui invite deux de ses disciples à suivre Jésus : « *Posant son regard sur Jésus qui allait et venait, il dit : "Voici l'Agneau de Dieu."* » Ensuite, c'est l'un de ces mêmes disciples, André, qui joue le rôle de médiateur à son tour : trouvant son frère Simon, il lui dit : « *nous avons trouvé le Messie* », et il l'amène à Jésus. Cela signifie que nous aussi devons jouer ce rôle d'intermédiaires : nous ne pouvons forcer personne à croire, mais nous pouvons inviter ceux qui sont autour de nous, en particulier nos proches, à rencontrer le Christ d'une manière ou d'une autre. Comme l'a dit la petite Bernadette de Lourdes à propos du message de la Vierge Marie : « *elle ne m'a pas chargé de vous le faire croire, mais de vous le dire.* »

Pour mieux comprendre l'importance des médiations humaines dans les appels de Dieu, souvenons-nous de l'histoire du prophète Samuel. Sa mère Anne, qui l'avait reçu comme un don de Dieu parce qu'elle était stérile et qu'elle L'avait imploré au Temple, Le lui avait consacré en action de grâce. Elle l'avait confié au prêtre Eli, responsable de la maison de Dieu à Silo, en disant : « *C'est pour obtenir cet enfant que je priais, et le Seigneur me l'a donné en réponse à ma demande. A mon tour je le donne au Seigneur. Il demeurera donné au Seigneur tous les jours de sa vie.* » (1° lect.) S'agissait-il là d'une vocation forcée ? Non, car Samuel était ensuite libre de s'opposer ou non à l'appel de Dieu, dont sa mère avait été le premier intermédiaire. Après qu'il a grandi et atteint – on peut le supposer - l'âge de raison, c'est à lui que le Seigneur s'adresse directement. Cependant, Samuel ne le connaît pas encore, si bien qu'il croit que c'est son maître Eli qui l'appelle. Il faudra trois appels du Seigneur pour que celui-ci comprenne enfin ce qui se passe et ouvre les yeux de l'enfant sur le véritable auteur des appels. Ce n'est qu'au quatrième que Samuel pourra répondre : « *Parle, ton serviteur écoute* ».

Comment interpréter ce passage ? D'abord, c'est Dieu qui a l'initiative : c'est parce qu'Il nous a appelés que nous sommes devenus chrétiens, puis mariés, consacrés ou prêtres (pour certains d'entre nous). Ensuite, c'est par des médiations humaines que ses appels ont été authentifiés. En effet, comment être sûr que les appels entendus sont de Dieu ? Satan, l'adversaire, qui est un pur esprit, peut appeler lui aussi ; or il est Lucifer, le porteur de lumière, et il se déguise de telle sorte que le mal prenne l'apparence du bien. C'est pourquoi il est essentiel de discerner les appels que nous entendons intérieurement[112]. Lorsqu'un baptisé ressent un appel important qui peut modifier sa vie personnelle et familiale, il est bon qu'il en parle avec son accompagnateur spirituel ou une autre personne en qui il a confiance.

Ainsi, frères et sœurs, le Seigneur nous appelle tous à la perfection, qui consiste en notre sainteté. Comment y parvenir ? D'abord en étant des veilleurs, dans l'attente du Christ ; ensuite en vivant avec lui et par lui ; puis en acceptant de le suivre là où il nous appelle. Et enfin, pour que tous nos frères puissent eux aussi parvenir à leur plénitude, nous sommes appelés à jouer le rôle d'intermédiaires, de médiateurs, de témoins. Nous n'aurons jamais cessé de

---

[112] Les plus grands mystiques, notamment sainte Thérèse d'Avila, se méfiaient terriblement des visions et des apparitions dont ils étaient gratifiés, car ils avaient conscience du danger. C'est pourquoi ils faisaient toujours appel à leur directeur spirituel pour authentifier l'origine des évènements. Mais cela ne concerne pas que les saints et les mystiques. N'importe quel candidat au sacerdoce ou à la vie consacrée doit d'abord recevoir l'approbation de l'Église. Les années de séminaire ou de noviciat ne sont pas destinées seulement à la formation et au discernement des postulants, mais aussi au discernement des communautés sacerdotales ou religieuses dans lesquelles ils souhaitent entrer.

franchir ces 4 étapes, il nous faudra repasser par chacune d'entre elles jusqu'à la fin de notre vie, conscients que notre perfection sera toujours un idéal que nous ne pourrons atteindre qu'après notre mort, lorsque nous serons face au Seigneur. Sachons entendre ses appels et y répondre pour tendre vers lui et vers cet idéal tous les jours de nos existences. AMEN.

## Je ferai de vous des pêcheurs d'hommes

Frères et sœurs, **sommes-nous de bons missionnaires ?** Au premier abord, vous pensez peut-être que la mission est réservée à certains, une élite parmi les chrétiens qui accepte de partir au bout du monde pour annoncer l'évangile aux hommes d'autres religions. Certes, nous pouvons admirer et prier pour ceux et celles qui partent ainsi au loin, notamment en Asie où la grande majorité des habitants ne connaît pas l'évangile. Mais la liturgie de ce dimanche nous rappelle que nous sommes tous appelés à la mission. Dans son exhortation sur *la Joie de l'évangile*, le Pape François a même inventé un mot, *« disciples-missionnaires »*, pour nous faire comprendre qu'on ne peut pas être disciples du Christ sans être en même temps missionnaires. On ne peut pas jouir égoïstement du trésor de la Bonne Nouvelle sans le partager avec d'autres. Et le miracle, c'est que plus nous le partageons, plus le trésor s'accroit et nous devenons de plus en plus riches. **En quoi consiste notre mission ? D'abord à mettre en lumière le péché des hommes, pour les inviter au repentir. Ensuite à leur annoncer la Bonne Nouvelle du Règne de Dieu qui est tout proche.**

**Pour commencer, notre mission est d'appeler les pécheurs à se repentir**, comme l'a fait Jean Baptiste avant la venue du Christ. Pourquoi ? Parce que le péché obscurcit si bien le cœur de l'homme qu'il peut en venir à perdre conscience qu'il est pécheur, ou tout au moins à perdre le désir de vivre dans la lumière de Dieu. Autrement dit, le péché rend aveugle et prisonnier. Pourtant, parce qu'il a été créé à l'image de Dieu, l'homme ne peut jamais être défiguré au point de ne plus avoir en lui de désir de Dieu. Le Seigneur ne désespère jamais de l'homme, c'est l'homme qui peut désespérer de lui-même. Là est la grande différence entre Judas et saint Pierre. Alors que le premier n'a pas cru en la miséricorde infinie de Dieu et s'est pendu, le second a su accueillir son pardon et se repentir.

Le livre de Jonas témoigne que la conversion est toujours possible. Alors que le prophète reçoit la mission de partir à Ninive, la grande ville païenne aux mœurs dépravées, il refuse la mission et part dans une autre direction. Mais après que le Seigneur l'a amené à Ninive, d'abord contre son gré, dans le ventre d'une baleine, il se met à parcourir la ville en proclamant : « *Encore quarante jours, et Ninive sera détruite !* » (1$^e$ lect.) C'est alors que l'incroyable survient : « *Les gens de Ninive crurent en Dieu ; ils publièrent un jeûne et se revêtirent de sacs, depuis le plus grand jusqu'au plus petit.* » Qui pouvait prévoir une conversion aussi rapide et radicale ? L'histoire de l'Église nous offre beaucoup d'autres exemples. Qui pouvait prévoir que Charles de Foucauld, dont les mœurs étaient complètement dissolues, deviendrait un ascète rayonnant de l'amour de Dieu et de ses frères ?

Dans notre société, il n'est jamais question du péché. Chacun est libre d'agir comme il lui plaît, à condition de ne pas enfreindre les lois humaines. Les lois divines, elles, importent peu. C'est pourquoi notre rôle de chrétiens est de rappeler que ces lois existent, et qu'elles sont inscrites dans la conscience de l'homme. Si je plonge dans la mer sans bouteille d'oxygène et que j'y reste trop longtemps, je mourrai physiquement: c'est la **loi** naturelle. Si j'enfreins l'un des commandements de Dieu tels qu'ils sont exprimés dans le Décalogue, je mourrai spirituellement : c'est la **loi** divine.

Même si nous devons d'abord nous détourner du péché et appeler nos frères à faire de même, notre mission va plus loin : **nous devons leur annoncer la Bonne Nouvelle**, c'est-à-dire l'évangile. La conversion consiste non seulement à se détourner du péché, mais aussi et surtout à se tourner vers le Dieu d'amour qui s'est révélé en Jésus Christ. Alors que cet aspect de la mission n'est pas encore très marqué dans l'Ancien Testament, comme le livre de Jonas en témoigne (et pour cause, le Fils de Dieu ne s'est pas encore incarné), il est omniprésent dans les évangiles. C'est ainsi que, dans celui de Marc, Jésus commence sa mission en disant : « *Les temps sont accomplis : le règne de Dieu est tout proche. Convertissez-vous et croyez à la Bonne Nouvelle.* » (év.) Dieu n'est pas l'Etre lointain redouté ou ignoré par beaucoup, il est le Dieu d'amour qui nous invite à entrer dans son Royaume de paix et de joie. C'est cela, la Bonne Nouvelle, et parce qu'elle doit être connue de tous, Jésus appelle ensuite Simon et André, qu'il avait déjà rencontrés au bord du Jourdain (cf l'évangile de dimanche dernier) en leur disant : « *Venez derrière moi. Je ferai de vous des pêcheurs d'hommes.* » Qu'est-ce que cela signifie? Qu'ils devaient sortir les hommes noyés dans leurs péchés à l'air libre de la grâce. L'eau de la mer, ici comme souvent dans les Écritures, symbolise la mort, le lieu où l'on ne peut pas vivre.

L'apôtre Paul, qui s'est converti radicalement après avoir vu et entendu le Ressuscité sur le chemin de Damas, a lui aussi invité à la conversion et proclamé la Bonne Nouvelle. Il souligne aux Corinthiens que « *le temps est limité* » ($2^e$ lect.). Qu'est-ce que cela signifie ? Exactement ce que disait Jésus : « *Les temps sont accomplis : le règne de Dieu est tout proche.* » Il n'est plus temps de nous encombrer de préoccupations temporelles, il nous faut tourner nos cœurs vers le Ciel, dans l'attente de la rencontre avec l'Époux qui viendra nous combler de la joie de ses Noces avec l'humanité. Certes, cela ne signifie pas que nous devons négliger notre devoir d'état et nos taches temporelles. Mais nous ne devons pas nous laisser accaparer par elles, comme Marthe à qui Jésus reprocha non de servir ses convives, mais de s'inquiéter et de s'agiter (cf Lc 10,41). Le Règne de Dieu étant tout proche, nos cœurs ne devraient-ils pas être tout brûlants dans l'attente de son avènement, comme les disciples d'Emmaüs qui cheminaient sans le savoir avec le Christ ?

Notre société manque cruellement d'Espérance et de joie. On parle beaucoup de crise – financière, économique, sociale, culturelle…- depuis quelques années, mais la crise n'est-elle pas avant tout spirituelle ? Avant la crise des monnaies, du logement, du travail…, n'y a-t-il pas une crise du sens ? Beaucoup de nos contemporains n'ont pas découvert le sens de leur existence. Si nous, chrétiens, ne les aidons pas, qui le fera ? Pour que notre témoignage puisse exister et porter du fruit, le Seigneur nous appelle à le suivre en toute circonstance. Mais sommes-nous prêts à laisser derrière nous nos filets, c'est-à-dire nos activités même les plus légitimes, et même à quitter parfois ceux que nous aimons, pour répondre à ses appels ? Ceux qui ont une femme, sont-ils prêts à être « *comme s'ils n'avaient pas de femme, ceux qui pleurent, comme s'ils ne pleuraient pas, ceux qui sont heureux, comme s'ils n'étaient pas heureux, ceux qui font des achats, comme s'ils ne possédaient rien, ceux qui tirent profit de ce monde, comme s'ils n'en profitaient pas* » (2° lect.) ? Vivons-nous dans l'attente et l'Espérance, « *car ce monde tel que nous le voyons est en train de passer* » ?

Ainsi, frères et sœurs, le Seigneur nous appelle tous à être missionnaires. Notre société est celle du « *tout, tout de suite* » : tous mes désirs, tous mes caprices doivent être comblés immédiatement, mais la conversion peut attendre. Le Seigneur nous invite à raisonner de manière inverse : convertissons-nous tout de suite, « *aussitôt* » comme l'ont fait les apôtres (terme qui revient souvent chez Marc), *cherchons d'abord le royaume et sa justice,* et ce dont nous avons besoin *nous sera donné par surcroît* (cf Mt 6,33). Pour cela, **demandons à l'Esprit Saint de nous aider à renoncer à nos filets et même à nos proches lorsque le Christ nous le demande, pour devenir avec lui des pêcheurs d'hommes.** AMEN.

# Elle est vivante, la Parole de Dieu

Frères et sœurs, **sommes-nous de bons prophètes ?** Le jour de notre baptême, nous avons reçu sur notre front une onction d'huile pour signifier que nous devenions prêtres, prophètes et rois. **Qu'est-ce qu'un prophète ? C'est celui qui transmet la Parole de Dieu. Cette parole a 2 caractéristiques : d'abord elle est créatrice ; ensuite elle est rédemptrice, c'est-à-dire qu'elle libère du mal**. C'est ce qui apparaît dès la Genèse : « *Dieu dit* »... et cela fut (Gn 1). Le mot dabar en hébreu, signifie à la fois parole et évènement. Mais à peine a-t-Il créé par sa parole qu'on entend une autre parole, destructrice celle-ci, celle du serpent, le « *père du mensonge* » (Gn 3). Le Seigneur n'en libère pas tout de suite Adam et Eve, mais il leur promet un rédempteur, qui lui écrasera la tête (v.15). Ce rédempteur, c'est le Christ. Avant lui, il y a eu d'autres prophètes, qui ont tous joué ce double rôle, créateur et libérateur. Pour les Hébreux, Moïse a suscité l'Espérance de la Terre Promise, et il les a libérés non seulement de Pharaon, mais surtout il a voulu les libérer du mal en leur transmettant la Loi du Sinaï et en détruisant le veau d'or. Elie a rappelé à Israël l'Alliance avec le Seigneur, et il l'a délivré des faux prophètes. Mais le Prophète par excellence, c'est le Fils de Dieu parce qu'il ne se contente pas de transmettre une Parole venue d'un Autre, il EST cette Parole elle-même, le Verbe de Dieu[113]. C'est lui que Moïse avait annoncé avant de mourir : « *Je ferai se lever au milieu*

---

[113] « *Et le Verbe s'est fait chair.* » (Jn 1,14)

*de leurs frères un prophète comme toi ; je mettrai dans sa bouche mes paroles, et il leur dira tout ce que je lui prescrirai.* » (1° lect.) C'est pourquoi dans la synagogue de Capharnaüm, « *on était frappé par son enseignement, car il enseignait en homme qui a **autorité**, et non pas comme les scribes* ». Les scribes connaissaient par cœur la Loi de Moïse, mais elle leur était extérieure. **Méditons d'abord sur l'évangile pour voir comment Jésus parle et agit, et voyons ensuite comment nous pouvons nous-mêmes exercer notre rôle de prophètes.**

Pour commencer, Jésus a semé une parole créatrice, c'est-à-dire une parole d'amour et de vérité. Ses premiers mots, dans l'évangile de Marc, sont : « *Les temps sont accomplis : le règne de Dieu est tout proche.* » (Mc 1,15) Puis, en appelant les premiers disciples, il fait une nouvelle œuvre créatrice : « *Venez à ma suite. Je vous ferai devenir pêcheurs d'hommes.* » (Mc 1,17) Et dans la synagogue de Capharnaüm, on peut supposer qu'il a d'abord parlé sur l'amour de Dieu et sur le Royaume.

Mais cette parole créatrice, comme dans la Genèse, suscite l'opposition de celui qui est le père du mensonge et de ses disciples[114]. Le jour du sabbat - jour où l'homme contemple

---

[114] A notre époque, on dirait peut-être que l'homme qui est tourmenté par cet esprit mauvais est simplement malade, schizophrénique. L'un n'empêche pas l'autre : les démons se servent parfois de nos faiblesses pour nous faire souffrir.

l'œuvre du Dieu créateur et libérateur - l'esprit impur (ou démon) présent dans la synagogue est le 1er à reconnaître l'identité de Jésus : « *Je sais qui tu es : tu es le Saint de Dieu* » (i.e. l'exact opposé de l'impur). L'expression ne laisse aucun doute : dans l'Ancien Testament, elle est réservée à Dieu seul. En Jésus, il n'y a aucun écart entre la parole et l'être : ce qu'il prêche, il le vit totalement, sans que le péché vienne semer la zizanie. D'où son autorité. Le démon a non seulement compris l'identité de Jésus, mais il pressent aussi sa mission : « *Que nous veux-tu, Jésus de Nazareth ? Es-tu venu pour nous perdre ?* » Cette demande est ambiguë puisqu'elle vient d'un démon, mais qu'elle est exprimée par la bouche d'un homme. De fait, le Fils de Dieu s'est incarné pour nous libérer du mal et d'abord de ceux qui en sont les premiers responsables, Satan et son armée. Jésus répond à la question du démon en l'interpellant vivement : « *Silence ! Sors de cet homme.* » Littéralement, « *sois muselé* », comme un chien qui aboie. Si l'esprit mauvais lui obéit, c'est parce qu'il est « *l'homme fort* » capable de ligoter Satan pour délivrer les hommes[115].

**Et nous, comment exercer notre mission de prophètes ?** Tout d'abord en proférant des paroles créatrices, c'est-à-dire des paroles d'amour et de vérité. L'homme se trouve jeté dans l'existence comme dans le *tohu bohu* de la Genèse. Le

---

[115] Jésus le dira plus tard dans une parabole qu'on retrouve dans les 3 évangiles synoptiques : « *comment peut-on entrer dans la maison de l'homme fort et piller ses biens, sans avoir d'abord ligoté cet homme fort ? Alors seulement on pillera sa maison.* » (Mt 12,29)

rôle des parents n'est pas seulement de nourrir le corps de leur enfant, mais aussi son âme : « *L'homme ne vit pas seulement de pain, mais de toute parole qui sort de la bouche de Dieu.* » (Mt 4,4) Au départ, il ne sait pas parler (c'est le sens du mot enfant, in/fans en latin). Ses parents lui apprennent à le faire, mais ils doivent aussi l'aider à trouver un sens à son existence. Au-delà de la relation parentale, nous devons tous nous entraider à vivre. « *Aucune parole mauvaise ne doit sortir de votre bouche ; mais, s'il en est besoin, que ce soit une parole bonne et constructive, profitable à ceux qui vous écoutent.* » (Ep 4,29)

En tant que prophètes, nous devons aussi lutter contre le mal. Parfois, cette lutte passe par une parole de consolation pour ceux qui souffrent de désespérance. Mais parfois, lorsqu'un de nos frères est prisonnier d'un mal qu'il accomplit volontairement, elle passe par des paroles de jugement, qui peuvent sembler dures. Souvenons-nous de la parole de Jésus à Pierre : « *Passe derrière moi, Satan ! Tu es pour moi une occasion de chute : tes pensées ne sont pas celles de Dieu, mais celles des hommes.* » (Mt 16,23) N'oublions pas le devoir de correction fraternelle: « *Si ton frère a commis un péché contre toi, va lui faire des reproches seul à seul...* » (Mt 18,15)

Mais notre rôle de prophètes ne concerne pas que nos frères. C'est d'abord à nous-mêmes que nous devons faire entendre une parole créatrice et une parole libératrice. Le combat contre l'esprit du mal commence en nous-mêmes, et il peut être « *aussi brutal que la bataille d'hommes* », comme l'écrit

Rimbaud[116]. Pour le remporter, nous devons imiter Jésus, qui a été confronté à Satan dans le désert. A chacune de ses attaques, il a répondu en brandissant la parole de Dieu (Mt 4 & Lc 4). Mais comment la brandir si nous ne la possédons pas ? Prenons exemple aussi sur la Vierge Marie, qui la méditait sans cesse (Lc 1,19.51).

Pourquoi saint Paul propose-t-il aux Corinthiens le célibat : « *Celui qui n'est pas marié a le souci des affaires du Seigneur, il cherche comment plaire au Seigneur* » (2° lect.) ? Non pour dévaloriser le mariage, mais afin qu'ils soient « *attachés au Seigneur sans partage* ». Que l'on soit marié ou non, la Parole de Dieu doit avoir la première place dans nos vies, car elle nous unifie, et nous rend plus disponibles à notre prochain,

---

[116] Adam et Eve ont dû décider à qui ils voulaient faire confiance. Il en est de même pour nous, car le diable (de « diabolos », celui qui divise) ne cesse de vouloir nous empêcher d'écouter la Parole de Dieu et de la mettre en pratique. Et cela d'autant plus que notre désir est grand : « *Aussi longtemps qu'un homme est retenu dans les choses visibles de ce monde, explique Saint Macaire, il ne sait même pas qu'il y a un autre combat, une autre lutte, une autre guerre au-dedans de lui-même. C'est en effet quand un homme se lève pour combattre et se libérer des liens visibles de ce monde, et qu'il commence à se tenir avec persévérance devant le Seigneur, qu'il fait l'expérience du combat intérieur contre les passions et contre les pensées mauvaises. Aussi longtemps que quelqu'un ne renonce pas au monde, ne se détache pas de tout son cœur des convoitises terrestres, ne veut pas s'unir entièrement et sans réserve au Seigneur, il ne connaît ni les ruses secrètes des esprits de malice, ni les passions mauvaises cachées en lui. Mais il est étranger à lui-même, ne sachant pas qu'il porte en lui les plaies des passions secrètes* ».

d'abord à notre conjoint si nous sommes mariés. L'essentiel est d'avoir avant tout le « *souci* » du Seigneur (le mot revient 5 fois en quelques lignes)[117].

Ainsi, frères et sœurs, **le Christ est le Prophète par excellence, la Parole de Dieu, envoyé par son Père pour nous annoncer son Amour et pour nous libérer du mal**. Nous-mêmes, comment assumons-nous notre rôle de prophètes ? Pour proclamer la Parole de Dieu et en témoigner par toute notre vie, prenons-nous le temps de l'écouter en profondeur ? « *Aujourd'hui, ne fermez pas votre cœur, mais écoutez la voix du Seigneur* » nous dit le psalmiste. Pour libérer nos frères du mal, cherchons-nous à nous en libérer nous-mêmes, en refusant toute compromission avec lui ?

---

[117] Commentaire de M.N. Thabut : Pendant des siècles, la méditation des phrases de la Genèse « Il n'est pas bon pour l'homme d'être seul » (Gn 2, 18) et « Soyez féconds et prolifiques » (Gn 1,28) avait conduit à considérer que le seul état de vie normal pour le croyant était le mariage ; à tel point que les eunuques ne pouvaient ni être prêtres (Lv 21, 20), ni même entrer dans l'assemblée du Seigneur (Dt 23, 2). Et la stérilité était ressentie comme une honte et une malédiction : « Dieu a enfin enlevé mon opprobre », s'écrie Rachel en mettant au monde son premier fils (Gn 30, 23). Après l'Exil à Babylone, ce mépris pour les célibataires et les eunuques s'était estompé dans les textes bibliques. On en a la preuve dans un texte du prophète Isaïe après l'Exil à Babylone : on avait ouvert les portes des synagogues aux eunuques s'ils désiraient vraiment s'agréger à la communauté des croyants. (cf Is 56, 3-5 et Sg 3, 14). Mais l'opinion populaire est restée longtemps réticente au choix délibéré pour le célibat.

**Laissons le Christ nous parler, laissons le Christ nous libérer, afin d'être de bons prophètes.** Cette semaine, pourquoi ne pas lire un évangile d'une traite, en particulier celui de saint Marc que nous parcourrons toute cette année liturgique ? Et pourquoi ne pas prendre chaque jour un temps de prière pour méditer sur la Parole de Dieu ?

# La vie de l'homme sur la terre est-elle une corvée ?

Frères et sœurs, **que faire face à la souffrance ?** Tous, à un moment ou à un autre, nous y sommes confrontés, soit personnellement, soit à travers un de nos proches, et nous sommes alors tentés de dire comme Job : « *Vraiment, la vie de l'homme sur la terre est une corvée* » (1° lect.). La souffrance est un scandale, une pierre d'achoppement qui empêche beaucoup d'êtres humains de croire en Dieu ou de l'aimer. Dans la bible, un livre se confronte à ce mystère. Job, qui est un homme riche et juste, accepte de perdre d'abord tous ses biens, puis les membres de sa famille, mais il accepte très mal de perdre sa santé. Sa souffrance est d'autant plus insupportable qu'il la supporte seul. Sa femme ne le soutient pas, et ses amis l'accusent à la fois d'avoir péché et de s'entêter dans son refus de se reconnaître pêcheur. Pire encore, malgré ses cris vers Dieu, il n'obtient aucune réponse. Ce n'est qu'au chapitre 40, à la fin du livre, que le Seigneur répond enfin par deux discours qui manifestent sa Toute-Puissance, d'abord en tant que Créateur, ensuite en tant que Rédempteur capable de vaincre le mal[118]. Et surtout, Il déclare : « *Seul, Job a bien parlé de moi* », ne lui reprochant donc pas ses cris[119]. C'est alors que Job accepte enfin son sort,

---

[118] Personnifié par l'hippopotame et le crocodile.

[119] M.N. Thabut : « Job va faire un long chemin : au début du livre, il répète sans arrêt « je vous dis que je n'ai pas péché, donc ce qui m'arrive est injuste »... sans s'apercevoir qu'en disant cela, il est

avant de retrouver la santé, et que de nouveaux enfants et de nouveaux biens lui soient donnés plus abondamment encore qu'au début. Ce livre constitue un début de réponse au mystère de la souffrance, ou plutôt l'élimination d'une mauvaise réponse, ancrée dans le psychisme de l'homme, qui voit en elle une punition du péché. Mais **la réponse ultime de Dieu à la souffrance, c'est le Christ qui nous la donne.** Elle comporte 3 niveaux : **D'abord, il a soulagé beaucoup de souffrances en guérissant des malades et en délivrant des**

---

bien dans la même logique que ses amis : « si on souffre, c'est qu'on a péché ». Puis peu à peu, la voix de l'expérience parle : il a vu combien de fois des bandits vivre heureux, impunis et mourir sans souffrir pendant que des gens honnêtes, des innocents ont des vies d'enfer et de longues agonies. Non, il n'y a pas de justice, comme on dit. Et ses amis ont tort de prétendre que les bons sont toujours récompensés et les méchants toujours punis. Alors, il comprend qu'il s'est lui-même trompé sur la justice de Dieu. A la fin, à bout d'arguments, il fait acte d'humilité et reconnaît que, Dieu seul sait les mystères de la vie. »
Alors il est prêt pour la découverte, et Dieu l'attendait là : c'est Lui, désormais qui prend la parole ; il ne lui fait pas de reproche, il dit aux amis de Job que leurs explications ne valent rien ; il va jusqu'à dire : « Seul, Job a bien parlé de moi » ; ce qui veut dire qu'on a le droit de crier, de se révolter ; puis il invite Job à contempler la Création et à reconnaître humblement son ignorance ; comme un père reprend gentiment mais fermement son fils, Dieu fait comprendre à Job que « ses pensées ne sont pas nos pensées » et que si sa justice nous échappe, cela ne nous autorise pas à la contester. Job qui est un homme intègre et droit, on nous l'a dit dès le début, comprend la leçon : il avoue « J'ai abordé, sans le savoir, des mystères qui me confondent... Je ne fais pas le poids, que te répliquerais-je ?... » (Jb 42, 3 ; 40, 4).

possédés. Ensuite, il a guéri beaucoup de cœurs en proclamant la Bonne nouvelle. Enfin, et surtout, il a souffert lui-même pour nous sur la croix.

Pour commencer, saint Marc écrit que **Jésus *« guérit beaucoup de gens atteints de toutes sortes de maladies, et il expulsa beaucoup de démons »*.** L'homme peut être malade dans son corps, mais aussi dans son âme. Certaines personnes sont possédées par le diable, et il faut alors les délivrer par un exorcisme. Mais dans la majorité des cas, l'âme n'est pas possédée mais infestée par des esprits mauvais… Dans notre société, de plus en plus de personnes, et nous-mêmes peut-être parfois, sont atteintes de troubles psychiques : angoisse, anxiété, tristesse, dépression… Ces souffrances viennent souvent de nos blessures, mais elles sont exacerbées par ces esprits.

Jésus éprouve de la compassion pour tous les malades. La première qu'il guérit, c'est *la belle-mère de Simon qui était au lit, avec de la fièvre*. Il *la saisit par la main et la fit lever*. L'expression « *la fit lever* » suggère déjà sa victoire sur les forces de la mort, avec le mot « *egeiren* » qui signifie à la fois lever et ressusciter. La preuve, c'est que cette femme, à peine guérie, *« les servait »* : elle met sa santé recouvrée au service de Dieu et de l'Eglise. Cette scène rappelle les icônes orientales de la résurrection où Jésus prend par la main Adam et Eve pour les sortir du séjour des morts.

Tout au long de son ministère, Jésus va guérir beaucoup d'autres malades. Pour autant, il n'a pas guéri tous les malades qu'on lui amenait à Capharnaüm. Lorsque Simon et ceux qui étaient partis avec lui à sa recherche le trouvent et lui disent : « *Tout le monde te cherche* », il leur dit : « **Allons ailleurs, dans les villages voisins, afin que là aussi je proclame l'Évangile** ; *car c'est pour cela que je suis sorti.* » Cette expression signifie la sortie de la maison et de la ville, mais aussi, plus profondément, la sortie de la Trinité Sainte : le Fils de Dieu est descendu du ciel pas seulement pour guérir les corps et les âmes, mais surtout les cœurs, c'est-à-dire pour nous sauver. Pour cela, il doit annoncer le règne de Dieu, c'est pourquoi il « *parcourut toute la Galilée, proclamant l'Évangile dans leurs synagogues* ». Il dira un jour aux pharisiens : « *Ce ne sont pas les gens bien portants qui ont besoin du médecin, mais les malades. Je ne suis pas venu appeler des justes, mais des pécheurs.* » (Mc 2,17) L'être humain a un corps, une âme, mais aussi un esprit[120]. Comme le corps et l'âme, l'esprit peut souffrir. En particulier, il peut souffrir du manque d'amour, d'un sentiment d'abandon. Les souffrances physiques et psychiques sont temporaires par nature, mais les souffrances spirituelles peuvent durer éternellement. L'enfer, c'est l'absence totale d'amour,

---

[120] Cf « *Que le Dieu de la paix lui-même vous sanctifie tout entiers, et qu'il garde parfaits et sans reproche votre esprit, votre âme et votre corps, pour la venue de notre Seigneur Jésus Christ.* » (1 Th 5,23)

éternellement. La petite Thérèse a expérimenté cette souffrance durant les 18 derniers mois de sa vie, par solidarité avec les pécheurs.

**Jésus ne s'est pas contenté de proclamer la Bonne nouvelle d'un Dieu qui nous aime, il en a été le témoin. Et son témoignage a acquis toute sa force sur la croix** : là, il a connu l'enfer de la souffrance, au point de s'écrier : « *Mon Dieu, mon Dieu, pourquoi m'as-tu abandonné ?* » (Mc 15,34) Même s'il reprend un psaume qui se termine par un grand cri d'espérance, Jésus a connu une souffrance plus profonde encore que Job, souffrance à la fois physique, psychique et spirituelle. C'était là sa plus grande preuve d'amour pour nous, et en même temps le passage vers la mort puis la résurrection, qui manifesterait que Dieu est plus fort que la mort, et donc aussi que toutes les formes de mal. Désormais, lorsque nous souffrons, nous savons que nous ne sommes jamais seuls, et qu'un jour nous ressusciterons dans un corps glorifié, qui ne souffrira plus.

Ainsi, frères et sœurs, **Dieu a envoyé son Fils non pour expliquer la souffrance ni pour l'éradiquer entièrement pendant qu'il était sur la terre, mais surtout pour l'habiter. Aussi, lorsque nous souffrons comme Job, tournons-nous vers le Christ qui veut nous soulager, et n'ayons pas peur de crier vers lui.** Il ne nous guérira peut-être pas mais au moins nous ne serons pas seuls. C'est le sens du sacrement des malades, qui permet de recevoir par l'onction la force et la douceur du Christ. **Mais n'oublions pas que nous sommes appelés à jouer nous-mêmes le rôle du Christ envers nos frères qui souffrent.** Non seulement nous pouvons leur proposer de recevoir ce sacrement lorsque leur maladie est grave et lourde à porter, ou les emmener à Lourdes, mais nous pouvons aussi les soulager par des paroles, des gestes, des sourires, des prières et tout simplement par notre présence. Le simple fait de les écouter peut leur être très précieux car ils peuvent ainsi se confier. Plus profondément, nous devons œuvrer au salut des âmes. Prenons exemple sur saint Paul. « *Malheur à moi si je n'annonçais pas l'Évangile !* » écrit-il aux Corinthiens (2° lect.). Et il ajoute : « *libre à l'égard de tous, je me suis fait l'esclave de tous afin d'en gagner le plus grand nombre possible. Avec les faibles, j'ai été faible, pour gagner les faibles. Je me suis fait tout à tous pour en sauver à tout prix quelques-uns* ». De même, le petite Thérèse est entrée au carmel afin de sauver des âmes et de prier pour les prêtres, justement parce que les prêtres reçoivent pour mission principale de sauver des âmes eux-mêmes : « *prier pour les prêtres, c'est faire du commerce en gros, puisque, par la tête, on atteint les membres* ». Saint Dominique passait ses nuits à prier en gémissant : « *que vont devenir les pécheurs ?* »[121] Et Madeleine Delbrel, qui vient d'être déclarée

---

[121] Saint Jean XXIII est un autre bel exemple de prêtre, qui s'est fait tout à tous pour sauver des âmes. En Bulgarie, notamment, il apprit la langue pour pouvoir s'adresser le mieux possible à ceux dont il avait la charge.

vénérable, a cherché elle aussi, à travers la vie ordinaire, à conduire les âmes vers Dieu[122]. Nous-mêmes, nous sommes tous appelés à annoncer l'évangile dans notre vie ordinaire. **Cette semaine, quels sont ceux que je vais aider, afin que la vie ne soit plus pour eux perçue comme une corvée, mais comme un don de Dieu ?** Pour que je sois vraiment le Christ, avec la force de les servir, je ferai comme lui : *bien avant l'aube, ou à un autre moment si j'en ai le loisir, je sortirai, je me rendrai dans un endroit désert, et là, je prierai.*

---

[122] « *Nous autres, gens de la rue, croyons de toutes nos forces que cette rue, que ce monde où Dieu nous a mis est pour nous le lieu de notre sainteté* » (Nous autres, gens des rues », 1966)

## « Si tu le veux, tu peux me purifier »

Frères et sœurs, **voulons-nous être purifiés ?** Si la lèpre est une maladie terrible, qui touche encore environ 200 000 personnes chaque année dans le monde, elle symbolise **la maladie la plus grave, qui nous concerne tous : le péché.** Comme la lèpre détruit et défigure les corps, le péché détruit et défigure les âmes. Comme la lèpre rend insensible et ouvre ainsi à tous les dangers, le péché endort la conscience et réduit la capacité de résistance au mal. Comme une petite blessure de lépreux dégénère vite en ulcère, les petits péchés en engendrent de plus grands. La Bonne Nouvelle est que, comme le remède existe aujourd'hui pour la maladie, le Christ est venu nous apporter le remède contre le péché : **une foi audacieuse et humble**. Nous le verrons en admirant plusieurs personnages. **D'abord le lépreux de l'évangile. Ensuite le Christ lui-même. Enfin, deux saints qui ont soigné les lépreux, François d'Assise et Damien de Molokai.**

Pour commencer, **admirons le lépreux**. Il est atteint du mal le plus terrible pour l'époque. Le livre du Lévitique lui consacre 2 chapitres entiers : « *Le lépreux portera des vêtements déchirés et les cheveux en désordre, il se couvrira le haut du visage jusqu'aux lèvres, et il criera : "Impur ! Impur !"* » (1° lect.)[123]. Aussi, le lépreux souffre d'une exclusion totale. Non

---

[123] Les mots « purifier » et « purification » reviennent 4 fois dans l'évangile aussi. La pureté, à laquelle les Pharisiens sont très

seulement il souffre physiquement, puisque sa chair se décompose, mais en plus il est exclu de la communauté des hommes et il ne peut pas participer au culte divin à la synagogue. Pire encore, sa maladie est considérée comme une punition du Seigneur[124]. Mais Job, sur lequel nous nous étions penchés dimanche dernier, était juste... En tout cas, le lépreux peut se sentir abandonné à la fois des hommes mais aussi de Dieu.

En venant trouver Jésus, le lépreux de l'évangile brave l'interdit de la Loi et il sait que Jésus devrait le repousser. Mais son audace jaillit d'une foi profonde : il tombe aux genoux de Jésus parce qu'il a reconnu en lui son Seigneur. Sa foi est humble : il n'exige rien, mais il « *supplie* » : « *Si tu le veux, tu peux me purifier.* » Il nous rappelle Naaman le Syrien. Ce grand général était venu trouver le prophète Elisée pour être guéri, mais quand celui-ci « *envoya un messager lui dire : "Va te baigner sept fois dans le Jourdain, et ta chair redeviendra nette, tu seras purifié", Naaman se mit en colère* », estimant qu'un tel acte était trop facile et pas digne de lui (2 R 5, 10-11). Heureusement, ses serviteurs intervinrent et l'incitèrent à accomplir cet acte de foi humble, et il fut ainsi purifié.

---

sensibles, est une condition sine qua non pour entrer en relation avec Dieu.

[124] C'est ainsi que Myriam, la sœur de Moïse, était devenue lépreuse après avoir jalousé son frère. De même Guéhazi, le serviteur d'Elisée devint lépreux à cause de sa cupidité (2 R 5,27).

**Admirons maintenant Jésus lui-même**. Pour obéir à la Loi, il aurait dû repousser le lépreux. Mais il est *« saisi de pitié »* : en grec, l'expression signifie qu'il est pris aux entrailles, comme une mère vis à vis de son enfant parti au loin (Is 49,15)[125]. Jésus souffre de toutes nos souffrances, il refuse toutes nos exclusions. C'est pourquoi il *étend la main et le touche* : *« Je le veux, sois purifié. »* Et au lieu que ce soit Jésus qui contracte la maladie, c'est le lépreux qui est guéri. C'est la vie qui a été la plus forte, la plus contagieuse.

Pourquoi celui-ci Jésus *le renvoie-t-il avec cet avertissement sévère* : *« Attention, ne dis rien à personne, mais va te montrer au prêtre »* ? C'est le fameux secret messianique, qui apparaît à 10 reprises dans l'évangile de Marc. Jésus sait que ses miracles vont être mal interprétés, et qu'il sera considéré par les gens comme un guérisseur et comme un messie glorieux, et non comme le serviteur souffrant qui va se révéler petit à petit. Jésus ajoute : *« Et donne pour ta purification ce que Moïse prescrit dans la Loi : ta guérison sera pour les gens un témoignage. »* D'une part, il s'inscrit là dans la loi de Moïse, montrant qu'il n'est pas venu pour l'abolir, mais pour l'accomplir (Mt 5,17). D'autre part, il envoie un message aux prêtres, seuls habilités à réintégrer les lépreux dans la société: seul le messie était annoncé comme capable de purifier les lépreux[126].

---

[125] Ou encore comme le père qui voit revenir son enfant prodigue (Lc 15,20).
[126] C'est pourquoi Jésus pourra dire aux envoyés de Jean, qui demande s'il est bien le messie : *« Allez rapporter à Jean ce que*

Malgré l'interdiction de Jésus, l'homme guéri « *se mit à proclamer et à répandre la nouvelle, de sorte qu'il n'était plus possible à Jésus d'entrer ouvertement dans une ville. Il était obligé d'éviter les lieux habités, mais de partout on venait à lui.* » Finalement, ce n'est plus le lépreux qui doit vivre à l'écart, c'est Jésus lui-même. Cela signifie que le second a pris sur lui le péché du premier. C'est ce que Jean Baptiste avait déclaré en voyant Jésus venir à lui : « *Voici l'Agneau de Dieu, qui enlève le péché du monde* » (Jn 1,29), et c'est ce que nous redisons lors de chaque eucharistie. Le Christ enlève nos péchés en les prenant sur lui[127]. Plus tard, Jésus sera humilié, sa chair sera déchirée par la flagellation et il sera crucifié en dehors de la ville...

**Pour finir, admirons deux saints qui ont soigné les lépreux avec une foi humble et audacieuse**, François d'Assise et Damien de Molokai. Alors qu'il aidait volontiers les pauvres, François fuyait à la vue des lépreux en se bouchant le nez. Le lépreux était la parfaite antithèse du jeune homme, soigneux de sa personne, adulé de tous et promu roi de la jeunesse d'Assise. Mais lorsqu'il en rencontre un dans la campagne

---

*vous avez vu et entendu : les aveugles voient, les boiteux marchent, les lépreux sont purifiés ...* » (Lc 7,22) Il pourra dire aussi au moment du dernier repas : « *Si je n'étais pas venu, si je ne leur avais pas parlé, ils n'auraient pas eu de péché, mais à présent leur péché est sans excuse.* » (Jn 15,22)

[127] Saint Paul put ainsi écrire : « *Celui qui n'a pas connu le péché, Dieu l'a pour nous identifié au péché des hommes, afin que, grâce à lui, nous soyons identifiés à la justice de Dieu.* » (2 Co 5,21)

d'Assise, après sa conversion, il décide non seulement de ne pas fuir, mais même de s'approcher et de l'embrasser ! Ce fut une étape fondamentale dans son itinéraire : *« en m'en allant de chez eux, ce qui me semblait amer fut changé pour moi en douceur de l'âme et du corps ; et après cela, je ne restai que peu de temps et je sortis du siècle »*. Ensuite, François alla souvent soigner les lépreux de la région. Plus rien ne lui faisait peur.

De même, Damien n'eut pas peur d'aller s'occuper des lépreux d'Honolulu qui étaient parqués dans l'île de Molokai. Alors qu'ils vivaient comme des bêtes sauvages, il les aida à rétablir leur dignité d'hommes, avec une vie à la fois sociale et religieuse. Lui-même devient un paria, à tel point qu'il ne pouvait se confesser que dans la barque lorsqu'un bateau s'approchait avec son évêque ! Il contracta lui-même la maladie, et dut en souffrir jusqu'à sa mort 4 ans plus tard en 1889, à l'âge de 49 ans.

François et Damien ont compris le message de Paul : *« en toute circonstance, je tâche de m'adapter à tout le monde, sans chercher mon intérêt personnel, mais celui de la multitude des hommes, pour qu'ils soient sauvés. Imitez-moi, comme moi aussi j'imite le Christ »* (2° lect.) Ils ont été purifiés par le Christ de la lèpre de l'égoïsme, et ont tout fait pour que leurs frères soient purifiés eux aussi.

Ainsi, frères et sœurs, **voulons-nous être guéris de la lèpre du péché ?** Pendant le Carême qui approche, pourquoi ne pas redire chaque jour, humblement mais avec une confiance audacieuse: « *Si tu le veux, tu peux me purifier* » ? Laissons-le nous toucher lors de chaque sacrement, en particulier l'eucharistie et la réconciliation. Et **imitons les saints** afin de nous mettre nous-mêmes au service de nos frères malades dans leur corps ou dans leur âme. Certes, nous ne sortirons pas indemnes de ces rencontres mais si nous sommes unis au Christ, notre corps aurait beau être touché, notre âme deviendra plus belle et nous pourrons leur communiquer la vie éternelle. Tous, nous pourrons alors expérimenter la béatitude des cœurs purs, nous verrons Dieu !

## La paix soit avec vous

Frères et sœurs, **vivons-nous dans la paix ?** Tous, nous la désirons, mais tous aussi, nous éprouvons qu'elle semble parfois nous fuir… La paix est le 3ème fruit de l'Esprit Saint, juste après l'amour et la joie[128]. Elle est d'abord un don de Dieu, et c'est pourquoi elle est la première parole du Christ à ses disciples après sa résurrection, parole que les évêques reprennent comme salutation au début de chaque eucharistie : « *la paix soit avec vous* ». Mais elle est aussi une vertu, qui exige un combat : nous ne pouvons la recevoir que si nous acceptons de nous engager pleinement dans le combat spirituel, « *aussi brutal que la bataille d'hommes* » (Rimbaud). Jésus a dit à ses disciples, lors de son dernier repas : « *Je vous laisse la paix, je vous donne ma paix ; ce n'est pas à la manière du monde que je vous la donne.* » (Jn 14,27) Plus tôt, il avait dit aussi : « *Ne pensez pas que je sois venu apporter la paix sur la terre : je ne suis pas venu apporter la paix, mais le glaive.* » (Mt 10,34) Ce glaive, c'est celui de sa Parole, « *plus coupante qu'une épée à deux tranchants… qui juge des intentions et des pensées du cœur.* » (He 4,12) Que nous le voulions ou non, la paix du Christ est le fruit d'une conversion, qui nécessite un combat continuel. Contre quels adversaires ? Il y en a trois : Satan, le monde, et la chair.

Pour commencer, **nous devons lutter contre celui que l'Ecriture appelle Satan** (l'adversaire en hébreu) ou le diable

---

[128] « *Voici le fruit de l'Esprit : amour, joie, paix, patience, bonté, bienveillance, fidélité, douceur et maîtrise de soi.* » (Ga 5, 22-23)

(le diviseur en grec). Il apparaît dès le 3ème chapitre de la Genèse sous la forme d'un serpent, animal qui symbolise à la fois la ruse (il se cache facilement à nos regards) et le danger (il peut nous faire mourir). Il y réussit d'ailleurs puisqu'Eve et Adam se laissent piéger par lui et deviennent mortels. Dans l'évangile, Jésus le compare à « *un homme fort* ». Sa force est fondée sur le mensonge: « *Alors, Dieu vous a vraiment dit : "Vous ne mangerez d'aucun arbre du jardin" ?* » (v.1), et le soupçon par rapport à Dieu : « *Pas du tout ! Vous ne mourrez pas ! Mais Dieu sait que, le jour où vous en mangerez, vos yeux s'ouvriront, et vous serez comme des dieux* » (v. 4-5) Il est fort, mais il ne peut résister au Christ, qui est infiniment plus fort que lui et qui l'a « *ligoté* » par sa victoire sur le péché et sur la mort. « *Ligoté* » signifie qu'il est toujours présent comme un chien en laisse et qu'il peut toujours nous nuire si nous nous approchons de lui et si nous l'écoutons. Souvenons-nous d'Ulysse, qui n'a été sauvé des sirènes que parce qu'il était attaché au mat de son navire et que ses compagnons s'étaient bouchés les oreilles pour ne pas entendre leurs chants.

Tous les chrétiens doivent lutter contre lui, mais certains saints ont dû mener un combat particulièrement rude. Saint Jean Marie Vianney, le padre Pio, Marthe Robin... en ont souffert jusque dans leur chair. Nous ne pouvons remporter le combat qu'en prenant comme arme la Parole de Dieu, comme nous le montrent Jésus lors des 3 tentations au désert et Marie qui sans cesse la « *méditait dans son cœur* »[129].

Deuxièmement, **nous devons lutter contre le monde.** Le Pape François ne cesse de nous y inviter en évoquant « l'esprit mondain » qui existe aussi dans l'Eglise, chez les prêtres comme chez les laïcs. Jésus a dit à propos de ses disciples : « *Ils n'appartiennent pas au monde, de même que moi, je n'appartiens pas au monde.* » (Jn 17,16) Le monde peut représenter la société en général, mais aussi nos propres familles. Dans l'évangile, celle de Jésus lui-même cherche à le freiner dans sa mission : « *Les gens de chez lui, l'apprenant, vinrent pour se saisir de lui, car ils affirmaient : 'Il a perdu la tête'.* » C'est pourquoi, lorsqu'on lui dit : « *Voici que ta mère et tes frères sont là dehors : ils te cherchent* », il répond : « *Qui est ma mère ? qui sont mes frères ?* » Et parcourant du regard ceux qui étaient assis en cercle autour de lui, il dit : « *Voici ma mère et mes frères. Celui qui fait la volonté de Dieu, celui-là est pour moi un frère, une sœur, une mère.* »

Beaucoup de saints ont dû lutter pour se libérer de l'emprise de leur famille. Jeanne d'Arc quitta le foyer de ses parents pour accomplir sa mission, malgré leur désaccord. Thérèse d'Avila entra au couvent contre la volonté de son père. François de

---

[129] « *Oui, tenez bon, ayant autour des reins le ceinturon de la vérité, portant la cuirasse de la justice, les pieds chaussés de l'ardeur à annoncer l'Évangile de la paix, et ne quittant jamais le bouclier de la foi, qui vous permettra d'éteindre toutes les flèches enflammées du Mauvais. Prenez le casque du salut et le glaive de l'Esprit, c'est-à-dire la parole de Dieu.* » (Ep 6,14 17)

Sales entra au séminaire contre le désir de du sien, qui prévoyait pour lui une grande carrière juridique...

Troisièmement, **nous devons lutter contre la chair.** La chair ne représente pas le corps, qui est bon parce que créé par Dieu, mais toutes nos tendances égoïstes. Nous ne devons pas idolâtrer notre corps ou notre santé, comme notre société nous y pousse : « *Car les tendances de la chair s'opposent à l'Esprit, et les tendances de l'Esprit s'opposent à la chair. En effet, il y a là un affrontement qui vous empêche de faire tout ce que vous voudriez.* » (Ga 5,17) Aussi « *ceux qui sont au Christ Jésus ont crucifié en eux la chair, avec ses passions et ses convoitises.* » (Ga 5,24) Nous ne devons pas avoir peur : « *même si en nous l'homme extérieur va vers sa ruine, l'homme intérieur se renouvelle de jour en jour* » et « *même si notre corps, cette tente qui est notre demeure sur la terre, est détruit, nous avons un édifice construit par Dieu, une demeure éternelle dans les cieux* » (2° lect.)

Les saints ont dû mener un combat parfois violent contre la chair. Benoit, alors qu'il vivait seul dans sa grotte de Subiaco, fut tenté de manière tellement forte qu'il alla se jeter nu dans un buisson d'épines. On lit dans ses biographies que « *le sang qu'il versa affaiblit son corps et guérit son âme pour toujours* » et que « *le buisson s'est changé en un rosier* ». Plus tard, François d'Assise connut les mêmes tentations et y répondit soit par le même remède, soit en se roulant dans la neige. Il s'adressait souvent à son corps, qu'il appelait « frère âne », pour l'apprivoiser comme on apprivoise un animal.

Pour conclure, frères et sœurs, **prions le Seigneur de nous donner sa paix**, comme nous l'avons fait lors du geste qui a précédé la communion. Elle est un fruit délicieux pour la personne qui la produit, mais aussi pour ceux qui sont autour d'elle. Or le monde souffre de l'absence de paix. Ecoutons saint Jacques : « *D'où viennent les guerres, d'où viennent les conflits entre vous ? N'est-ce pas justement de tous ces désirs qui mènent leur combat en vous-mêmes ? Vous êtes pleins de convoitises et vous n'obtenez rien, alors vous tuez ; vous êtes jaloux et vous n'arrivez pas à vos fins, alors vous entrez en conflit et vous faites la guerre.* » (Jc 4,1-2) Nous devons nous convertir et combattre sans cesse, non seulement pour notre propre bien, mais aussi pour nos frères qui aspirent à la paix. Cependant, il nous arrive d'être vaincus et de pécher. Alors, souvenons-nous de la miséricorde infinie du Seigneur, toujours prêt à nous pardonner et relever. Le seul obstacle à son pardon ne peut venir que de nous. Voilà pourquoi Jésus dit que *« si quelqu'un blasphème contre l'Esprit Saint, il n'aura jamais de pardon. Il est coupable d'un péché pour toujours »*. Blasphémer contre l'Esprit, c'est voir en Dieu un ami du mal, comme les scribes voient Jésus. **Que le Seigneur nous aide à combattre et à nous convertir, confiants en sa Puissance de miséricorde, afin que nous goutions sa paix et que nous la transmettions à nos frères de la terre.** AMEN.

# Qu'il est bon de rendre grâce au Seigneur !

« *Qu'il est bon de rendre grâce au Seigneur, de chanter pour ton nom, Dieu Très-Haut.* » Frères et sœurs, **savons-nous nous émerveiller et rendre grâce**, comme beaucoup de psaumes nous y invitent ? Nous sommes souvent ingrats envers le Seigneur et envers les autres, voyant le verre à moitié vide plutôt qu'à moitié plein, voire même un quart vide et non aux trois quarts plein. Certes, les médias nous poussent souvent dans ce sens : comme disait saint François de Sales, « *le bruit ne fait pas de bien, et le bien ne fait pas de bruit.* » Le père Matthieu Rougé, bientôt évêque de Nanterre, écrit que depuis qu'il est né, en 1966, il a toujours entendu que le monde était en crise[130]. Le mal fait tant de ravages dans notre monde que nous pourrions ne plus voir tout le bien qui se fait, souvent très discrètement. Aujourd'hui, le Christ nous invite à rendre grâce et à nous émerveiller devant son Royaume qui se développe sous nos yeux, comme les champs avant la moisson, mais souvent de façon voilée. « *On ne voit bien qu'avec le cœur. L'essentiel est invisible pour les yeux* » dit le petit Prince de Saint-Exupéry. L'émerveillement est la caractéristique propre des enfants, et c'est parce qu'elle a cultivé l'esprit d'enfance que sainte Thérèse en est un témoin extraordinaire[131]. Mais **ce qui est naturel à l'enfant n'est possible chez l'adulte que s'il cultive 3 vertus : le courage, la patience, et l'humilité.**

---

[130] L'Église n'a pas dit son dernier mot, R. Laffont.
[131] Au point d'écrire que « *tout est grâce* » !

**Premièrement, le Christ nous invite au courage.** Avant de célébrer dans la joie la moisson, beaucoup de travail est nécessaire. Lorsque j'étais enfant à Orléans, j'ai été souvent invité chez des amis fils d'agriculteurs, et j'ai pu constater que leurs pères étaient de grands travailleurs. L'agriculteur doit d'abord sarcler le terrain en ôtant les pierres et les mauvaises herbes, puis le labourer pour l'aérer et mélanger les résidus de culture, ensuite semer, mettre de l'engrais, arroser, protéger des animaux, et finalement moissonner.

Dans la parabole, la semence représente la Parole de Dieu, et la terre représente notre cœur. Tout comme nous travaillons pour récolter et gagner notre vie, nous devons le faire pour que Dieu règne en nos cœurs : « *travaillez à votre salut avec crainte et profond respect* » (Ph 2,12). Mais nous devons travailler aussi pour qu'Il règne dans le monde : « *L'ouvrier* » *mérite son salaire* (Lc 10,7) dit Jésus à propos de ceux qu'il envoie annoncer partout la Bonne nouvelle. Ce travail peut être difficile parfois, notamment parce que nous sommes envoyés « *comme des agneaux au milieu des loups* » (Lc 10,3), et c'est pourquoi le Christ a parlé de « *récompense* » et de « *mérite* ».

Le courage est nécessaire, mais pas suffisant. **Avant de parvenir à la moisson, il faut beaucoup de patience** : après avoir semé en automne, il faut attendre l'été. Pendant l'hiver, la semence est sous la terre, invisible. Les agriculteurs ont du temps pour se reposer, bricoler... Songeons à l'univers, aux milliards d'années entre le big bang et l'apparition de l'homme ! Songeons à nous-mêmes, à ce que nous étions au moment de notre conception !

La Parole de Dieu ne porte pas des fruits instantanément, cela peut rassurer tous les catéchistes qui *jettent la semence* : *« nuit et jour, qu'il dorme ou qu'il se lève, la semence germe et grandit »*. Le Christ sait qu'il y a *un temps pour tout*[132], et c'est progressivement qu'il nous guide avec l'Esprit *vers la Vérité tout entière*[133] : *« par de nombreuses paraboles semblables, Jésus leur annonçait la Parole, dans la mesure où ils étaient capables de l'entendre »*.

Sainte Monique a dû attendre que son fils Augustin atteigne l'âge de 32 ans pour que ses prières soient exaucées et qu'il se convertisse et demande le baptême ! Et sainte Thérèse a dû attendre plusieurs mois avant que son désir d'entrer au Carmel à l'âge de 15 ans soit accepté. Cette durée semble dérisoire par rapport aux années d'attente de Monique, mais le temps est relatif et parfois, une heure d'attente peut nous sembler une éternité.

L'attente ne doit pas être fébrile, mais confiante. Comme l'écrit saint Paul aux Corinthiens : *« Nous gardons toujours confiance, tout en sachant que nous demeurons loin du Seigneur, tant que nous demeurons dans ce corps ; en effet, nous cheminons dans la foi, non dans la claire vision »* (2° lect.).

---

[132] Si 3,1-15
[133] Jn 16,13

**Le courage et la patience sont nécessaires, mais pas encore suffisants : il faut y ajouter l'humilité.** En effet, rien n'est garanti d'avance et de nombreux aléas – comme les orages de ces dernières semaines - peuvent survenir et empêcher une bonne récolte. Nous ne serons définitivement assurés de notre salut et de celui des autres qu'au moment du jugement dernier, après notre mort. D'ici là, nous devons éviter l'orgueil comme la peste. Reprenons l'exemple de saint Paul, ce grand travailleur du Seigneur qui écrivait aux Corinthiens : « *ce que je suis, je le suis par la grâce de Dieu, et la grâce dont il m'a comblé n'a pas été stérile. Je me suis donné de la peine plus que tous les autres ; à vrai dire, ce n'est pas moi, c'est la grâce de Dieu avec moi.* » (1 Co 15,10)

C'est à l'aide de la 2$^e$ parabole que le Christ nous invite à l'humilité. Elle souligne la disproportion entre la petitesse des commencements et la beauté des accomplissements. *Le règne de Dieu « est comme une graine de moutarde : quand on la sème en terre, elle est la plus petite de toutes les semences. Mais quand on l'a semée, elle grandit et dépasse toutes les plantes potagères ; et elle étend de longues branches, si bien que les oiseaux du ciel peuvent faire leur nid à son ombre »*.

Songeons au peuple élu. Le Seigneur ne l'a pas choisi parce qu'il était le plus puissant, mais au contraire *« le moins nombreux d'entre tous les peuples »* (Dt 7,7) Pour le constituer, le Seigneur a choisi non un grand souverain, mais Abram, un homme âgé et sans enfant. Pour le guider et lui transmettre sa Loi, non un grand orateur mais Moïse, un homme bègue. Pour le sauver des philistins et de Goliath, non un grand guerrier, mais David, un jeune berger. Pour le diviniser, non un prince né dans un palais mais un petit enfant né dans une mangeoire. Pour communiquer son évangile, non un groupe de commandos courageux et cultivés, mais des apôtres sans grande instruction qui l'avaient presque tous abandonné au moment de sa Passion...

Ainsi, frères et sœurs, **cultivons en nous les graines du Royaume.** Peut-être connaissez-vous l'un de mes films préférés, Chariots de feu, qui raconte l'épopée de jeunes britanniques qui se préparent aux jeux olympiques qui auront lieu à Paris en 1924. L'un d'entre eux, Eric Liddell, remporte la médaille d'or du 400m. Son regard est alors émerveillé comme celui d'un enfant lorsqu'il regarde ses proches. Mais pour parvenir à cet état de béatitude, il a dû s'entraîner dur pendant des années, patienter beaucoup avant que le jour J arrive, et faire preuve d'humilité car il avait conscience que c'était Dieu qui lui donnait sa force et son énergie (il cite d'ailleurs souvent les Ecritures, et deviendra missionnaire en Chine). « *Tous les athlètes à l'entraînement s'imposent une discipline sévère ; ils le font pour recevoir une couronne de laurier qui va se faner, et nous, pour une couronne qui ne se fane pas.* » (1 Co 9,25) Alors **soyons courageux, patients et humbles, et nous pourrons un jour nous émerveiller et rendre grâce à celui qui a vaincu les forces du mal, et qui nous aura accueillera dans son Royaume.** AMEN.

## Je suis venu pour que vous ayez la vie, la vie en abondance

Frères et sœurs, **aimons-nous la vie ?** La vie est le don le plus précieux que le Seigneur nous a fait, mais ce don nous apparaît parfois comme un cadeau empoisonné, quand les épreuves de nos vies nous pèsent trop lourdement. Dans ces moments, nous pouvons être tentés de haïr la vie. Même les saints ont connu de tels moments de découragement au point de désirer la mort, comme Job, Moïse, Elie, Thérèse (tentée par le suicide au moment de sa maladie). Et les protagonistes de l'évangile d'aujourd'hui ont dû être tentés de la même manière, d'une part la femme qui *a beaucoup souffert du traitement de nombreux médecins, a dépensé tous ses biens sans avoir la moindre amélioration ; au contraire, son état a plutôt empiré…* d'autre part Jaïre[134], le chef de synagogue qui voit sa petite fille tomber malade et même mourir… Que faire dans de tels moments ? D'abord ne nous trompons pas de coupable : ce n'est pas Dieu qui est à l'origine de nos souffrances, *« la mort est entrée dans le monde par la jalousie du démon »* (1° lect.) Ensuite, souvenons-nous que **le Christ est venu sur la terre** *pour que nous ayons « la vie, la vie en abondance »* (Jn 10,10), la vie divine, la vie bienheureuse. Alors, comment recevoir la vie du Christ ? Eh bien, le meilleur moyen de la recevoir est de la donner. *« Qui donne reçoit »* disait saint François d'Assise. Le problème, c'est que le mal et la mort peuvent nous empêcher

---

[134] Son nom hébreu « Ya'ir » signifie « Dieu illumine » ou « Dieu éveille » : un nom prédestiné, comme le récit va le manifester.

de donner la vie. C'est ce que l'évangile nous montre aujourd'hui à travers 2 récits qui sont entrelacés, comme un couple qui va justement donner la vie. Les 2 personnages centraux sont très différents l'un de l'autre: en tant que fille du chef de synagogue, Jaïre, la jeune fille est au sommet de l'échelle sociale et religieuse. La femme, au contraire, est au bas de l'échelle : elle est pauvre à la fois matériellement mais aussi physiquement et religieusement. Par sa maladie qui lui fait perdre du sang, elle est continuellement en état d'impureté rituelle, et donc exclue de la communauté. Cependant, 3 réalités les rapprochent : le fait d'être femmes, le chiffre 12, et l'impossibilité de donner la vie. La première subit des pertes de sang depuis 12 ans et ne peut donc enfanter, la seconde est malade alors qu'elle a 12 ans, l'âge de la puberté à partir duquel on devient femme et on peut se marier chez les Juifs. Le Christ apparaît dans ce récit comme une sorte d'époux qui va les guérir et leur donner la capacité de donner la vie. Il va le faire grâce à la foi qui habite la première et le papa de la seconde. Cette foi a une double caractéristique : elle est forte, car elle demande beaucoup au Seigneur, mais elle est aussi humble, car elle n'exige rien de Lui. **Dans un premier temps, nous allons admirer cette foi chez la femme hémorroïsse et chez Jaïre. Puis, nous verrons qu'elle répond à une double caractéristique de Jésus lui-même, sa force et son humilité.**

Pour commencer, **centrons-nous sur les personnes que Jésus va guérir et sauver.** Leur foi est forte. La femme croit jusqu'à penser : « *Si je parviens à toucher seulement son vêtement, je serai sauvée.* » Quant à Jaïre, même si ce n'est pas écrit explicitement, on peut estimer qu'il croit que Jésus est capable de ressusciter les morts, puisqu'il ne s'effondre pas lorsqu'il apprend la mort de sa fille et que Jésus lui dit : « *Ne crains pas, crois seulement.* »

De plus, leur foi est humble. Tous les deux se jettent aux pieds de Jésus devant la foule, même Jaïre qui est pourtant un homme respecté puisqu'il est chef de synagogue. Quant à la femme, son geste pourrait ressembler d'abord à de la superstition, mais elle accepte ensuite d'entrer dans une relation personnelle avec Jésus et de lui dire « *toute la vérité* ». C'est alors qu'elle n'est plus seulement « *guérie de son mal* » mais « *sauvée* » : « *ma fille, ta foi t'a sauvée*[135]. »

**Jésus lui-même fait preuve de beaucoup de force et d'humilité.** Sa force se manifeste d'abord dans le fait qu'il guérit sans même le vouloir, car elle lui est « consubstantielle », comme quelqu'un qui a du charisme n'a pas besoin de se forcer pour en faire preuve. Elle se manifeste ensuite lorsqu'il ressuscite la fille de Jaïre : « *il saisit la main de l'enfant, et lui dit : 'Talitha koum'* ». Souvenons-nous des icônes de la résurrection où Jésus saisit la main d'Adam et d'Eve pour les sortir des enfers… Ici, le Fils de Dieu agit comme re-créateur et rédempteur. Le verbe employé,

---

[135] L'expression « *ma fille* » souligne la paternité du Fils de Dieu, qui est créateur avec son Père, et tisse un lien avec la guérison de la jeune fille.

« egeire », peut se traduire par « *lève-toi* », « *éveille-toi* », ou encore « *ressuscite* »[136].

Quant à son humilité, elle s'exprime d'abord lorsqu'on se moque de lui, après qu'il a dit en arrivant à la maison: « *Pourquoi cette agitation et ces pleurs ? L'enfant n'est pas morte : elle dort* ». Jésus ne se met pas en colère, il demeure en paix dans la vérité[137]. Par ailleurs, au lieu de chercher la gloire humaine, Jésus préfère ressusciter la fille de Jaïre caché de tous ou presque. Il ne prend avec lui que les parents de l'enfant, et Pierre, Jacques et Jean, ceux-là même qu'il prendra avec lui au moment de la Transfiguration afin de les préparer à son agonie à Gethsémani, quand le pouvoir de la mort et du démon semblera le plus fort.

---

[136] Après ce geste qui préfigure sa résurrection et le baptême, Jésus demande de faire manger la jeune fille : c'est ici l'eucharistie qui est signifiée, le sacrement qui nous donne la force de vivre pleinement notre condition de baptisés.

[137] Pour lui, la mort physique est une sorte de sommeil. La mort que nous devons craindre, c'est celle qui est spirituelle, la « *seconde mort* ». L'expression revient plusieurs fois dans l'Apocalypse de saint Jean : "*Celui qui a des oreilles, qu'il entende ce que l'Esprit dit aux Eglises : le vainqueur n'a rien à craindre de la seconde mort.*" *(2,11)* ; "*Heureux et saint celui qui participe à la première résurrection! La seconde mort n'a pas pouvoir sur eux (20,6)* ; "*Alors la Mort et l'Hadès furent jetés dans l'étang de feu --c'est la seconde mort cet étang de feu (20,14) "Telle sera la part du vainqueur; et je serai son Dieu, et lui sera mon fils. Mais les lâches, les renégats, les dépravés, les assassins, les impurs, les sorciers, les idolâtres, bref, tous les hommes de mensonge, leur lot se trouve dans l'étang brûlant de feu et de soufre : c'est la seconde mort." (21,7-8)*

Ainsi, **le Christ apparaît dans ce double récit comme le Maître de la vie, celui qui peut nous sauver de toutes les forces de la mort. Ce salut, il nous l'offre sans nous l'imposer : il demande notre foi. Une foi forte et humble.** Forte parce que tout est possible à Dieu. Humble parce qu'Il ne nous doit rien… Pendant 4 ans, mon but a été de conforter votre foi afin de vous aider à vivre le plus possible de la vie divine. En tant que prêtre, je peux exercer une paternité non pas biologique mais spirituelle. Et c'est ainsi que je reçois moi-même la vie divine. Si le sacerdoce est réservé aux hommes non mariés chez les catholiques, ce n'est pas pour des raisons sociologiques ou psychologiques, mais spirituelles, parce que l'Eglise – et chaque communauté avec elle - est considérée comme une mère. Vous voyez comment nous pouvons nous enfanter et nous donner la vie mutuellement. Et la Bible nous révèle bien que Dieu est à la fois un Père et une mère. Alors, remercions Celui qui veut nous enfanter à sa vie divine, et **prions les uns pour les autres afin que le Christ nous guérisse de nos morts spirituelles et que nous donnions toujours plus la vie, la vie biologique pour certains et la vie spirituelle pour tous, qui est celle de l'Amour. C'est ainsi que nous aimerons toujours plus la vie, la vie divine, la vie bienheureuse. AMEN.**

## Elle est vivante, la parole de Dieu

Frères et sœurs, **sommes-nous de bons prophètes ?** Par notre baptême, nous sommes devenus prêtres, prophètes et rois. Le prophète, étymologiquement, est celui qui porte aux hommes la Parole de Dieu. Cette Parole peut concerner parfois l'avenir, c'est ce que le langage courant a retenu, mais elle concerne aussi et surtout le présent. Dans la synagogue de Capharnaüm, Jésus accomplit sa mission de prophète en proclamant : cette parole que vous venez d'entendre (du prophète Isaïe), *« c'est aujourd'hui qu'elle s'accomplit »* (Lc 4,21) ! La mission du prophète est vitale pour les hommes puisqu'elle leur permet d'être éclairés sur la situation qu'ils vivent, soit pour les encourager lorsqu'ils sont dans la détresse, soit pour les appeler à la conversion lorsqu'ils sont dans la corruption. Parce qu'elle est vitale, cette mission est aussi difficile. **Le prophète doit en effet faire face à deux adversaires : d'une part les ennemis de l'extérieur, qui refusent le message du Seigneur ; d'autre part les ennemis de l'intérieur, que nous pouvons appeler avec saint Paul les *« échardes dans la chair »*. Observons de plus près ces deux adversaires, et voyons comment les vaincre.**

Pour commencer, **le prophète peut rencontrer des ennemis autour de lui**. La vérité dérange parfois car elle oblige à se remettre en question. C'est ce qu'ont éprouvé tous les prophètes de l'ancienne Alliance qui ont été persécutés, comme Jésus l'a rappelé dans le sermon sur la montagne[138]. Parmi eux, souvenons-nous de Jérémie, qui a été descendu dans une citerne ! Aujourd'hui, c'est son contemporain Ézékiel qui est mis en avant[139]. Dans le contexte troublé de l'exil à Babylone, Ezékiel doit assumer la double mission d'un prophète : appeler à la conversion, et susciter l'espérance (1° lect.). Ces deux objectifs sont difficiles, car le peuple n'est pas prêt à l'écouter. Le Seigneur lui dit qu'il l'envoie vers un *« peuple de rebelles »* qui s'est *« révolté »* contre Lui : *« Jusqu'à ce jour, eux et leurs pères se sont soulevés contre moi, et les fils ont le visage dur, et le cœur obstiné »*[140].

L'épreuve du refus est d'autant plus forte lorsque ceux à qui on s'adresse sont des proches. C'est ce qu'a connu Jésus à Nazareth, la ville où il avait grandi. Le jour du sabbat, chaque Juif adulte (c'est-à-dire ayant fait sa bar-mitsvah) avait le droit de lire l'Écriture et de la commenter. Ce qui étonne les nombreux auditeurs, c'est la sagesse qui émane de ses paroles, et la puissance qui ressort des *« grands miracles »* qu'il a accomplis dans la région avoisinante. *« D'où cela lui*

---

[138] *« Réjouissez-vous, soyez dans l'allégresse, car votre récompense sera grande dans les cieux ! C'est ainsi qu'on a persécuté les prophètes qui vous ont précédés. »* (Mt 5,12)
[139] Prêtre à Jérusalem sous le roi Joachim, il est emmené en captivité à Babylone en 597, avec la première vague de déportés. 10 ans plus tard, après la destruction de la ville sainte, une deuxième vague les rejoindra.
[140] Cette expression est la même utilisée dans le livre de l'Exode pour décrire le pharaon : *« son cœur s'endurcit et il ne les écouta pas. »* (Ex 7,13) C'est dire la difficulté de la mission.

*vient-il ? [...] N'est-il pas le charpentier, le fils de Marie, et le frère de Jacques, de José, de Jude et de Simon ? Ses sœurs ne sont-elles pas ici chez nous ? »* Et l'étonnement fait place non à l'admiration et à la joie, mais au mépris : « *ils étaient profondément choqués à cause de lui.* » Pourquoi ce rejet ? Parce qu'ils connaissent Jésus de façon trop humaine, et qu'ils refusent d'élargir leur vision pour accéder à la réalité. Jésus, lui aussi, s'étonne *« de leur manque de foi »*, qui l'empêche d'accomplir aucun miracle. Mais au lieu de passer de l'étonnement au mépris, il choisit de faire le bien, en guérissant quelques malades (ce ne sont pas des miracles, à cause de leur absence de foi).

Comment réagir à ces refus d'accueillir la Parole de Dieu ? Dans certains cas, il est bon de persévérer. Comme le dit le Seigneur à Ezékiel : « *qu'ils écoutent ou qu'ils s'y refusent, – car c'est une engeance de rebelles, – ils sauront qu'il y a un prophète au milieu d'eux.* » Et Paul écrira aussi à Timothée : « *proclame la Parole, interviens à temps et à contretemps, dénonce le mal.* » *(2 Tm 4,2)*[141] Dans d'autres cas cependant, il vaut mieux partir, comme Jésus le demande à ses disciples : « *si les gens refusent de vous accueillir, sortez de la ville en secouant la poussière de vos pieds : ce sera pour eux un témoignage.* » (Lc 9,5) Secouer la poussière de ses pieds signifie laisser aux habitants leurs idoles, qui ne sont que

---

[141] « *Proclame la Parole, interviens à temps et à contretemps, dénonce le mal, fais des reproches, encourage, mais avec une grande patience et avec le souci d'instruire.* » (2 Tm 4,2)

poussière, et c'est aussi un appel à la pénitence. L'histoire démontre que les résistances rencontrées par les chrétiens ont permis à la Parole de Dieu de se répandre. Devant le rejet des Nazaréens, Jésus part pour enseigner dans « *les villages d'alentour* ». Au moment de la grande persécution qui suivit la lapidation d'Etienne, les disciples « *se dispersèrent dans les campagnes de Judée et de Samarie, à l'exception des Apôtres. [...] Ceux qui s'étaient dispersés allèrent répandre partout la Bonne Nouvelle de la Parole* » (Ac 8,1.4) et c'est ainsi que furent bientôt évangélisées la Samarie puis la région d'Antioche de Syrie. Lors de la Terreur qui suivit la révolution française, puis à nouveau après la loi de séparation de l'Église et de l'État en 1905, beaucoup de congrégations religieuses durent s'exiler de France et c'est ainsi qu'elle s'implantèrent dans de nouvelles régions du monde.

**En plus des adversaires extérieurs, le prophète doit aussi faire face à des adversaires intérieurs, dans sa propre chair.** Dans sa lettre aux Corinthiens (2° lect.), Paul évoque une mystérieuse « *écharde* » dans sa chair, « *un envoyé de Satan qui est là pour me gifler, pour m'empêcher de me surestimer.* » Cette écharde a fait couler beaucoup d'encre, mais impossible de savoir ce qu'elle signifie[142]. Ce qui est sûr, c'est qu'elle gênait Paul dans sa mission.

---

[142] Quelle était cette écharde pour Paul ? « *Les exégètes et historiens ont tout imaginé : tentations continuelles, adversaires tenaces, maladies chroniques (telles que des problèmes d'yeux, la malaria, des migraines ou des crises d'épilepsie), un problème d'élocution (cf. Moïse qui était bègue et a dû demander à Dieu*

Que faire pour remédier à ce genre de situation ? Pour commencer, nous devons chercher à enlever l'écharde bien sûr. Et si nous n'y parvenons pas, nous devons prier le Seigneur pour qu'Il nous en délivre, comme l'a fait Paul « *par trois fois* ». Et si le Seigneur ne nous exauce pas ? L'apôtre nous invite à une double attitude : l'humilité d'abord car il reconnaît que l'envoyé de Satan qui le « *gifle* » l'empêche ainsi de se « *surestimer* ». L'abandon ensuite : après avoir entendu le Seigneur lui déclarer: « *Ma grâce te suffit : ma puissance donne toute sa mesure dans la faiblesse* », Paul réagit en *mettant sa fierté dans ses faiblesses* et en acceptant « *de grand cœur pour le Christ les faiblesses, les insultes, les contraintes, les persécutions et les situations angoissantes.* » Et il conclut : « *Car, lorsque je suis faible, c'est alors que je suis fort.* »[143] Nos faiblesses peuvent en effet devenir des

---

*d'être secondé par Aaron) etc. Le mot écharde employé en grec (σκόλοψ= skolops) par Paul est unique dans toute la Bible (c'est un hapax). Impossible donc de le comparer à d'autres usages bibliques pour deviner ce que cela pourrait bien être. En fait nous ne savons pas ce à quoi Paul fait allusion. Lui-même ne veut pas le dire explicitement aux corinthiens. Peut-être en a-t-il honte ? Peut-être cela est-il connu des communautés chrétiennes ?* » (http://lhomeliedudimanche.unblog.fr)

[143] « *Notre nature est ainsi faite : il faut que nous entrions, tôt ou tard, dans le monde de la faiblesse. Fragiles nous naissons ; fragiles nous mourons. Il serait vain de vouloir atténuer cette réalité éminemment humaine. Il existe une fragilité originelle dont on ne guérit pas. Jusqu'au bout, nous vivons avec elle. Du haut de mes 90 ans, j'en fais l'expérience quotidienne. Je peux témoigner qu'il arrive un âge où l'on se sent de plus en plus diminué. Mais je vais te faire une confidence : ce temps n'est pas plus triste qu'un autre, car c'est*

forces. C'est vrai sur les plans aussi bien physiques que psychologiques. Un aveugle peut développer son ouïe de façon étonnante. Un colérique peut devenir extrêmement doux, comme François de Sales qui lutta « *doucement* » mais fermement contre cette fâcheuse tendance et finit par la maîtriser si bien qu'il est surnommé « le saint de la douceur »[144].

---

*celui de la rencontre. Nous comprenons que nous avons besoin des autres. Nous découvrons la valeur et la beauté de leur présence. Le véritable miracle, à tout âge, c'est d'accepter ce que l'on est. La guérison, c'est d'être pleinement soi, aujourd'hui. Je prie pour que tu puisses reconnaître tous ces petits miracles du quotidien, qui donnent à nos fragilités leur poids de bonheur. »* Jean Vanier dans une tribune parue dans Panorama, en mai 2018.

[144] Quel a été le secret de sa victoire ? - Tout simplement sa volonté d'imiter Jésus, son Maître et Seigneur, "doux et humble de cœur".
« *Il est mieux de la repousser vitement que de vouloir marchander avec elle ; car pour peu qu'on lui donne de loisir, elle se rend maîtresse de la place et fait comme le serpent, qui tire aisément tout son corps où il peut mettre la tête. Mais comment la repousserai-je, me direz-vous ? Il faut, qu'au premier ressentiment que vous en aurez, vous ramassiez promptement vos forces, non point brusquement ni impétueusement, mais doucement et néanmoins sérieusement; [...] aussi il arrive maintes fois que voulant avec impétuosité réprimer notre colère, nous excitons plus de trouble en notre cœur qu'elle n'avait pas fait, et le cœur étant ainsi troublé ne peut plus être maître de soi-même.* »
Et si la colère m'emporte ?
« *[...] Il faut invoquer le secours de Dieu quand nous nous voyons agités de colère, à l'imitation des Apôtres tourmentés du vent et de l'orage sur les eaux; car il commandera à nos passions qu'elles cessent, et la tranquillité se fera grande. Mais toujours je vous avertis que la prière qui se fait contre la colère présente et pressante*

Ainsi, frères et sœurs, notre mission de prophète est difficile car nous rencontrons des adversaires en dehors et en nous-mêmes. Mais **le Seigneur nous appelle à ne pas les craindre et à persévérer dans notre mission, en laissant agir sa Parole en dehors et en nous-mêmes également.** Souvenons-nous de Jonas, qui ne voulait pas accomplir sa mission auprès des Ninivites : il ne lui a fallu qu'un seul jour pour que la Parole de Dieu transforme des cœurs qui semblaient totalement endurcis et rebelles. Souvenons-nous du pape Jean-Paul II, qui n'a pas eu peur d'affronter à la fois les ennemis extérieurs (on a voulu l'assassiner le 13 mai 1981) et intérieurs (la maladie de Parkinson, qui l'a affaibli de plus en plus), et en

---

*doit être pratiquée doucement, tranquillement, et non point violemment; ce qu'il faut observer en tous les remèdes qu'on use contre ce mal. Avec cela, dès que vous vous apercevrez avoir fait quelque acte de colère, réparez la faute par un acte de douceur, exercé promptement à l'endroit de la même personne contre laquelle vous vous serez irritée. »*
Avoir de la douceur en réserve et la pratiquer en toutes occasions…
*« Au surplus, lorsque vous êtes en tranquillité et sans aucun sujet de colère, faites grande provision de douceur et débonnaireté, disant toutes vos paroles et faisant toutes vos actions petites et grandes en la plus douce façon qu'il vous sera possible […] Aussi ne faut-il pas seulement avoir la parole douce à l'endroit du prochain, mais encore toute la poitrine, c'est-à-dire tout l'intérieur de notre âme. Et ne faut pas seulement avoir la suavité de la conversation civile avec les étrangers, mais aussi la douceur entre les domestiques et proches voisins : en quoi manquent grandement ceux qui en rue semblent des anges, et en la maison, des diables. »* (http://www.visitation-tarascon.com)

qui le Seigneur a déployé sa puissance jusqu'au bout. Souvenons-nous surtout qu'« *elle est vivante, la parole de Dieu, énergique et plus coupante qu'une épée à deux tranchants.* » (He 4,12) Notre rôle n'est pas de convaincre mais de transmettre cette parole, en laissant son Auteur agir dans les cœurs. **Cet été, soyons de bons prophètes, mettons-nous à l'écoute de la Parole de Dieu et témoignons-en autour de nous, afin qu'elle transforme le monde et d'abord nous-mêmes !**

# Venez à l'écart et reposez-vous un peu

Frères et sœurs, savons-nous nous reposer ? En cette période estivale, beaucoup d'entre nous ont l'occasion de prendre des vacances. Il s'agit là d'un temps très précieux pour pouvoir nous poser, dans le rythme souvent effréné de nos existences. Nous connaissons tous des proches ou des collègues qui ont subi un burn out, et peut-être l'avons-nous expérimenté nous-mêmes. Le danger est d'autant plus fort pour nous, chrétiens, que le Seigneur nous invite à aider et servir les autres. Une prière de saint Ignace, que les scouts aiment chanter souvent, met en lumière le risque qui nous guette[145]. Entre la paresse du riche qui ne fait rien pour aider le pauvre Lazare qui gît à son portail, et l'activisme de Marthe qui s'agite pour servir Jésus et les autres convives en perdant de vue l'essentiel, il y a une ligne de crête pas facile à suivre. Parfois, notre fatigue provient non d'un excès d'activités, mais d'un manque de motivation pour exercer les nôtres. Cependant, même si nous aimons ce que nous faisons, il arrive un moment où la fatigue nous saisit. Jésus lui-

---

[145] « *Apprenez-nous à être généreux, à vous servir comme vous le méritez, à donner sans compter, à travailler sans chercher le repos, à nous dépenser sans attendre d'autre récompense que celle de savoir que nous faisons votre sainte volonté* ».

même a connu ce sentiment (Jn 4,6[146]). Dans l'évangile de ce dimanche, ce sont surtout les apôtres qui sont concernés car ils reviennent de leur première mission. Ils ont chassé les démons, guéri les malades, annoncé la Bonne nouvelle... Jésus, qui est le bon berger, connaît bien ses brebis et il sait qu'elles ont besoin de se ressourcer. C'est d'autant plus nécessaire qu'ils ont connu du succès et que « ceux qui arrivaient et ceux qui partaient étaient nombreux, et l'on n'avait même pas le temps de manger. » C'est pourquoi il leur dit : « Venez à l'écart dans un endroit désert et reposez-vous un peu ». Comment permettre à ses disciples de se reposer ? Jésus va s'occuper de leur âme, de leur esprit, et de leur corps. Pour leur âme, il les invite à faire le bilan de leurs expériences. Pour leur esprit, il les enseigne. Pour leur corps, il les nourrit.

Pour commencer, Jésus veut soigneur leurs âmes. « Anima », en latin, suggère la question : qu'est-ce qui vous anime ? De temps en temps, il est bon de s'arrêter pour établir le bilan des actions passées, et y laisser surgir un sens. L'action du Seigneur est souvent cachée, on ne la découvre qu'après coup, comme une tapisserie dont on ne découvre la beauté qu'après l'avoir remise à l'endroit. Moïse n'a pas pu voir Dieu de face, comme il le Lui avait demandé, mais il l'a vu de dos.

---

[146] « *Là se trouvait le puits de Jacob. Jésus, fatigué par la route, s'était donc assis près de la source. C'était la sixième heure, environ midi.* » (Jn 4,6)

Marie aimait méditer sur les paroles de Dieu et sur les évènements (Lc 2,19) (dabar, en hébreu, signifie les 2 à la fois). Ici, les apôtres disent à Jésus « tout ce qu'ils avaient fait et enseigné ».

Le temps des vacances peut aussi être pour nous l'occasion de faire le bilan des années ou des mois passés. Nous avons parfois la tête dans le guidon, comme les coureurs du Tour de France, et nous perdons le sens et la motivation de nos actions. En faisant le point, nous prenons à la fois conscience de nos réussites, pour en tirer une légitime fierté, de nos erreurs, pour devenir plus humbles et acquérir la prudence qui nous aidera à les éviter à l'avenir, mais aussi de l'action de Dieu pour lui en rendre grâce[147].

Jésus soigne les âmes, mais aussi les esprits, dans lesquels résident nos intelligences. C'est pourquoi il enseigne. En voyant une grande foule venir à lui, au moment précis où il voulait se mettre à l'écart, il aurait pu perdre patience. Mais au contraire, « il fut saisi de compassion envers eux, parce

---

[147] Dans un conte brésilien, un homme revoit toute sa vie. Marchant sur une plage le long de la mer, il voit à la fois ses traces et celles de Jésus, qui a été son compagnon. Mais il s'aperçoit que les endroits où il n'y a plus qu'une seule trace de pas correspondent aux épreuves les plus difficiles qu'il a dû traverser. « Pourquoi, à ces moments-là, m'as-tu abandonné ? » demande-t-il à Jésus ? A ces moments-là, lui répond Jésus, je ne t'ai pas abandonné, mais je te portais dans mes bras...

qu'ils étaient comme des brebis sans berger. Alors, il se mit à les enseigner longuement » ou plus précisément « à leur enseigner beaucoup de choses ». L'homme a besoin de saisir le sens de son existence, mais plus largement de saisir la Vérité dans toutes ses composantes. En enseignant, nul doute que Jésus s'adresse non seulement à la foule mais aussi à ses apôtres qui ont besoin de se reposer. En écrivant l'encyclique « Veritatis Splendor », le pape Jean-Paul II avait souligné la beauté de la Vérité. En la contemplant, en l'admirant, on peut éprouver le repos de l'intelligence.

Et nous, prenons-nous le temps de nous laisser enseigner par le Christ ? Notre société est caractérisée par une surabondance de l'information. Mais s'informer et se former ne signifient pas la même réalité. S'il y a moins d'analphabètes aujourd'hui que par le passé, il y a un illettrisme de masse (20% des enfants qui entrent en 6ème) et même des élites, comme le scande Michel Onfray. Beaucoup ne prennent plus le temps de lire et de se former, et se contentent d'engranger des connaissances, sans hiérarchie et sans discernement. Le temps des vacances peut nous permettre de choisir de bonnes lectures ou de participer à des MOOC qui vont nous aider à nous rapprocher de Dieu non seulement avec nos sentiments, mais aussi avec nos intelligences. Ce progrès au niveau de la raison est important pour nous mais aussi pour ceux que nous côtoyons et qui ne connaissent pas ou mal notre foi. "Soyez toujours prêts à rendre compte de l'espérance qui est en vous" (1P 3,15) !

Le Seigneur veut nous donner le repos pour nos âmes, pour nos esprits, mais aussi pour nos corps. Après avoir écouté les apôtres lui parler et les avoir enseignés avec la foule, il donne à tous à manger (c'est la multiplication des pains, que nous entendrons dimanche prochain). Jésus est attentif à tout ce que nous sommes. N'oublions pas que notre religion est celle de l'incarnation, celle qui donne le plus de place au corps. Quel dommage que beaucoup, même parmi les chrétiens, ne le comprennent pas et confondent notre foi avec le jansénisme ou le dolorisme, qui l'ont défigurée ! « Ventre affamé n'a pas d'oreilles » dit le proverbe. N'oublions pas que notre corps est le temple de l'Esprit Saint (1Co 6,19) !

Prenons-nous soin de notre corps ? Notre société hédoniste, qui magnifie les corps, a tendance à les maltraiter. Certains n'ont pas assez à manger, mais beaucoup se nourrissent mal. La « malbouffe » est devenue un problème grave, qui a des conséquences sur la santé de millions de Français[148]. Et beaucoup passent trop de temps devant les écrans et pas assez à se promener ou faire du sport.

---

[148] Selon une étude récente de l'Agence nationale de sécurité sanitaire.

Ainsi, frères et sœurs, le Christ veut nous aider à goûter le repos dans nos âmes, nos esprits, et nos corps[149]. Profitons de cet été pour changer nos habitudes et prendre des forces pour la suite de nos parcours. Mettons-nous à l'écoute du bon berger, afin de devenir nous-mêmes de bons bergers pour ceux dont nous avons la charge : nos enfants, nos employés, nos collaborateurs, nos paroissiens... C'est ainsi que nous pourrons mieux rendre grâce au Seigneur, et que nous recevrons la vie, la vie en abondance qu'il est venu nous donner. AMEN.

---

[149] « *Que le Dieu de la paix lui-même vous sanctifie tout entiers, et qu'il garde parfaits et sans reproche votre esprit, votre âme et votre corps, pour la venue de notre Seigneur Jésus Christ* » (1Co 5,23)

# Il fut saisi de pitié envers ceux qui étaient comme des brebis sans berger

Frères et sœurs, **que pouvons-nous faire pour aider ceux qui sont désorientés ?** Désorientés par la maladie, par l'apparente absurdité de l'existence, par la faim qui les tenaille ? Nous pouvons ne pas agir, faire semblant de ne rien voir, comme le riche qui ne voyait pas Lazare couvert d'ulcères à sa porte. Mais nous pouvons aussi nous laisser émouvoir, comme Jésus qui se laisse « *saisir de pitié* » en voyant la foule de ceux qui étaient « *comme des brebis sans berger* » (Mc 6,34) Voyons comment il les a aidés, en tant que bon pasteur qui conduit les brebis vers les frais pâturages (Ps 22), à travers le récit de la multiplication des pains chez saint Jean. Nous nous nous mettrons à l'écoute aussi des autres évangélistes car tous ont relaté ce miracle (Matthieu et Marc en ont même fait 2 récits, l'un pour les Juifs, et l'autre pour les païens). Cela nous permettra de distinguer **3 étapes dans l'action de Jésus, qui correspondent à 3 étapes dans un processus éducatif pour faire grandir l'autre** (l'autorité étant étymologiquement destinée à cela[150]). Dans la première, il a agi seul. Dans la deuxième, il a agi avec les autres. Dans la troisième, il a laissé les autres agir sans lui.

---

[150] Auctoritas vient de augere, faire grandir.

**Pour commencer, Jésus a agi seul**, comme un père avec de petits enfants. La misère de l'homme peut être de 3 ordres : corporelle (désir de la santé) ; spirituelle (désir de la vérité) ; physique (désir d'aliments). Jésus a d'abord guéri les malades (Mt 14,14). Ensuite, il a enseigné longuement la foule (Mc 6,34). Enfin, il s'est soucié de nourrir leur corps. Rien de ce qui est humain n'est étranger au Seigneur. L'ordre est important : Jésus a commencé par guérir les malades, d'une part parce que la maladie peut empêcher celui qui en est atteint de recevoir pleinement la bonne nouvelle, et d'autre part parce qu'elle est un signe de l'action de Dieu pour les autres : « *Une grande foule le suivait, parce qu'elle avait vu les signes qu'il accomplissait sur les malades.* »

Lorsque l'homme se sent bien dans son corps, il est capable d'accueillir la bonne nouvelle. C'est là que se situe la différence entre l'Eglise et une ONG, comme le pape François l'avait souligné lors de la première messe de son pontificat. « *Pour construire l'Eglise, il est question de pierres, mais de pierres qui ont une consistance, de pierres vivantes, bénies par l'Esprit en vue de bâtir l'Eglise, l'Epouse du Christ, dont la pierre angulaire est le Seigneur en personne [...] Nous pouvons construire un tas de choses, mais si nous ne confessons pas Jésus Christ, rien ne va. Nous deviendrions une ONG philanthropique mais non l'Eglise, l'Epouse du Seigneur.* »

Mais le corps doit vite reprendre ses droits. S'il réclame d'abord la santé, il demande aussi la nourriture qui lui donnera de la force. Avant même que la foule en ait exprimé le désir, *Jésus* « *lève les yeux* » et dit à Philippe *:* « *Où* *pourrions-nous acheter du pain pour qu'ils aient à manger ? »* Jean souligne que Jésus dit cela *« pour le mettre à l'épreuve »* : c'est le même verbe (peirazōn = éprouver, tenter) utilisé lorsque lui-même avait été mis à l'épreuve au désert par Satan. La tentation ici, c'est d'entrer dans une logique marchande et non dans la logique de la grâce et du don[151]. Le plus rationnel aurait été d'écouter le conseil des

---

[151] Cf : http://lhomeliedudimanche.unblog.fr/:
Cette opposition radicale entre l'achat et le don se retrouve dans d'autres passages sous la plume de Jean :
- avant la rencontre avec la Samaritaine, les disciples sont partis *acheter* en ville de quoi manger. À cause de ces achats, ils vont manquer la révélation de la gratuité absolue de la vie divine : « *Donne* -moi à boire... Si tu savais le *don* de Dieu... »
- dans l'épisode des marchands chassés du Temple, les synoptiques parlent du Temple comme d'une « caserne de voleurs » alors que Jean stigmatise une « maison de commerce ». Or le vol n'est pas le commerce. Jean disqualifie donc ici radicalement toute tentative de faire du commerce avec Dieu, d'acheter ses grâces ou d'en faire trafic.
- dans le discours sur le bon Pasteur, la figure du *mercenaire*, salarié pour de l'argent, est opposée à celle du *berger* qui donne sa vie pour ses brebis.
- on a vu qu'au cœur de la Cène, chez Jean uniquement, Judas sort pour *acheter* de quoi faire la fête (comme si la fête s'achetait !) alors que Jésus va se donner gratuitement, jusqu'au bout.
- cette opposition entre Judas qui achète et la grâce qui gaspille se prolonge dans l'onction à Béthanie comme on l'a vu. Offrir gratuitement un parfum de prix pour aimer Jésus vaut mieux que calculer une aide sociale pour les pauvres (toujours intéressée, car elle fait du pauvre un obligé...).
Quoi qu'on en dise la mode politique actuelle, nul ne peut « en même temps » acheter et recevoir, commercer et accueillir. « Vous ne pouvez servir Dieu et l'argent » (Mt 6,24), prévient Jésus.

disciples : « *L'endroit est désert et l'heure est déjà avancée. Renvoie donc la foule : qu'ils aillent dans les villages s'acheter de la nourriture !* » (Mt 14,15) Mais d'abord, Jésus sait que certains pourraient peut-être « *défaillir en chemin* », comme il l'exprime lors de la seconde multiplication des pains relatée par Matthieu (15,32). De plus, le repas partagé est un des signes les plus éloquents du Royaume, comme le signifient nos eucharisties, qui anticipent le banquet des noces de l'agneau.

**Après avoir agi seul, Jésus fait appel aux autres pour les responsabiliser et leur donner de participer à son œuvre.** Il implique d'abord les disciples, à qui il demande d'abord de faire asseoir les gens, puis de leur distribuer la nourriture (Mt 14,19 & 15,36) et enfin de rassembler « *les morceaux en surplus, pour que rien ne se perde* » (cette surabondance est un des signes de la Providence divine, et permettra de nourrir ensuite ceux qui n'étaient pas présents, comme les chrétiens sont chargés de le faire après chaque eucharistie[152]). Jésus

---

[152] Cf : http://lhomeliedudimanche.unblog.fr/ :
Un autre indice de la vision eucharistique du récit est l'emploi du mot *fragments* : « *ramassez les fragments en surabondance* ». Cela fait évidemment penser à la fraction du pain grâce à laquelle les disciples d'Emmaüs reconnaissent le Ressuscité (Lc 24,34). L'expression « fraction du pain » a longtemps été équivalente au terme « eucharistie », ou au « repas du Seigneur ».
Les fragments en surabondance remplissent 12 paniers : c'est donc que l'eucharistie nourrit largement au-delà du peuple de la Loi

implique également un jeune garçon, qui accepte de donner le peu qu'il possède, « *cinq pains d'orge et deux poissons* ». Il montre ainsi que le peu que nous pouvons donner peut suffire pour changer le monde et faire advenir le Royaume. Enfin, Jésus responsabilise également la foule, à qui il demande de s'étendre « *par groupes sur l'herbe verte... par rangées de cent et de cinquante* » (Mc 6,39-40)[153]. Il ne s'agit plus alors d'une foule informe, mais de « *convives* » prêts à partager un repas. *L'herbe verte* est une allusion au bon berger qui conduit ses brebis vers les frais pâturages (Ps 22).

Tous les saints qui ont voulu aider les miséreux ont appris à organiser la charité. L'abbé Pierre, en fondant Emmaüs, a

---

juive. Rassembler (synagagete, d'où vient le mot synagogue) les fragments surabondants pour nourrir les absents annonce déjà la mission de l'Église, prenant le relais de la synagogue, pour « *rassembler dans l'unité des enfants de Dieu dispersés* » (Jn 11,52). C'est une mission de plénitude, comme l'indique le verbe remplir (*egemisan*) utilisé ici comme pour les jarres de Cana (Jn 2,7).

Cette visée de plénitude assignée à l'eucharistie est renforcée par l'expression du verset 12 : « *afin que rien ne se perde* », qui rappelle étrangement le désir du Père exprimé par Jésus : « *c'est la volonté de celui qui m'a envoyé que je ne perde rien de tout ce qu'il m'a donné ...* » (Jn 6,39). L'eucharistie vise à ce que personne ne se perde...

[153] Cf Ex 18,21 : « *Toi, tu distingueras, dans tout le peuple, des hommes de valeur, craignant Dieu, dignes de confiance, incorruptibles, et tu les institueras officiers de millier, officiers de centaine, officiers de cinquantaine et officiers de dizaine* ».

voulu que les pauvres aident les pauvres, et leur a imposé des règles strictes.

**Après avoir travaillé avec les autres, Jésus finit par les laisser se débrouiller sans lui.** Alors que la foule, qui a reconnu en lui *« le Prophète annoncé, celui qui vient dans le monde »* veut *« l'enlever pour faire de lui leur roi... il se retira dans la montagne, lui seul »*. Jésus sait qu'ils n'ont pas compris sa véritable identité, et qu'ils cherchent à mettre la main sur lui afin de combler leurs désirs terrestres : *« Amen, amen, je vous le dis : vous me cherchez, non parce que vous avez vu des signes, mais parce que vous avez mangé de ces pains et que vous avez été rassasiés »* leur dira-t-il dans la synagogue de Capharnaüm un peu plus tard. Et il ajoutera, pour les inciter à devenir pleinement libres et responsables: *« Travaillez non pas pour la nourriture qui se perd, mais pour la nourriture qui demeure jusque dans la vie éternelle, celle que vous donnera le Fils de l'homme »* (Jn 6,26-27). Au désert déjà, il avait rejeté la tentation de Satan qui l'incitait à régner sur tous les royaumes du monde (Mt 4,8-9). Ce n'est qu'après avoir souffert, être mort et ressuscité que Jésus pourra régner : *« Tout pouvoir m'a été donné au ciel et sur la terre. »* (Mt 28,30)

Tous les grands hommes ont su à la fois être à l'écoute de leurs peuples, mais aussi refuser de céder à leurs demandes lorsqu'elles ne leur semblaient pas justes. Songeons à De Gaulle, qui ne céda pas aux exigences de certains. Songeons à

Mitterrand, qui supprima la peine de mort bien que les Français y étaient majoritairement attachés.

Ainsi, frères et sœurs, **le Christ n'est pas indifférent à notre misère, il veut nous en soulager mais aussi nous donner de soulager nous-mêmes ceux qui souffrent autour de nous.** Autrement dit, il veut nous faire parvenir à l'âge adulte. Un proverbe chinois, attribué à Lao Tseu, dit : « *Si tu donnes un poisson à un homme, il mangera un jour. Si tu lui apprends à pêcher, il mangera toujours.* » On pourrait ajouter. « Si tu le laisses se débrouiller seul ensuite, il pourra devenir meilleur et enseigner à son tour à d'autres à pêcher ». C'est ce que le Seigneur a fait avec la Création : s'Il s'est reposé le 7$^{ème}$ jour, c'était pour permettre à l'homme de continuer son œuvre. Parfois, le Seigneur nous traite comme des petits enfants et nous porte comme « *sur les ailes d'un aigle* » (Ex 19,4)[154].

---

[154] Is 40,28-31 : « L'aigle n'a qu'à ouvrir les ailes pour prendre son envol, puis dépend entièrement des courants aériens pour demeurer en vol. Contrairement à l'aigle, nous battons souvent des ailes pour être de meilleurs chrétiens. Nous prenons les résolutions de lire davantage la Parole ou d'améliorer notre caractère, d'abandonner de vieilles habitudes et d'échapper aux tentations. Toutefois, nous demeurons dans les vallées au lieu de voler vers les montagnes, parce que nous ignorons ce qu'est la maturité chrétienne. En effet, une personne pieuse ne tente pas sans cesse de faire mieux. Je suis croyant depuis assez longtemps pour savoir que je suis incapable de vivre la vie chrétienne. Ma chair n'est pas meilleure aujourd'hui que le jour de ma conversion. Être mûr sur le plan spirituel signifie reconnaître notre incapacité à nous transformer nous-mêmes. La chair est corrompue et il est

Parfois aussi, il nous demande de collaborer à son œuvre, nous peinons à la réaliser mais nous ressentons sa présence. Parfois enfin, nous nous sentons seuls, il nous semble que le Seigneur nous a abandonnés, comme les apôtres qui ont traversé le lac juste après la multiplication des pains, et qui ont été pris dans une grande tempête. Sachons accueillir les premiers moments avec humilité, les seconds avec courage, les troisièmes avec foi, toujours dans l'action de grâce envers Celui veut nous guider vers la plénitude de la vie et dans la charité pour y conduire nous-mêmes nos frères désorientés. AMEN.

---

humainement impossible de la supprimer. Cependant, notre Père céleste domine nos impulsions humaines par son Saint-Esprit. Par exemple, l'Esprit de Dieu qui nous habite calme notre colère et, par sa force, atténue l'attrait des tentations. Alors que les autres se fatiguent à être bons, le croyant mûr s'appuie sur Dieu, puis il prend son envol comme l'aigle (v. 31). Ésaïe nous rappelle que même le jeune homme trébuche et se fatigue. Tous ceux qui tentent de se transformer en chrétien modèle s'épuisent à force de battre des ailes. Dieu n'a pas créé le corps, l'esprit et le cerveau humains pour que nous volions en solo. Il désire plutôt que nous prenions notre envol par sa force » (http://www.encontact.org/lumiere-du-matin/sur-les-ailes-d-un-aigle)

# Je suis le pain de la vie

Frères et sœurs, **de quoi avons-nous faim ?** La faim est un moteur essentiel de notre condition humaine. Lorsqu'elle disparaît, c'est qu'on est mort ou malade. L'homme a faim parce qu'il est en perpétuel devenir. De quoi a-t-il faim ? D'abord de pain matériel, pour nourrir son corps. Ensuite de pain spirituel, pour nourrir son intelligence. Enfin de pain affectif, pour nourrir son cœur. Dans ces 3 domaines, il existe de la « junk food », comme disent les Américains, c'est-à-dire de la nourriture qui nourrit mal. Certains nourrissent leur corps de « fast food », leur intelligence de romans de gare, et leur cœur d'amours de passage. **Le Christ nous dit : «** *je suis le pain de la vie* **». Voyons comment il veut nourrir notre corps, notre intelligence, et notre cœur.**

**Premièrement, le Christ veut nourrir notre corps.** Dimanche dernier, nous l'avons vu multiplier les pains et les poissons pour la foule. Aujourd'hui, c'est le peuple au désert qui a reçu la manne et des cailles. Le Fils de Dieu n'est pas insensible à nos besoins corporels. Lui-même est le *Verbe fait chair* (cf Jn 1,14), qui a éprouvé la faim, la soif, la fatigue…, et qui a guéri beaucoup de malades. Il nous a prévenus comment il nous jugerait au soir de notre vie : « *j'avais faim, et vous m'avez donné à manger ; j'avais soif, et vous m'avez donné à boire ; j'étais un étranger, et vous m'avez accueilli ; j'étais nu, et vous m'avez habillé ; j'étais malade, et vous m'avez visité ; j'étais en prison, et vous êtes venus jusqu'à moi* » (Mt 25,35-36) Le christianisme, quoi qu'en disent ses détracteurs, qui ont pu être trompés par des déviations comme le jansénisme, est la religion de l'incarnation. N'oublions pas que nous ressusciterons dans notre corps ! Même s'il sera transformé et glorifié, nous devons le soigner ici-bas, car il est *«le temple de l'Esprit Saint, qui est en nous et que nous avons reçu de Dieu »*, à tel point que *« nous ne nous appartenons plus à nous-mêmes »* (cf *1 Co 6,19*). Même s'il peut cacher une tendance à idolâtrer le corps, l'engouement actuel pour la nourriture bio et pour le sport peut nous aider à *« glorifier Dieu dans notre corps »*, comme saint Paul nous y invite (1 Co 6,20). Sainte Hildegarde de Bingen, au XIII° s., nous a légué des recueils de sagesse pour bien nourrir nos corps.

**Deuxièmement, le Christ veut nourrir nos intelligences.** Le don de la manne, dans le désert, n'était pas seulement destiné à nourrir les corps des Israélites, mais aussi à leur faire découvrir, après l'expérience de la pauvreté et de la faim, que *« l'homme ne vit pas seulement de pain, mais de tout ce qui vient de la bouche du Seigneur. »* (Dt 8,3) L'homme est en quête de sens, il ne peut se contenter de nourrir ses besoins physiologiques. C'est bien pourtant une tentation à laquelle il est confronté. Dans le désert, les fils d'Israël récriminèrent ainsi contre Moïse et Aaron : *« Ah ! Il aurait mieux valu mourir de la main du Seigneur, au pays d'Égypte, quand nous étions assis près des marmites de viande, quand nous mangions du pain à satiété ! »* (1° lect.) De même, Jésus dit à la foule qui l'a retrouvé après la multiplication des pains:

« *Amen, amen, je vous le dis : vous me cherchez, non parce que vous avez vu des signes, mais parce que vous avez mangé du pain et que vous avez été rassasiés.* » (év.) La preuve, c'est qu'ils ne l'avaient même pas vu partir, trop occupés qu'ils étaient à manger : « *Rabbi, quand es-tu arrivé ici ?* » Pourtant, avant de nourrir leurs corps, Jésus les avait enseignés « *longuement* » (Mc 6,34). Mais l'homme doit mener sans cesse le combat de la chair contre l'esprit, car la première tend sans cesse à étouffer le second (cf Rm 7,19).

**Comment remporter ce combat ? En passant à un troisième niveau, plus profond encore, celui du cœur, qui est celui de l'amour.** Ce n'est que si nous sommes unis au Christ lui-même que nous pouvons « crucifier » la chair et ses passions et laisser le Saint Esprit guider notre esprit. C'est pourquoi Jésus évoque maintenant une $3^{ème}$ nourriture, qui n'est ni le pain matériel, ni la parole de Dieu au sens premier du terme : « *Ne travaillez pas pour la nourriture qui se perd, mais pour la nourriture qui se garde jusque dans la vie éternelle, celle que vous donnera le Fils de l'homme, lui que Dieu, le Père, a marqué de son empreinte.* » La réponse de ses interlocuteurs trahit leur incompréhension : « *Que faut-il faire pour travailler aux œuvres de Dieu ?* » Certes, ils ont compris que Jésus évoquait une nourriture spirituelle, et la réponse ultérieure semble indiquer qu'ils pensent à la sagesse. Mais ils raisonnent en termes de mérites et de « donnant-

donnant »[155]. C'est une tentation plus pernicieuse encore que celle de s'accrocher aux nourritures matérielles. Elle revient à se placer sur le même plan que Dieu, ou au moins à essayer d'« acheter » ses bonnes grâces. Les sacrifices (animaux ou même humains) étaient une façon parfois dévoyée d'amadouer Dieu ou les dieux. Jésus les invite à une conversion : « *L'œuvre de Dieu, c'est que vous croyiez en celui qu'il a envoyé.* » Il s'agit de passer du faire à l'être, en adoptant un nouveau regard, celui de la Foi qui voit en Jésus l'envoyé de Dieu. C'est ce que Thérèse a compris lorsqu'elle a réalisé qu'elle ne pourrait pas devenir une grande sainte par ses propres forces, et qu'elle a décidé de laisser Jésus la soulever dans ses bras comme dans un ascenseur. Ses interlocuteurs le comprennent aussi, mais ils exigent un signe avant d'accepter cette conversion : « *Quel signe vas-tu accomplir pour que nous puissions le voir, et te croire ? Quelle œuvre vas-tu faire ?* » Ils placent Jésus sur un plan inférieur à Moïse, qui leur avait donné la manne, « *le pain venu du ciel* », alors que Jésus n'a donné que du pain d'orge, celui de tous les jours. Mais Jésus leur rappelle que ce n'est pas Moïse qui avait donné la manne, mais Dieu lui-même, qu'il appelle son Père : « *c'est mon Père qui vous donne le vrai pain venu du ciel.* » Ses interlocuteurs semblent prêts à la conversion, à tel point qu'ils appellent Jésus « *Seigneur* » (alors qu'ils l'avaient appelé « *rabbi* » au début du dialogue): « *Ils lui dirent alors : "Seigneur, donne-nous de ce pain-là, toujours."* » ! C'est alors

---

[155] Ils ressemblent en cela à Philippe, qui avait dit à Jésus: « *Le salaire de deux cents journées ne suffirait pas pour que chacun reçoive un peu de pain.* » (év. dim. dernier)

que Jésus donne l'estocade : « *Moi, je suis le pain de la vie. Celui qui vient à moi n'aura plus jamais faim ; celui qui croit en moi n'aura plus jamais soif.* » Il ne nous donne pas seulement du pain et des paroles de vérité, il se donne lui-même. Il est donc supérieur non seulement à Moïse, qui symbolise la Loi, mais aussi à la Sagesse, qui disait dans l'Ancien Testament : « *Ceux qui me mangent auront encore faim, ceux qui me boivent auront encore soif.* » (Si 24,21) Jésus préfigure ici l'Eucharistie. A chaque fois que nous participons à la messe, nous sommes d'abord nourris de la Parole de Dieu (c'est la première table), avant d'être nourris du Christ lui-même, qui se donne à nous dans la communion, réellement ou par le désir.

Ainsi, frères et sœurs, le Christ est le pain de vie, qui peut combler notre faim physique, intellectuelle et affective. **Aujourd'hui, beaucoup d'êtres humains meurent de faim car ils manquent d'aliments, de connaissances, d'amour. Beaucoup aussi ont de quoi manger mais se nourrissent mal.** Les « fast food » ne peuvent combler nos corps, les flots d'infos des media ne peuvent combler nos intelligences, les spiritualités en tous genres ne peuvent combler nos cœurs. **Profitons de toutes les richesses de la création pour bien nourrir nos corps. Profitons de toutes les richesses de la culture pour bien nourrir nos intelligences. Profitons de toutes les richesses de la Foi pour bien nourrir nos cœurs. Et pour tout cela, rendons grâce au Christ, le pain de vie. AMEN.**

## Goûtez et voyez : le Seigneur est bon !

*« Goûtez et voyez : le Seigneur est bon ! Heureux qui trouve en lui son refuge ! »* Frères et sœurs, **comment goûter la bonté de Dieu**, comme le psaume de ce dimanche nous y invite ? Tous les hommes, parce qu'ils sont créés à son image, le cherchent : *« Tu nous as fait pour Toi, Seigneur, et notre cœur est sans repos tant qu'il ne demeure en toi »* (S. Augustin). Le problème, c'est que nous cherchons souvent le Seigneur là où Il ne se trouve pas. Ou plutôt, puisqu'Il est présent partout, nous nous mettons nous-mêmes dans des dispositions qui ne nous permettent pas de goûter pleinement sa présence. Dans les stades de foot, ou dans les salles de concert, les spectateurs sont en quête d'une forme d'extase et de communion. Ils expérimentent sans doute quelque chose de divin, mais il s'agit d'un pâle reflet ou d'une saveur médiocre par rapport à ce qu'ils pourraient goûter. C'est l'expérience que prophète Elie a faite : alors que les hommes de son époque croyaient que Dieu se manifestait avant tout dans les évènements grandioses, il a pris conscience que le Seigneur n'était ni dans l'ouragan, ni dans le tremblement de terre, ni dans le feu, mais dans *« le murmure d'une brise légère »* (1R19,12). Alors, **comment faire nous-mêmes cette expérience ?** Premièrement, en laissant le Seigneur nous guérir de nos déprimes. Deuxièmement, en évitant de murmurer. Troisièmement, en accueillant le Christ dans les réalités les plus humbles, et en particulier l'eucharistie.

Pour commencer, **le Seigneur veut nous guérir de nos déprimes**, comme Il a guéri Elie(1° lect.). Dans son cas, on pourrait même évoquer une dépression, tant il est abattu. Il est poursuivi par la reine Jézabel, et accablé par la chaleur du désert, dont seul un buisson va le protéger. Quelque temps plus tôt, pourtant, il était sur la montagne, celle du Carmel, et le Seigneur s'était manifesté à lui et à tout le peuple en agréant son sacrifice plutôt que celui des 450 prophètes de Baal. Mais emporté par son zèle, il avait alors ordonné de les massacrer tous, sans que le Seigneur le lui ait demandé. Résultat : la reine Jézabel qui les protégeait lui en veut à mort, et il est obligé de fuir. Après avoir marché *toute une journée dans le désert*, il atteint ses limites physiques et psychologiques : *« il demanda la mort en disant : "Maintenant, Seigneur, c'en est trop ! Reprends ma vie : je ne vaux pas mieux que mes pères." »* Il se croyait invincible, protégé par Dieu et meilleur que les autres, et il se sent maintenant abandonné, livré à ses propres forces.

Comment a-t-il retrouvé ses forces ? D'abord en dormant et en mangeant, ce qui nous rappelle la place que nous devons donner à nos corps, *« temples de l'Esprit Saint »*, comme nous l'avons rappelé dimanche dernier. Cependant la nourriture qu'Elie a prise, *« un pain cuit sur la braise et une cruche d'eau »*, préfigure aussi l'eucharistie, que nous évoquerons bientôt. Elle lui a été donnée par *« un ange »*, c'est-à-dire un envoyé de Dieu. Cela signifie que pour sortir de nos déprimes ou dépressions, nous avons besoin des autres, et le Seigneur nous envoie parfois des « anges » pour nous réconforter : une parole tirée de notre lecture de la Bible, ou exprimée par le prêtre lors de la messe, ou par un membre de notre famille pendant un repas, ou par un collègue près de la machine à café...

**Ce qui peut nous empêcher de rencontrer le Seigneur, c'est non seulement la déprime, qui nous centre sur nous-mêmes et nous rend aveugles et sourds, mais aussi les « *murmures* ».** Nous les Français, nous sommes des râleurs : à part lorsque nous gagnons la coupe du monde, et encore, nous avons tendance à considérer le verre à moitié vide et à nous plaindre. Mais nous ne sommes pas les seuls : les murmures parcourent toute la Bible, depuis la traversée du désert (souvenons-nous des « *récriminations* » de dimanche dernier, lorsque les Israélites regrettaient les marmites de viande de l'Égypte), jusqu'aux évangiles. Dans le discours du pain de vie, il nous est d'abord dit que « *les Juifs récriminaient contre lui* », et ensuite que ses propres disciples « *murmuraient* », si bien que Jésus a dû leur demander : « *Cela vous scandalise ?* » (Jn 6,61)

Comment lutter contre ces murmures qui jaillissent parfois de nos cœurs ? En cultivant la louange. Le chrétien est un être eucharistique, c'est-à-dire que nous devons sans cesse rendre grâce, et pas seulement à la messe. « *Tout est grâce* » disait la petite Thérèse. « *Je t'offrirai le sacrifice de louange* », comme plusieurs psaumes nous y invitent, signifie que notre sacrifice est d'autant plus précieux pour le Seigneur que la louange est plus difficile[156].

**Pour rencontrer le Seigneur, il ne suffit pas d'enlever les obstacles que sont la déprime et les murmures, il faut surtout l'accueillir dans la Foi,** puisque c'est Lui qui vient à nous. Seule une Foi humble permet de le reconnaître dans le murmure d'une brise légère (le mot murmure est ici positif) ou dans un morceau de pain consacré. Cette Foi est d'abord un don du Seigneur Lui-même : « *Personne ne peut venir à moi, si le Père qui m'a envoyé ne l'attire vers moi.* » En même temps cependant, elle demande une participation de l'homme : « *Il est écrit dans les prophètes : Ils seront tous instruits par Dieu lui-même. Tout homme qui écoute les enseignements du Père vient à moi .* » Le Seigneur veut

---

[156] « *Offre à Dieu la louange comme sacrifice et accomplis tes vœux envers le Très-Haut.* » (Ps 50,14)

« *Qui offre la louange comme sacrifice me glorifie, et il prend le chemin où je lui ferai voir le salut de Dieu.* » (Ps 50,23)

« *Dieu, je suis tenu par mes vœux ; j'accomplis pour toi les sacrifices de louange.* » (Ps 56,13)

« *Qu'ils offrent des sacrifices de louange et proclament ses œuvres en criant leur joie.* » (Ps 107,22)

« *Tu as dénoué mes liens. Je t'offrirai un sacrifice de louange.* » (Ps 116,17)

instruire tous les hommes, mais certains refusent de l'écouter, et nous aussi parfois. La rencontre entre Dieu et l'homme ne peut s'opérer que par la rencontre de la grâce et de la liberté. Ne soyons pas surpris que si peu de personnes participent à la messe du dimanche. Jésus lui-même, qui était le plus grand prédicateur que la terre a porté, a connu le rejet, comme nous l'entendrons à la fin du discours sur le pain de vie : « *Beaucoup de ses disciples s'écrièrent : "Ce qu'il dit là est intolérable, on ne peut pas continuer à l'écouter !"* » (Jn 6,60)

Pour conclure, frères et sœurs, sachons **goûter et voir comme Dieu est bon en toutes circonstances**. Certes, l'eucharistie est un lieu privilégié pour cela, mais le Seigneur se donne à nous de bien d'autres manières. Pour le reconnaître dans le murmure de la brise légère, il faut un cœur attentif. Chassons de nos vies les déprimes et les murmures négatifs, et remplaçons-les par des sacrifices de louange. Ce ne sera possible que si nos cœurs sont remplis par l'amour de Dieu. Laissons donc résonner en nous les paroles de l'apôtre Paul (2° lect.): « *Faites disparaître de votre vie tout ce qui est amertume, emportement, colère, éclats de voix ou insultes, ainsi que toute espèce de méchanceté... Cherchez à imiter Dieu, puisque vous êtes ses enfants bien-aimés. Vivez dans l'amour comme le Christ nous a aimés et s'est livré pour nous en offrant à Dieu le sacrifice qui pouvait lui plaire.* » AMEN.

# Ne vivez pas comme des fous, mais comme des sages

« *Prenez garde à votre conduite : ne vivez pas comme des fous, mais comme des sages. Tirez parti du temps présent, car nous traversons des jours mauvais.* » (2° lect.). Frères et sœurs, **voulons-nous être des sages ?** Voulons-nous tirer parti du temps présent malgré les « *jours mauvais* » que nous traversons ? En rejetant Dieu et en idolâtrant les biens de ce monde, notre société nous pousse plus à être des « *insensés* » que des sages. Le mot lui-même a été dévalorisé : on parle d'un enfant « *sage comme une image* ». Dans la Bible au contraire, la Sagesse est un bien infiniment précieux, qui nous fait penser et vivre comme Dieu lui-même. Elle est synonyme d'opulence et de bien-être : « *La Sagesse a bâti sa maison, elle a taillé sept colonnes. Elle a tué ses bêtes, et préparé son vin, puis a dressé la table.* » (1° lect.) Le sage est celui qui possède un savoir-faire, comme les artisans appelés à bâtir le Temple, ou un savoir-discerner, comme le roi Salomon qui l'avait demandé au Seigneur au moment de son avènement. Elle n'est pas réservée aux membres du peuple élu : Jéthro, le beau-père de Moïse, en fait preuve lorsqu'il lui conseille de choisir des hommes pour le seconder dans sa tâche de gouvernement. En latin, « sapientia » a la même racine que « sapere », qui signifie « savoir » mais aussi « goûter » (d'où le mot « saveur »). **Comment acquérir la Sagesse ? En la recevant de ceux qui la possèdent** : «*la Sagesse est avec ceux* qui se laissent conseiller» (Pr 13,10)[157] **Mais nul n'est parfaitement sage, si ce n'est Dieu lui-même.** C'est pourquoi la Bible répète à l'envi que *« la Sagesse commence avec la crainte du Seigneur »*[158]. Puisqu'elle est divine, la Sagesse ne peut être donnée que par Dieu (d'où le fait que la crainte de Dieu et la Sagesse sont respectivement le 1$^{er}$ et le 7° dons de l'Esprit Saint) et nous configure à Lui. C'est pourquoi certains Pères de l'Eglise ont vu en ce mystérieux personnage de la Sagesse le Christ lui-même. Tout comme elle dit à qui manque de bon sens : « *Venez, mangez de mon pain, buvez le vin que j'ai préparé, quittez l'étourderie et vous vivrez* » (1° lect.), Jésus dit à ceux qui l'ont suivi parce qu'ils avaient été rassasiés sur la montagne, mais qui ne croient pas encore en lui : « *Celui qui mange ma chair et boit mon sang a la vie éternelle* ». Il fait à nouveau allusion ici à l'Eucharistie. Alors, **en quoi la messe nous fait-elle progresser sur le chemin de la Sagesse ? D'abord parce que la liturgie de la Parole éclaire notre intelligence. Ensuite parce que la liturgie de l'Eucharistie nourrit notre corps et nous invite à nous offrir en sacrifice.**

---

[157] *«Rien de tel que l'arrogance pour engendrer des querelles; la Sagesse est avec ceux qui se laissent conseiller».*

[158] *Comme nous l'avons dit dans le psaume, « rien ne manque à ceux qui le craignent ».*

Pour commencer, **la liturgie de la Parole éclaire notre intelligence**. Saint Paul écrit aux Ephésiens : « *Ne soyez donc pas insensés, mais comprenez bien quelle est la volonté du Seigneur.* » (2° lect.) Dimanche après dimanche, jour après jour, l'écoute des textes bibliques nous donne d'entrer de plus en plus profondément dans le mystère du dessein de Dieu, dans sa manière de penser et d'agir. La Parole de Dieu est comme une nourriture qui nous façonne : « *l'homme ne vit pas seulement de pain, mais de toute parole qui sort de la bouche de Dieu.* » (Mt 4,4)

Elle nous transforme à condition que nous ayons l'audace de la mettre en pratique[159]. Chez les Juifs, les rabbins ne sont pas seulement des enseignants qu'on écouterait dans une salle de classe, mais des maîtres qu'on suit pour vivre avec eux[160]. La Sagesse est plus qu'un savoir, elle est un savoir-faire, c'est pourquoi aussi on a un grand respect pour les artisans, contrairement aux Français qui tendent à déprécier les professions manuelles. N'oublions pas que le Fils de Dieu a appris le métier de charpentier ! L'important, quelle que soit notre profession, est de la pratiquer avec Sagesse, c'est-à-dire en transformant le monde concret qui nous est confié, que ce soit avec un burin pour travailler la matière ou avec des mots pour travailler les cœurs ou les intelligences.

---

[159] « *Mettez la Parole en application, ne vous contentez pas de l'écouter : ce serait vous faire illusion.* » (Jc 1,22)

[160] C'est pourquoi les premiers disciples demandent à Jésus : « *Maître, où demeures-tu ?* » (Jn 1,38)

**La Parole de Dieu nous éclaire, mais où trouver la force de la mettre en pratique ? C'est l'objet de la liturgie eucharistique proprement dite.** Jésus dit : « *De même que le Père, qui est vivant, m'a envoyé, et que moi je vis par le Père, de même celui qui me mange, lui aussi vivra par moi* » et aussi : « *ma chair est la vraie nourriture, et mon sang est la vraie boisson* ». Ces paroles qui renvoient à la Croix signifient que l'eucharistie est à la fois un repas, et un sacrifice. Un repas où nous prenons des forces tous ensemble, un sacrifice que nous sommes appelés à accomplir nous-mêmes avec le Christ. Saint Paul écrit aux Romains, en écho à ce qu'il nous a dit tout à l'heure (« *comprenez bien quelle est la volonté du Seigneur* » - 2° lect.) : « *Je vous exhorte, mes frères, par la tendresse de Dieu, à lui offrir votre personne et votre vie en sacrifice saint, capable de plaire à Dieu : c'est là pour vous l'adoration véritable. Ne prenez pas pour modèle le monde présent, mais transformez-vous en renouvelant votre façon de penser pour savoir reconnaître quelle est la volonté de Dieu : ce qui est bon, ce qui est capable de lui plaire, ce qui est parfait.* » (Rm 12,1-2) L'offrande de nous-mêmes en sacrifice va de pair avec le renouvellement de notre façon de penser et donc avec la Sagesse.

Mais que signifie « *offrir sa vie en sacrifice* » ? Pour certains, ce peut être le martyre, lorsqu'il s'agit de témoigner du Christ face à des adversaires. Mais pour la majorité d'entre nous, il n'y a pas d'adversaires – au moins jusqu'au point d'en vouloir à notre vie – mais il y a toujours l'adversité, c'est-à-dire les épreuves que nous rencontrons sans cesse. C'est alors que nous pouvons offrir au Seigneur un sacrifice de louange, comme Paul nous y invite : « *Dites entre vous des psaumes, des hymnes et des chants inspirés, chantez le Seigneur et célébrez-le de tout votre cœur. À tout moment et pour toutes choses, au nom de notre Seigneur Jésus Christ, rendez grâce à Dieu le Père.* » (2° lect.) Comme disait la petite Thérèse, « *tout est grâce* ». Le véritable sage sait rendre grâce en toute circonstances, même dans les épreuves. La Sagesse divine est joyeuse.

Ainsi, frères et sœurs, **le Seigneur nous appelle à être des sages, c'est-à-dire à goûter la vie et à la transformer.** Reconnaissons que parfois, nous nous conduisons comme des « *étourdis* » (ou des « *insensés* », selon l'ancienne traduction), et répondons à l'appel de la Sagesse : « *À qui manque de bon sens, elle dit : 'Venez, mangez de mon pain, buvez le vin que j'ai préparé'* ». En devenant des sages, nous devenons des vivants. Dans l'évangile que nous venons d'entendre, les mots « *vie* », « *vivre* » et « *vivant* » reviennent sans cesse[161]. Le sage vit de la vie-même de Dieu, qui est la vie éternelle : non

---

[161] « *Si quelqu'un mange de ce pain, il vivra éternellement. Le pain que je donnerai, c'est ma chair, donnée pour la vie du monde... Si vous ne mangez pas la chair du Fils de l'homme, et si vous ne buvez pas son sang, vous n'avez pas la vie en vous... Celui qui mange ma chair et boit mon sang a la vie éternelle ; et moi, je le ressusciterai au dernier jour... De même que le Père, qui est vivant, m'a envoyé, et que moi je vis par le Père, de même celui qui me mange, lui aussi vivra par moi... Celui qui mange ce pain vivra éternellement.* »

pas une vie sans fin seulement, mais une vie intense, remplie d'Amour. **La participation à la messe peut nous aider à devenir des sages.** La liturgie de la Parole éclaire notre intelligence, et la liturgie eucharistique nous donne la force de nous offrir en sacrifice. Mais c'est chaque jour que nous devons écouter la Parole de Dieu et Lui offrir le sacrifice de louange. Les personnes sages et heureuses ne sont pas celles qui se gardent de tout danger, mais celles qui savent se laisser guider par l'Esprit pour servir les autres. Cependant, n'oublions pas que l'on ne grandit pas instantanément et qu'il nous a fallu nous nourrir pendant des années pour atteindre notre taille adulte. De même, la nourriture eucharistique nous fait grandir, mais nous n'atteindrons la plénitude de la Sagesse que lorsque nous serons au Ciel. **Cette semaine, pensons et agissons avec Sagesse, afin de goûter le bonheur de vivre !**

# Voulez-vous partir, vous aussi ?

« *Voulez-vous partir, vous aussi ?* » **Cette question que Jésus pose à ses apôtres, frères et sœurs, il nous la pose à nous aussi, régulièrement. On n'est pas ses disciples une fois pour toutes. Sans cesse, le Seigneur sollicite à nouveau notre liberté.** Notre relation avec lui ressemble à celle d'un homme avec son épouse : régulièrement, il faut se redire son amour, se re-choisir. C'est ce qui apparaît déjà dans l'histoire du peuple élu. Certes, le Seigneur avait conclu une alliance avec le peuple par l'intermédiaire de Moïse, sur le Sinaï, mais une fois en Terre Promise, Il sollicite son peuple, par l'intermédiaire de Josué, le successeur de Moïse, pour savoir s'il veut renouer cette alliance : « *S'il ne vous plaît pas de servir le Seigneur, choisissez aujourd'hui qui vous vous voulez servir : les dieux que vos pères servaient au-delà de l'Euphrate, ou les dieux des Amorites dont vous habitez le pays. Moi et les miens, nous voulons servir le Seigneur. Le peuple répondit : "Plutôt mourir que d'abandonner le Seigneur pour servir d'autres dieux"* ! » (1° lect.) Comment ne pas faire un parallèle avec Simon-Pierre qui répond à Jésus : « *Seigneur, vers qui pourrions-nous aller ? Tu as les paroles de la vie éternelle. Quant à nous, nous croyons, et nous savons que tu es le Saint, le Saint de Dieu.* » (év.) Et il dira plus tard, au moment du dernier repas, après que Jésus lui aura annoncé qu'il ne pourrait pas le suivre pour l'instant : « *Seigneur, pourquoi ne puis-je pas te suivre maintenant ? Je donnerai ma vie pour toi !* » *(Jn 13,37)* Or, nous savons que le peuple de Dieu a souvent abandonné le Seigneur pour servir d'autres dieux. Nous savons que Simon-Pierre a lui aussi abandonné son Maître au moment de la Passion. Notre alliance avec le Seigneur n'est jamais conclue une fois pour toutes, elle est à renouveler sans cesse, et Il nous sollicite toujours plus loin, au-delà de nos limites. Lorsque Jésus a parlé aux habitants du village de la Samaritaine, ils furent très nombreux à croire en lui (Jn 4,41). Lorsqu'il a guéri l'aveugle-né, beaucoup crurent en lui, mais les Pharisiens refusèrent de le suivre (Jn 9). Lorsqu'il conclut le discours du Pain de vie, que nous avons écouté depuis 3 dimanches, seulement les apôtres et quelques autres décident de continuer à le suivre. Et finalement, au pied de la croix, il ne restera plus que Marie, Jean, et quelques femmes… Alors nous-mêmes, frères et sœurs, **jusqu'où sommes-nous prêts à aller ? Pour suivre le Christ jusqu'au bout, comme l'a fait Marie sa Mère, nous allons voir que nous devons être prêts à parfois ne pas comprendre ses chemins, et parfois à souffrir.**

**Pour commencer, nous devons être prêts à ne pas tout comprendre**. Dans la synagogue de Capharnaüm, Jésus dit : *« C'est l'esprit qui fait vivre, la chair n'est capable de rien. Les paroles que je vous ai dites sont esprit et elles sont vie. »* On ne peut comprendre instantanément tout le sens des paroles du Christ. Marie elle-même a eu besoin de temps, c'est pourquoi saint Luc souligne plusieurs fois qu'elle *« retenait tous les événements et les méditait dans son cœur »* (Lc 2,19.51) Par exemple, après que Syméon avait prophétisé que Jésus serait *« lumière pour éclairer les nations païennes et* *gloire d'Israël ton peuple »*, Luc écrit que *« le père et la mère de l'enfant s'étonnaient de ce qu'on disait de lui. »* (Lc 2,32-33) Douze ans plus tard, après avoir cherché Jésus pendant 3 jours et l'avoir retrouvé au Temple parmi les docteurs de la Loi, il écrit également qu'*« ils ne comprirent pas ce qu'il leur disait. »* (Lc 2,50) Tout comme un mari et sa femme, même s'ils s'aiment de tout leur cœur, apprennent à se connaître petit à petit, ainsi en est-il de l'homme dans sa relation à Dieu.

**Pour suivre le Christ jusqu'au bout, nous devons être prêts, non seulement à ne pas tout comprendre instantanément, mais aussi à subir des épreuves.** Je peux très bien comprendre la volonté du Seigneur, mais ne pas vouloir la suivre. Je comprends très bien ce que signifie son appel à pardonner 70 fois 7 fois, mais je peux refuser de le faire... Dans son discours, Jésus évoque le mystère pascal en disant : *« Cela* (mes paroles) *vous heurte (scandalizein)? Et quand vous verrez le Fils de l'homme monter là où il était auparavant ?... »* Le Fils de l'homme est monté aux cieux en étant d'abord élevé sur la Croix. Ce jour-là, le cœur de Marie a été transpercé, comme Syméon le lui avait prédit (Lc 2,35). Ce jour-là, Pierre n'a pas eu la force de le suivre, mais il l'a fait plus tard, à Rome au temps de Néron, acceptant finalement de donner sa vie en mourant lui-aussi sur une croix. Comme Pierre, nous avons souvent renié le Christ en refusant de souffrir pour lui. Nous avons refusé d'aider une personne qui avait besoin de nous, nous avons refusé de prendre du temps pour prier, nous avons refusé de pardonner à quelqu'un qui nous avait offensé, etc. Nous voulons bien suivre le Christ en allant à la messe, en servant notre prochain ou en priant de temps en temps, mais que faisons-nous quand vient le temps de l'épreuve et du sacrifice ?

Reprenons l'image du couple. Saint Paul écrit : « *l'homme quittera son père et sa mère, il s'attachera à sa femme, et tous deux ne feront plus qu'un. Ce mystère est grand : je le dis en pensant au Christ et à l'Église.* » (2° lect.) La vocation d'un prêtre est extraordinairement haute, puisqu'il représente le Bon Pasteur, mais celle d'un couple l'est tout autant, puisqu'il représente l'amour du Christ pour son Église. Cela implique pour les femmes d'être « *soumises à leur mari, comme au Seigneur Jésus* », et pour les hommes d'aimer leur femme *comme leur propre corps, en se livrant pour elle.* Les mots sont très forts : « *soumises* » d'un côté, « *livrés* » de l'autre. Se soumettre à quelqu'un sans amour, c'est de l'esclavage. Et se livrer pour quelqu'un sans amour, c'est aussi de l'esclavage. Par amour, au contraire, la femme qui se soumet et l'homme qui se livre ne font vraiment plus qu'un. Mais cela implique des sacrifices de part et d'autre, et donc l'acceptation de la souffrance. S'il y autant de divorces, c'est parce que beaucoup la refusent.

Ainsi, frères et sœurs, **le Seigneur nous demande de temps en temps : «** *veux-tu partir, toi aussi ?* **» Notre union par la foi avec lui suppose que nous acceptions de nous laisser**

**purifier comme l'or au creuset** (*cet or voué pourtant à disparaître, qu'on vérifie par le feu* cf 1P 1,7). Tous les saints, comme la Vierge Marie, sont passés par ce que Jean de la croix a appelé « la nuit obscure ». Parfois, ils n'ont pas compris le sens de la Parole que Dieu leur avait adressée, ou d'un événement qui était survenu dans leur existence. Parfois, ils ont dû traverser des épreuves très douloureuses[162]. Ce fut le cas en particulier de Marie, qui a suivi son fils jusqu'au bout, et qui est maintenant dans la gloire auprès de lui, comme nous l'avons célébré le 15 août. Pierre, malgré ses reniements et ses faiblesses, est lui aussi dans la gloire de Dieu. Alors, puisque nous lui ressemblons et que nous avons parfois du mal à suivre le Christ, **demandons à la Vierge Marie, au chef des apôtres et à tous les saints d'intercéder pour nous afin que nous répondions au Christ, à chaque fois qu'il nous demandera : *veux-tu partir, toi aussi ? : Seigneur, vers qui pourrions-nous aller ? Tu as les paroles de la vie éternelle.*** AMEN.

---

[162] Souvenons-nous d'Abraham, le père des croyants. Dieu lui demanda d'abord de renoncer à son passé : « *Quitte ton pays, ta parenté et la maison de ton père, pour le pays que je t'indiquerai.* » (Gn 12,1) Puis Il lui demanda de renoncer à son avenir : « *Prends ton fils, ton unique, que tu chéris, Isaac, et va-t'en au pays de Moriyya, et là tu l'offriras en holocauste.* » (Gn 22,2).

# Heureux les cœurs purs, ils verront Dieu

« *Heureux les cœurs purs, ils verront Dieu* ». Frères et sœurs, nous connaissons tous la 7$^{ème}$ béatitude, et nous désirons tous voir Dieu, au plus profond de notre cœur, alors demandons-nous : **avons-nous le cœur pur ?** Pour répondre à cette question, il faut d'abord définir la pureté. Dans le langage courant, on parle d'or pur, par exemple, pour signifier qu'il est sans mélange, débarrassé de ses scories. Chez les Pharisiens, la pureté est avant tout rituelle. Leur mouvement, qui est né vers 135 avant JC, a surgi à une époque où beaucoup de Juifs tendaient à se paganiser et à s'éloigner de la loi de Moïse, sous la pression de la civilisation grecque. En réaction, ils ont remis en valeur les 613 commandements de la loi de Moïse, destinés à sanctifier la vie quotidienne : chaque geste devait relier à Dieu (c'est le sens même de la religion). Les ablutions, en particulier, servaient à signifier le désir de « *se garder sans tache au milieu du monde* », selon l'expression de saint Jacques (2° lect.) Mais les Pharisiens ont perdu de vue l'essentiel. C'est pourquoi Jésus rappelle le but originel de ces pratiques : «*Rien de ce qui est extérieur à l'homme et qui entre en lui ne peut le rendre impur. Mais ce qui sort de l'homme, voilà ce qui rend l'homme impur.* » Puis il s'éloigne de la foule, et précise à ses disciples : « *C'est du dedans, du cœur de l'homme, que sortent les pensées perverses : inconduites, vols, meurtres, adultères, cupidités, méchancetés, fraude, débauche, envie,* *diffamation, orgueil et démesure*[163]. » Plutôt que de détailler ces pensées perverses, je préfère souligner qu'elles nous concernent tous. Qui d'entre nous agit par pure charité ? Même nos bonnes actions sont souvent entachées de motifs égoïstes ou d'orgueil. Saint Jean de la Croix, qui a scruté en profondeur le cœur humain, a écrit que « *le plus petit mouvement de pur amour est plus utile que toutes les autres œuvres réunies* », en soulignant ainsi la rareté. *Alors, comment pouvons-nous purifier notre cœur ? Comprenons d'abord que c'est le Seigneur lui-même qui purifie. Comme Il l'a annoncé par le prophète Ezéchiel* : « *Je verserai sur vous une eau pure, et vous serez purifiés. De toutes vos souillures, de toutes vos idoles je vous purifierai.* » (Ez 36,25)[164]. Mais quelle est cette eau par laquelle Il nous purifie ? C'est celle de son Esprit, qui agit dans sa Parole. **Pour avoir des cœurs purs, il nous faut donc écouter sa Parole (1° temps de notre méditation), et la mettre en pratique (2ⁿᵈ temps).**

**Pour commencer, il nous faut écouter la Parole de Dieu.** Parce qu'elle nous éclaire sur la Vérité, elle nous purifie de tous les obstacles qui nous empêchent de la contempler, à

---

[163] 12 types de pensées perverses, 6 au pluriel et 6 au singulier, groupées par 3, pour aider les auditeurs à les retenir.

[164] Ou encore St Jacques : « *les présents les meilleurs, les dons parfaits, proviennent tous d'en haut, ils descendent d'auprès du Père des lumières* » (2° lect.)

savoir nos erreurs et nos péchés. Comme le dit le Seigneur à son peuple, dans le Deutéronome : « *Quand les autres peuples entendront parler de tous ces décrets, ils s'écrieront : 'Il n'y a pas un peuple sage et intelligent comme cette grande nation !' [...] Quelle est la grande nation dont les décrets et les ordonnances soient aussi justes que toute cette Loi que je vous donne aujourd'hui ?* » (1° lect.) La Parole de Dieu est source de sagesse, d'intelligence, de justice. Nous pouvons la contempler, puisqu'elle est une Personne, le Verbe fait chair. Elle se révèle à nous de diverses manières, mais en particulier dans l'Ecriture. Saint Jérôme disait : « *ignorer l'Écriture c'est ignorer le Christ*[165] ».

La bible, comme son nom l'indique, est une véritable bibliothèque, avec des livres de genres mais surtout d'importance très différents. Certes, aucune parole de Dieu n'est à rejeter, mais nous devons cependant la hiérarchiser. Parmi tous les livres de l'Ancien Testament, les plus importants sont les 5 premiers, que les Juifs appellent Torah (loi) et nous Chrétiens le Pentateuque. Dans ces livres mêmes, comme dans des poupées russes, certaines paroles ou lois ont plus de valeur que d'autres. Le Christ lui-même l'a

---

[165] Sa connaissance n'était pas austère, mais le remplissait de joie : « *Ne te semble-t-il pas, déjà sur cette terre, habiter le royaume des cieux lorsque tu vis au milieu de ces textes, lorsque tu les médites, lorsque tu ne connais et ne recherches rien d'autre ?* » Et il invitait une jeune fille de la noblesse romaine à accompagner la lecture des textes par la prière, dans un dialogue amoureux avec le Christ: « *Si tu pries, tu parles à l'Époux ; si tu lis, c'est lui qui te parle* ».

révélé : « *Tu aimeras le Seigneur ton Dieu de tout ton cœur, de toute ton âme et de tout ton esprit. Voilà le grand, le premier commandement. Et le second lui est semblable : Tu aimeras ton prochain comme toi-même. De ces deux commandements dépend toute la Loi, ainsi que les Prophètes.* » (Mt 22,37-40) Saint Jacques l'exprime à sa manière : « *Devant Dieu notre Père, un comportement religieux pur et sans souillure, c'est de visiter les orphelins et les veuves dans leur détresse, et de se garder sans tache au milieu du monde.* » (2° lect.) Le problème des Pharisiens et des scribes qui reprochent aux disciples de Jésus de prendre leur repas avec des mains impures, c'est-à-dire non lavées, est d'avoir oublié cette hiérarchie. Ils en sont devenus « hypocrites[166] ».

Même si nous écoutons avec attention la Parole de Dieu en sachant y discerner l'essentiel, nous sommes sans cesse tentés de la rejeter, parce qu'elle contrecarre l'esprit du mal. C'est pourquoi le Seigneur ajoute : « *vous garderez les commandements du Seigneur votre Dieu tels que je vous les prescris.* **Vous les garderez, vous les mettrez en pratique** ».

---

[166] Par exemple, Jésus leur dit, au milieu du discours que nous venons d'entendre : « *Supposons qu'un homme déclare à son père ou à sa mère : "Les ressources qui m'auraient permis de t'aider sont korbane, c'est-à-dire don réservé à Dieu", alors vous ne l'autorisez plus à faire quoi que ce soit pour son père ou sa mère ; vous annulez ainsi la parole de Dieu par la tradition que vous transmettez.* » (Mc 7,11-13)

Le mot « *garder* », répété très souvent aussi bien dans l'Ancien que dans le Nouveau Testament, souligne bien le combat que nous avons à mener. Saint Luc, notamment, écrit que Marie « *retenait (ou gardait) tous ces événements et les méditait dans son cœur.* » (Lc 2,19). Jésus lui-même répondra à une femme qui proclamait Marie bienheureuse parce qu'elle l'avait porté en son sein et nourri : « *Heureux plutôt ceux qui écoutent la parole de Dieu, et qui la gardent !* » (Lc 11,28) Saint Jacques nous met lui aussi en garde : « *Mettez la Parole en pratique, ne vous contentez pas de l'écouter : ce serait vous faire illusion.* » (2° lect.)

L'homme doit donc mener un combat spirituel. Les prêtres qui ont commis des atrocités, comme les medias nous l'ont rappelé amplement ces derniers temps, connaissaient l'Ecriture et la Loi de Dieu, mais ils ne l'ont pas gardée. Mais nous savons que le péché grave qu'ils ont commis, il a été favorisé dans certains cas par un état d'esprit qui régnait dans leurs communautés, qu'on peut appeler le « *cléricalisme* ». Il s'agit d'un état d'esprit « *favorisé par les prêtres eux-mêmes ou par les laïcs* », comme le souligne le Pape François dans sa lettre au Peuple de Dieu. Il consiste à mettre tout le poids de l'évangélisation sur les épaules des prêtres, en oubliant le rôle essentiel que chaque baptisé est appelé à jouer. C'est pourquoi le Pape ajoute qu'« *il est nécessaire que chaque baptisé se sente engagé dans la transformation ecclésiale et sociale dont nous avons tant besoin. Une telle transformation nécessite la conversion personnelle et communautaire et nous pousse à regarder dans la même direction que celle indiquée par le Seigneur. [...] Pour cela, la prière et la pénitence nous aideront. J'invite tout le saint peuple fidèle de Dieu à l'exercice pénitentiel de la prière et du jeûne, conformément au commandement du Seigneur, pour réveiller notre conscience, notre solidarité et notre engagement en faveur d'une culture de la protection et du 'jamais plus' à tout type et forme d'abus.* » Le combat spirituel nous concerne tous, menons-le tous ensemble. C'est ce que nous pourrons faire notamment vendredi soir, lors de la veillée de prière et de jeûne, soit dans notre église soit là où nous serons.

Ainsi, frères et sœurs, **le Seigneur peut purifier nos cœurs par sa Parole, à condition que nous la gardions et la mettons en pratique.** Certes, le pur amour est une denrée rare, mais c'est un trésor que le Seigneur veut nous offrir. Alors, demandons-le lui avec ferveur et humilité, et engageons-nous fermement dans le combat spirituel, en nous servant des 2 armes que sont la prière et le jeûne. Ne ressemblons pas aux Pharisiens en nous enfermant dans des habitudes, si bonnes soient-elles, mais soyons toujours dociles au souffle du Saint Esprit, qui nous conduira toujours vers l'essentiel. C'est ainsi qu'avec un cœur de plus en plus pur, nous goûterons le bonheur de voir Dieu de mieux en mieux, et nous le reflèterons pour nos frères, qui le verront à travers nous. AMEN.

## Prenez courage, c'est la vengeance qui vient, la revanche de Dieu

Frères et sœurs, **comment réagir au mal ?** Cette question nous concerne tous, à un moment ou à un autre. Les Israélites en exil à Babylone depuis 50 ans craignent de ne jamais revenir à Jérusalem, ils sont tentés de s'enfermer dans le désespoir. Or, que se passe-t-il lorsque l'on s'enferme ainsi ? On devient sourd et muet. On n'est plus capable d'entendre le Seigneur nous parler, et on n'est plus capable de dire des paroles constructives à ceux qui sont autour de nous. En fait, on laisse la souffrance nous détruire, nous défigurer : c'est la victoire du mal. Mais le Seigneur veut nous sauver du mal[167]. Il dit à son peuple, par le prophète Isaïe : « *Dites aux gens qui s'affolent : 'Soyez forts, ne craignez pas. Voici votre Dieu : c'est la vengeance qui vient, la revanche de Dieu. Il vient lui-même et va vous sauver'.* » Le Seigneur prend sa revanche sur le mal : c'est la victoire de l'Amour. Non seulement Il veut délivrer les victimes du mal, mais Il veut aussi en guérir ses auteurs, qui sont en réalité les principales victimes. La plupart des victoires ne se remportent pas instantanément, mais après de nombreuses batailles. C'est ainsi que **le Seigneur a mis en place une stratégie qui s'est déployée en 3 étapes : le**

---

[167] Dieu n'est ni cruel, comme les dieux de la mythologie grecque pouvaient l'être parfois, ni indifférent au mal, comme certains l'ont dit après la shoah, par exemple, en évoquant son silence. Il n'est pas sourd et muet, c'est nous qui le sommes parfois. Dans le livre de l'Exode, notamment, Il dit à Moïse : « *J'ai vu, oui, j'ai vu la misère de mon peuple qui est en Égypte, et j'ai entendu ses cris sous les coups des chefs de corvée. Oui, je connais ses souffrances.* » (Ex 3,7)

temps d'Israël, le temps de Jésus, le temps de l'Eglise. La 1$^{ère}$ étape a été marquée par la loi du talion. La 2$^{nde}$ a été marquée par la miséricorde de Jésus. La 3$^{ème}$ est celle dans laquelle nous combattons nous-mêmes. Méditons sur chacune de ces étapes.

**Pour commencer, le Seigneur a demandé à l'homme de canaliser sa violence.** La réponse au mal de l'homme sans Dieu, c'est de se venger en y répondant par le mal, et même en le démultipliant. Autrement dit, il ne s'agit pas d'éradiquer le mal lui-même, mais celui qui l'a commis. Souvenons-nous de Lamek. «*Lamek dit à sa femme : j'ai tué un homme pour une blessure, un enfant pour une meurtrissure. C'est que Caïn est vengé 7 fois, mais Lamek 77 fois.* » (Gn 4,23-24) Cette parole peut nous effrayer et nous scandaliser, elle est pourtant très actuelle. Combien de régions du monde souffrent aujourd'hui encore de la loi du plus fort, qui se manifeste dans la vendetta[168] ? L'expression *"œil pour œil, dent pour dent",* dite loi du talion[169], est un immense progrès,

---

[168] Lorsque George Bush Junior a lancé sa « *croisade contre les forces du mal* », selon sa propre expression, après le traumatisme du 11 septembre 2001, n'a-t-il pas agi selon la même logique ? Mais la situation de l'Irak et de l'Afghanistan manifeste que ce type de réaction ne peut pas atteindre son véritable objectif, qui est d'éradiquer le mal. Au contraire, il le multiplie, comme la bombe atomique multiplie les fissions de l'atome...
[169] Elle apparaît à la fois dans le code d'Hammourabi, le roi de Babylone aux alentours de 1730 av. JC, et à trois reprises dans le Deutéronome,

car elle demande de canaliser la violence en la limitant à l'injustice subie. Mais il ne s'agit que d'un moindre mal[170], et les prophètes ont conscience que seul Dieu peut éradiquer le mal, non plus en ne crevant qu'un œil pour un œil, mais en guérissant l'œil crevé : « *Il vient lui-même et va vous sauver. Alors s'ouvriront les yeux des aveugles et les oreilles des sourds. Alors le boiteux bondira comme un cerf, et la bouche du muet criera de joie* » (1° lect.).

**Cette promesse de Dieu, c'est Jésus (« *Dieu sauve* ») qui vient l'accomplir.** Il incarne la miséricorde du Seigneur. Il a dit un jour : « *Vous avez appris qu'il a été dit : Œil pour œil, dent pour dent. Eh bien moi, je vous dis de ne pas riposter au méchant ; mais si quelqu'un te gifle sur la joue droite, tends-lui encore l'autre. [...] Vous avez appris qu'il a été dit : Tu aimeras ton prochain et tu haïras ton ennemi. Eh bien moi, je vous dis : Aimez vos ennemis, et priez pour ceux qui vous persécutent* » (Mt 5,38-44) C'est sur la croix que Jésus a exercé la miséricorde de la manière la plus forte, et c'est là qu'il a vaincu le mal. Mais tout au long de son ministère, il a accompli des gestes qui annonçaient et préfiguraient cette victoire. Ainsi, dans l'évangile de ce jour, il s'en va dans la Décapole, c'est-à-dire en plein territoire païen. L'homme qu'on lui *amène* symbolise l'humanité loin de Dieu : sourde et

---

[170] Notons toutefois que l'Ancien Testament va plus loin en appelant à une morale du dépassement et de la réconciliation: « *Tu ne te vengeras pas, ni ne garderas rancune, mais tu aimeras ton prochain comme toi-même*» (Lv 19,18).

muette, incapable d'entendre la Vérité et de la proclamer. Soulignons l'importance du mot « amener », qui revient souvent dans les évangiles, et qui met en lumière le rôle de médiation que nous avons à jouer vis-à-vis de nos proches, pour les amener au Christ. Avec cet homme, Jésus va accomplir un geste de recréation. Dans la Genèse, il est écrit que *« le Seigneur Dieu modela l'homme avec la poussière tirée du sol ; il insuffla dans ses narines le souffle de vie, et l'homme devint un être vivant »* (Gn 2,7). De même dans l'évangile, Jésus lui met les doigts dans les oreilles, et, prenant de la salive, lui touche la langue. Puis, les yeux levés au ciel, il soupire et lui dit: « *Effata !* », c'est-à-dire : « *Ouvre-toi !* » On retrouve le modelage - avec un contact physique qui rappelle la création d'Adam par Michel-Ange dans la chapelle Sixtine - et le don du souffle de vie. Quel est le résultat de l'acte posé par Jésus ? Il y a une sorte de double guérison: celle du sourd-muet, bien-sûr, mais aussi celle des personnes qui vivent dans les environs. Alors que Jésus a pris soin d'agir à l'écart de la foule et a recommandé à ceux qui étaient présents de n'en rien dire à personne, ils proclament partout la bonne nouvelle, avec une parole *(« il a bien fait toutes choses »)* qui rappelle celle de la Genèse *(« et Dieu vit que cela était bon »).* D'une certaine façon, eux aussi sont guéris de leur surdité et de leur mutisme spirituels.

**Même si Jésus a vaincu le mal et recréé l'homme, cette victoire et cette recréation demandent maintenant notre participation, nous qui sommes membres de son Corps qui**

**est l'Eglise**. Nous sommes libres de choisir le camp du Seigneur ou celui de Satan, l'auteur du mal, comme saint Ignace l'a fortement compris et montré, notamment à travers sa méditation sur le combat spirituel et les 2 étendards. Le jour de notre baptême, le célébrant a reproduit sur nous les gestes de Jésus. En traçant sur nos oreilles et sur notre bouche le signe de la croix, il a dit à son tour: *"effata, ouvre-toi"*. Cela signifie qu'il nous a guéris de la surdité et du mutisme provoqués par le péché originel. Mais comme toutes les autres grâces du baptême, il nous revient de vivre du don reçu et de le faire fructifier. Nous ne vivons pas toujours selon l'Evangile. C'était déjà vrai au temps des premières communautés, lorsqu'on faisait des différences entre les riches et les pauvres, comme St Jacques vient de nous le rappeler (2° lect.) Les évènements tragiques relayés par les médias nous rappellent qu'aujourd'hui encore, il arrive que des chrétiens défigurent leur identité de fils de Dieu. Alors, regardons-nous nous-mêmes, qui vivons dans une société dite de communication. Demandons-nous d'abord si nous ne sommes pas sourds. Savons-nous écouter la Parole de Dieu et entendre ses appels[171] ? Par ailleurs, savons-nous écouter notre prochain, non pas distraitement mais avec toute notre attention[172] ? Ensuite, demandons-nous si nous ne sommes pas muets. Savons-nous parler à Dieu dans l'intimité de notre cœur, ou rabâchons-nous seulement des formules toutes

---

[171] Ne nous arrive-t-il pas de prier sans nous mettre vraiment dans une attitude d'écoute de l'Esprit?
[172] Combien de couples se désagrègent simplement parce que les conjoints ne prennent pas le temps de s'écouter mutuellement !

faites ? Savons-nous le remercier pour toutes ses grâces et le louer pour sa grandeur ? Et savons-nous parler à notre prochain ? Dans nos couples, nos familles, nos communautés, savons-nous partager ce qui est important dans nos cœurs, ou en restons-nous à des relations superficielles ?

Ainsi, frères et sœurs, **le Seigneur a pris sa revanche sur le mal en envoyant son Fils**[173]. La guérison du sourd-muet de la Décapole anticipe la guérison de la croix[174]. Alors, cessons d'accuser Dieu du mal qui ravage les hommes. Le Seigneur n'est pas sourd et muet, c'est nous qui le sommes parfois. Aujourd'hui, accueillons la bonne nouvelle au plus profond de notre cœur, et rendons-en Lui grâce de tout notre être. Cette semaine, **lorsque nous serons confrontés au mal, ne nous laissons pas vaincre et enfermer par lui, mais laissons Dieu prendre en nous sa revanche sur lui, en exerçant comme lui la miséricorde. Et amenons au Christ les personnes qui souffrent du mal.** AMEN.

---

[173] Au lieu d'exiger des victimes comme les dieux païens à qui on offrait jusqu'à ses propres enfants, le Christ s'est offert lui-même pour vaincre le mal et nous sauver.
[174] « *Par ses blessures, nous sommes guéris* » (1P2,24).

## Pour vous, qui suis-je ?

« **Pour vous, qui suis-je ?** » Voici la question essentielle que Jésus pose à ses disciples et qu'il pose à chacun d'entre nous. Elle conditionne toute notre vie de foi et donc notre vie tout court. Jésus est-il pour nous un ami si cher que nous soyons prêts à souffrir pour lui et avec lui, **ou** n'est-il qu'un personnage lointain que nous croyons être le Fils de Dieu parce que nous l'avons appris au catéchisme mais avec qui nous n'entretenons aucune relation d'intimité ? Dans l'évangile de ce dimanche, le Christ veut faire grandir notre amour pour lui, d'abord en éclairant notre intelligence, ensuite en fortifiant notre volonté. **Ecoutons-le nous révéler dans un premier temps sa véritable identité, et dans un second temps celle du véritable disciple.**

« **Pour vous, qui suis-je ?** » Lorsque Jésus pose la question à ses disciples, il les accompagne depuis de longs mois. Ils ont pu l'écouter, le voir réaliser des miracles, manger avec lui… Ils sont à Césarée de Philippe, la ville construite à la gloire de l'empereur, César. Pour les gens, Jésus est maintenant considéré comme un prophète, au même titre qu'Elie ou Jean Baptiste. Mais les disciples, qui le côtoient de plus près parce qu'ils ont tout quitté pour le suivre, que croient-ils ? Pierre répond, sans doute au nom de tous : *« Tu es le Messie »*.

Jésus est plus qu'un simple prophète, il est envoyé par Dieu pour sauver son peuple[175].

En entendant cette réponse, Jésus doit être satisfait. D'ailleurs, dans l'évangile de Matthieu parallèle à celui de Marc que nous venons d'entendre, il félicite Pierre pour cette réponse, que son propre Père lui a révélée. Cependant, *il défend alors vivement à ses disciples de parler de lui à personne*. Pourquoi cette injonction ? Parce que dans l'esprit des Juifs de l'époque, le messie doit être un personnage puissant et glorieux, un roi à l'image de David qui chassera les Romains de leur territoire, glorieux à la manière de l'empereur de Césarée de Philippes. Or, telles ne sont pas l'identité et la mission de Jésus. Lui est venu non pour libérer les Juifs de l'oppresseur étranger, mais pour sauver tous les hommes du péché. Comme seule arme, il ne possède que sa Parole. Non seulement il ne fera violence à personne, mais il subira lui-même la violence. Le prophète Isaïe l'avait annoncé de manière saisissante, à tel point qu'on l'appelle parfois le

---

[175] Dans l'évangile de Marc, structuré de manière quasi mathématique, on se situe ici à un sommet, qui introduit à la seconde partie qui est celle de la Passion et de la Resurrection. Il est important de noter que l'évènement se situe au moment de la fête de Kippour, seul moment de l'année où le Grand Prêtre pouvait entrer dans le Saint des Saints et prononcer le nom de Dieu, le tétragramme. Un Juif, aujourd'hui encore, refuse de se promener sur l'esplanade du Temple, de peur de marcher sur l'emplacement du Saint des Saints et de conmmettre ainsi un sacrilège... Ici, Pierre agit sans le savoir comme le nouveau Grand Prêtre. Dans les autres versions synoptiques de cet évènement, Jesus va d'ailleurs lui conférer alors les clefs de son Royaume.

5ème évangéliste. « *Le Seigneur Dieu m'a ouvert l'oreille, et moi, je ne me suis pas révolté, je ne me suis pas dérobé. J'ai présenté mon dos à ceux qui me frappaient, et mes joues à ceux qui m'arrachaient la barbe* » (1° lect.). Les quatre chants qui décrivent le serviteur souffrant sont bien loin de l'image glorieuse du messie davidique, et il semble que beaucoup de Juifs l'interprétaient comme l'image du peuple souffrant, par exemple lors de l'exil à Babylone.

Conscient de tout cela, Jésus préfère cacher encore son identité messianique à la foule, et en éclairer le sens pour ses disciples. « *Pour la première fois, il leur enseigna qu'il fallait que le Fils de l'homme souffre beaucoup, qu'il soit rejeté par les anciens, les chefs des prêtres et les scribes, qu'il soit tué, et que, trois jours après, il ressuscite* ». Il se nomme ici *Fils de l'homme*, allusion à un personnage du livre de Daniel à qui il est remis la royauté, mais au prix d'un combat acharné avec les forces du mal. Dans ce combat, il est épaulé par toute une armée, qui représente plus clairement encore qu'avec le serviteur souffrant le peuple élu tout entier. Et c'est justement ce que Jésus va révéler ensuite à ses disciples en répondant à Pierre.

**Qui est le véritable disciple ?** Pour Pierre, le discours de son Maître est inacceptable. Jésus casse le moral des troupes ! Aussi se permet-il de lui faire de vifs reproches. Mais Jésus réagit tout aussi vivement, et il interpelle Pierre en prenant soin que la scène se passe aux yeux des disciples, car ils sont tout aussi concernés : « *Passe derrière moi, Satan ! Tes pensées ne sont pas celles de Dieu, mais celles des hommes* ». C'est l'Adversaire qui cherche à tenter Jésus comme il l'a fait au désert, et comme il le fera au pied de la croix. Pierre est encore fragile dans sa foi : après avoir parlé sous l'inspiration de Dieu, il s'est fait le porte-parole de son plus grand ennemi...

Pour enfoncer le clou, Jésus appelle la foule et ajoute : « *Si quelqu'un veut marcher derrière moi, qu'il renonce à lui-même, qu'il prenne sa croix, et qu'il me suive. Car celui qui veut sauver sa vie la perdra ; mais celui qui perdra sa vie pour moi et pour l'Évangile la sauvera.* » Ces paroles peuvent nous choquer, particulièrement dans notre société individualiste où l'on prône l'auto-réalisation de soi. Elles ont d'ailleurs généré des excès dans l'Eglise, notamment avec le dolorisme ou le jansénisme. *Renoncer à soi-même*, ce n'est pas se déprécier ou s'annihiler soi-même, mais seulement renoncer à sa volonté propre, comme Jésus le Jeudi saint (lors de la Cène et à Gethsémani). *Prendre sa croix*, ce n'est pas se chercher des épreuves, mais d'accepter celles que le Seigneur –ou la vie tout simplement – nous envoient, comme Jésus le Vendredi saint. *Suivre Jésus*, c'est être capable de ne pas s'arrêter, même lorsqu'il nous conduit sur des chemins ténébreux où nous nous sentons perdus, comme Jésus descendu aux enfers le Samedi saint... *Perdre sa vie pour le Christ et pour l'Evangile*, c'est les mettre à la première place de nos choix, même lorsqu'ils vont à l'encontre de nos intérêts « mondains ». L'enjeu est immense, puisqu'il s'agit de notre salut. Souvenons-nous qu'il ne suffit donc pas d'avoir la Foi pour être sauvés. Il faut encore que cette Foi soit vivante. Aussi saint Jacques peut-il écrire : « *celui qui n'agit pas, sa foi est bel et bien morte*» (2° lect.)[176]

Et nous, sommes-nous de véritables disciples ? Sommes-nous prêts à souffrir pour le Christ ? Pierre s'est fait reprendre par Jésus à Césarée de Philippe. Au moment de la Passion, il le reniera une seconde fois en refusant de se reconnaître comme son disciple. Mais après la résurrection, lorsque Jésus lui demandera : « *Pierre, m'aimes-tu ?* », il sera capable de répondre : « *Seigneur, tu sais tout : tu sais bien que je t'aime.* » (Jn 21,17) Et surtout, quelques années plus tard à Rome, il sera capable de lui donner sa vie. Et c'est bien cela que le Seigneur nous demande : la foi, sans amour, ne peut pas nous sauver. La preuve, c'est que les démons eux-mêmes ont la foi, ils ont même reconnu bien avant les hommes que Jésus était le Fils de Dieu. Notre foi doit être pleine d'amour, un amour tel que nous soyons capables de renoncer à nous-mêmes pour le suivre. « *C'est sur la croix que Jésus reconnaît ses vrais amis* », disait Marthe Robin. C'est le sens de la Croix glorieuse, la fête que nous avons célébrée vendredi.

---

[176] Cette parole corrobore ce que Jésus avait déjà dit dans le sermon sur la montagne : « *Il ne suffit pas de me dire : 'Seigneur, Seigneur !', pour entrer dans le Royaume des cieux ; mais il faut faire la volonté de mon Père qui est aux cieux.* » (Mt 7,21) Elle rejoint aussi saint Paul, qui écrivait aux galates : « *dans le Christ Jésus [...] ce qui importe, c'est la foi agissant par la charité.* » (Ga 5,6)

**En conclusion,** frères et sœurs, **pourquoi ne pas prendre Pierre pour modèle ? Comme lui à Césarée, notre Foi n'est sans doute pas encore assez vivante, assez animée par l'amour. Alors, pourquoi ne pas nous rapprocher du Christ, pour qu'il devienne pour nous un ami de plus en plus cher ?** Pour cela, pourquoi ne pas prier davantage, en méditant sur les évangiles qui nous donnent à connaître Jésus ? Pourquoi ne pas profiter davantage des sacrements, qui nous permettent de recevoir sa grâce et affermissent ainsi notre volonté ? Cette semaine, et les mois qui viennent, cherchons à nous rapprocher du Christ, conscients que lui-même veut nous attirer à lui. Alors, notre Foi sera assez vivante pour que nous renoncions à nous-mêmes et que nous prenions nos croix pour le suivre jusqu'au bout, et pour pouvoir ainsi jouir avec lui de la vie éternelle. AMEN.

## Si quelqu'un veut être le premier

Frères et sœurs, **voulons-nous être grands ? Voulons-nous être les premiers ?** Vouloir être le premier en classe, ou la première entreprise sur un marché, ou le premier dans son sport, peut procéder d'un désir sain, contrairement à l'idéologie communiste qui cherchait à créer un monde parfaitement égalitaire en empêchant les talents de s'exprimer. L'esprit de compétition peut nous permettre de progresser et de faire fructifier les talents naturels que Dieu nous a donnés. Cependant, il faut reconnaître que le désir d'être le premier procède parfois d'un mauvais esprit : il s'agit alors d'acquérir du pouvoir pour dominer les autres ou de la richesse pour assouvir ses instincts de plaisir. Saint Jacques a parfaitement décrit les conséquences de ce genre de désirs : « *Vous êtes pleins de convoitises et vous n'obtenez rien, alors vous tuez ; vous êtes jaloux et vous n'arrivez pas à vos fins, alors vous entrez en conflit et vous faites la guerre.* » (2° lect.) Le livre de la Sagesse souligne lui aussi que ce genre de raisonnement peut mener jusqu'à l'élimination des innocents : « *Attirons le juste dans un piège, car il nous contrarie, il s'oppose à notre conduite, il nous reproche de désobéir à la loi de Dieu* » (1° lect.) Les mauvais instincts qui mènent jusque-là, le meurtre d'Abel par Caïn l'illustre, sont profondément inscrits dans le cœur de l'homme, comme l'ivraie dans les champs. Même les croyants peuvent les voir surgir en eux, comme l'évangile en témoigne aujourd'hui : alors que Jésus vient d'annoncer sa Passion et sa mort pour la deuxième fois, ses disciples ne trouvent rien de mieux que de discuter entre eux « *pour savoir qui était le plus grand.* » Cet espèce de « contre-pied » aux paroles de Jésus manifeste de la part des disciples non seulement une incompréhension *(« ils ne comprenaient pas ces paroles »)* mais aussi, plus profondément, un refus, qui explique qu' « *ils avaient peur de l'interroger* » et qu'ensuite, interrogés eux-mêmes *(« de quoi discutiez-vous en chemin ? »)*, « *ils se taisaient* », comme saisis de honte... Alors, comment être délivrés de ces mauvais instincts ? Faut-il étouffer en nous tout désir, tout simplement, comme le bouddhisme nous y invite ? Le Christ nous propose une autre voie, qui conforte au contraire notre désir de vivre, et même d'être grands : « *Si quelqu'un veut être le premier, qu'il soit le dernier de tous et le serviteur de tous.* » Voyons ce que signifient chacune de ces deux invitations, d'abord à l'humilité (être le dernier de tous), ensuite à la charité (être le serviteur de tous).

Pour commencer, **le Christ nous invite à l'humilité** : « *si quelqu'un veut être le premier, qu'il soit le dernier de tous* ». En enfer, on peut trouver beaucoup de vertus, mais pas l'humilité. Fondement de la vie spirituelle, est à la fois mal perçue par le monde, et mal comprise même par certains chrétiens. Elle est mal perçue par le monde, parce qu'elle ne possède pas le rayonnement d'autres vertus comme la force et le courage. Elle est aussi mal comprise par certains, qui en font un synonyme de dépréciation de soi et de pusillanimité. En réalité, l'humilité, qui vient du latin « *humus, terre* », signifie simplement ne pas oublier qui nous sommes : de pauvres pécheurs, comme nous le disons à la Vierge à la fin de l'Ave Maria. « *L'orgueil est le commencement de tout péché* » (Si 10,13) parce qu'il nous trompe sur nous-mêmes. Il nous fait oublier d'abord notre condition de créatures. C'est par un tel mensonge, « *vous serez comme des dieux* » (Gn 3, 5), que le serpent de la Genèse a tenté Adam et Eve. Pendant la fête de soukkot[177], nos frères juifs vont dormir et manger dans une cabane pour se souvenir des 40 ans au désert et de la fragilité de notre condition de créatures. L'orgueil nous empêche également de reconnaître notre péché : après avoir commis l'adultère et le meurtre, le roi David ne s'était pas repenti, jusqu'au jour où le prophète Natan dessilla ses yeux.

Finalement, on peut définir l'humilité comme l'a fait sainte Thérèse d'Avila de manière laconique : « *L'humilité, c'est la vérité* ». C'est ainsi que le Christ, qui n'est ni une créature, ni un pécheur, est parfaitement humble. Il est capable d'affirmer à ses adversaires : « *Amen, amen, je vous le dis : avant qu'Abraham ait existé, moi, JE SUIS.* » (Jn 8,58) Pourtant, il a toujours choisi la dernière place, refusant par

---

[177] La fête de *Souccoth*, qui débute aujourd'hui et s'achèvera le 2 octobre, est la plus joyeuse et la plus symbolique des fêtes d'automne, c'est une fête de récoltes. *Souccoth* signifie littéralement « cabanes, huttes». Une *souccah* est une habitation provisoire qui doit être détruite d'une année sur l'autre. Chaque année, les fidèles juifs construisent à nouveau une petite cabane avec des branches de palmiers, de myrte, de cèdre et de saule dans laquelle ils dorment et prennent leurs repas pendant une semaine. Cette cabane doit absolument être bâtie sous le ciel et non sous un abri. A Jérusalem, on voit ainsi fleurir des cabanes par centaine, dans les rues, sur les terrasses, les balcons ou les toits...

exemple la royauté que la foule voulait lui conférer après la multiplication des pains (Jn 6,15).

En second lieu, **le Christ nous invite à la charité** : « *si quelqu'un veut être le premier, qu'il soit le serviteur de tous.* » Si l'humilité est la base de notre édifice spirituel, la charité en est l'accomplissement. « *Tu aimeras le Seigneur ton Dieu de tout ton cœur, de toute ton âme et de tout ton esprit* » et « *tu aimeras ton prochain comme toi-même* » (Mt 22,37-39), voilà le plus grand commandement. Ce commandement est bien concret, et s'exprime notamment dans le service du prochain, comme Jésus lui-même nous l'a révélé dans la parabole du bon samaritain et dans le lavement des pieds de la dernière Cène.

Alors que le prochain de la parabole est un homme blessé sur le chemin, Jésus tourne aujourd'hui notre regard dans une autre direction : celle d'un enfant. « *Prenant alors un enfant, il le plaça au milieu d'eux, l'embrassa, et leur dit : "Celui qui accueille en mon nom un enfant comme celui-ci, c'est moi qu'il accueille. Et celui qui m'accueille ne m'accueille pas moi, mais Celui qui m'a envoyé."* » L'enfant représente l'être fragile par excellence, celui qui a besoin des autres pour vivre. C'est donc d'abord par rapport aux plus fragiles que notre charité doit s'exercer : les enfants, mais aussi les pauvres, les handicapés, les réfugiés politiques et économiques…

Servir le prochain, en particulier celui qui est fragile, peut s'avérer difficile et même crucifiant. C'est pourquoi le disciple du Christ doit être capable de suivre le chemin qu'il a emprunté, qui est passé par la Passion et par la mort, avant de parvenir à la résurrection.

Ainsi, frères et sœurs, **le Seigneur ne nous demande pas d'étouffer nos désirs de grandeur, mais de les purifier par l'humilité et par la charité.** En nous faisant les derniers de tous et les serviteurs de tous, nous deviendrons les premiers aux yeux de Dieu. Certes, ce choix va contre celui du monde, qui nous dresse les uns contre les autres en nous faisant croire qu'il faut écraser l'autre pour prendre sa place. Dans *Le diable s'habille en Prada*, Meryl Streep incarne une femme qui a atteint le sommet de la puissance et de la gloire dans le domaine de la mode, mais qui s'est appauvrie en humanité et n'a rien su construire dans le domaine de sa vie privée. Son assistante, lorsqu'elle réalise qu'elle est en train de prendre le même chemin, y renonce pour retrouver ses vrais amis et commencer à exercer le véritable métier qu'elle aime, celui de journaliste. En choisissant la voie de l'humilité et du service, nous renonçons aux séductions du monde et de Satan, mais c'est pour goûter le bonheur des enfants de Dieu. Certes, cette voie nous fragilise nous-mêmes, mais c'est pour nous l'occasion de nous remettre avec confiance entre les mains du Père. Alors, non seulement nous n'avons rien à craindre, car le Seigneur veille sur nous plus que sur les moineaux du ciel (cf Mt 10,29), mais nous recevrons la grâce insigne d'être servis par Lui : « *Heureux les serviteurs que le maître, à son arrivée, trouvera en train de veiller. Amen, je vous le dis : il prendra la tenue de service, les fera passer à table et les servira chacun à son tour.* » (Lc 12,37) Cette semaine, faisons-nous les derniers de tous et les serviteurs de tous, et laissons-nous servir par le Seigneur !

## Ne nous trompons pas de combat !

Frères et sœurs, **qui sont nos ennemis ?** Même si nous n'en avons pas au sens fort du terme, il nous arrive sans doute de vouloir du mal à certaines personnes, ou au moins de les juger négativement. *« Quand je me regarde, je me désole. Quand je regarde les autres, je me console »* disait Talleyrand avec humour. Ce jugement de l'autre et cette complaisance par rapport à soi-même, Jésus les a dénoncés : *« Qu'as-tu à regarder la paille dans l'œil de ton frère, alors que la poutre qui est dans ton œil, tu ne la remarques pas ? »* (Mt 7,3) Dans l'évangile de ce dimanche, Jean fait preuve de ce sectarisme : il veut empêcher d'agir celui qui chasse les esprits mauvais sans faire partie du groupe des disciples. Il est atteint d'une maladie à la fois grave et très répandue, celle de la jalousie. Quelque temps plus tôt, juste après l'épisode de la Transfiguration, lui et les autres disciples ont cherché à chasser un esprit mauvais, et ils n'ont pas réussi (cf Mc 9,18). Et voilà que cet homme, qui n'a pourtant pas reçu autant d'enseignements du Maître, y parvient ! La réaction de Jean ressemble à celle de Josué, qui voulait arrêter Eldad et Medad de prophétiser parce qu'ils n'étaient pas venus à la tente de la Rencontre et avaient pourtant reçu l'Esprit du Seigneur. Moïse avait manifesté son humilité et sa largeur de vue en répondant : *« Serais-tu jaloux pour moi ? Ah ! puisse tout le peuple de Yahvé être prophète, Yahvé leur donnant son Esprit ! »* (1° lect.) De manière semblable, Jésus répond à Jean : *« Ne l'en empêchez pas, car il n'est personne qui puisse faire un miracle en invoquant mon nom et sitôt après parler* *mal de moi. Qui n'est pas contre nous est pour nous.* » Mais Jésus va plus loin que Moïse : après avoir invité ses disciples à la magnanimité (étymologiquement, à agrandir leur âme), il les exhorte à déplacer le combat : ce n'est pas contre les autres qu'il faut lutter, mais contre toutes les tendances qui nous empêchent nous-mêmes de vivre pleinement selon l'évangile, et qui poussent les autres à faire de même. **Méditons maintenant sur ces deux attitudes auxquelles le Seigneur nous appelle, d'abord l'ouverture aux autres, ensuite la lutte contre le péché.**

« *Celui qui n'est pas contre nous est pour nous.* » Pour commencer, le Christ veut élargir notre cœur. A Nicodème, il avait déclaré : « *Le vent souffle où il veut : tu entends le bruit qu'il fait, mais tu ne sais pas d'où il vient ni où il va.* » (Jn 3,8) L'homme a tendance à s'enfermer dans des opinions rigides et sectaires. La tentation de juger les autres guette tous les hommes, mais surtout les croyants, précisément parce qu'ils croient posséder la Vérité. C'est particulièrement vrai à notre époque, qui a érigé les déesses relativisme et tolérance sur un piédestal. « *Chacun fait ce qui lui plaît et pense ce qu'il veut* », voilà quel pourrait être son « évangile ». Nous les croyants, nous ne pouvons certes pas accepter certaines manières d'agir et de penser, mais nous devons aussi reconnaître ce qui est bon dans notre société, et dans le cœur des personnes que nous rencontrons, croyants ou non-croyants. Nous devons juger les actes et les paroles, mais sans juger les cœurs, car seul le Seigneur en est capable, lui qui « *mettra en lumière ce qui est caché dans les ténèbres, et fera paraître les intentions secrètes »* (1 Co 4,5) lors de son retour. Comme l'ont souligné les pères du concile Vatican II, dans la constitution Gaudium et Spes : « *puisque le Christ est mort pour tous et que la vocation dernière de l'homme est réellement unique, à savoir divine, l'Esprit-Saint offre à tous, d'une façon que Dieu connaît, la possibilité d'être associé au mystère pascal »* (§22). L'Eglise ne possède pas la Vérité, qui est le Christ, elle cherche à l'écouter et à la faire. Plutôt que *« hors de l'Eglise point de salut »*, nous devrions affirmer *« hors de l'Eglise point de Sauveur »,* conscients de nos propres errances.

En plus de nous appeler ainsi à ne pas rejeter les autres, **le Seigneur nous exhorte à chasser de nos cœurs notre véritable ennemi : le péché, et tout ce qui y conduit.** Chaque année à la vigile pascale, reprenant les promesses de notre baptême, nous professons non seulement notre Foi, mais aussi notre engagement à rejeter Satan, le péché, et tout ce qui y conduit. Blanche de Castille avait éduqué son fils, le futur saint Louis, selon le principe : *« plutôt mourir que pécher ».*Saint Jacques, d'une façon extraordinairement virulente, a condamné le comportement de certains riches, apparemment membres de la communauté chrétienne : *« Vos richesses sont pourries, vos vêtements sont mangés des mites [...] Des travailleurs ont moissonné vos terres, et vous ne les avez pas payés [...] Vous avez recherché sur terre le plaisir et le luxe, et vous avez fait bombance pendant qu'on* *massacrait des gens. »* (2° lect.) Avant lui, c'est Jésus lui-même qui a fait preuve du plus grand radicalisme : « *si ta main t'entraîne au péché, coupe-la. [...] Si ton pied t'entraîne au péché, coupe-le. [...] Si ton œil t'entraîne au péché, arrache-le* ». Car il vaut mieux entrer manchot, estropié ou borgne dans le royaume de Dieu que d'être jeté avec tous ses membres dans la géhenne, « *là où le ver ne meurt pas et où le feu ne s'éteint pas.* » Avec mes mains je peux frapper l'autre, ou le saluer et le soutenir. Avec mes pieds, je peux donner des coups aux autres, les fuir, ou au contraire aller vers celui qui a besoin de moi. Avec mes yeux je peux juger l'autre, convoiter ce qui ne m'appartient pas, ou contempler la présence de Dieu en l'autre et en la création... Dans notre société de consommation qui nous sollicite sans cesse, nous sommes appelés non à nous estropier, mais à jeûner de nos différents sens.

Le combat contre le péché nous concerne personnellement, mais aussi collectivement. Lorsqu'un membre d'un corps est gangréné, il faut le couper pour éviter que le corps entier ne soit contaminé et ne meurt. De même, lorsque nous péchons, nous contaminons le Corps entier de l'Eglise, surtout les membres les plus fragiles, les « *petits* » dans la Foi. Par ailleurs, certaines de nos actions peuvent ne pas être mauvaises en soi, mais entraîner d'autres à pécher, ou du moins à se scandaliser. Le mot « scandale » (skandalon en grec), qui apparaît 4 fois dans l'évangile d'aujourd'hui et est traduit par « *occasion de chute* », déstabilise le « petit dans la foi » et risque de le faire chuter. C'est pourquoi Jésus a là aussi des paroles radicales : « *Celui qui entraînera la chute d'un seul de ces petits qui croient en moi, mieux vaudrait pour lui qu'on lui attache au cou une de ces meules que tournent les ânes, et qu'on le jette à la mer.* » Dans une de ses lettres (1Co 8), Paul explique que même s'il pourrait manger des viandes immolées aux idoles, il préfère l'éviter pour ne scandaliser personne. Comme on est loin de notre société, où beaucoup cherchent au contraire à créer des scandales pour faire chuter leurs ennemis[178] !

Dans ce combat radical contre le péché, prenons exemple sur les saints, en particulier en particulier ceux que nous allons fêter cette semaine, Thérèse de Lisieux demain, et François d'Assise jeudi. Un jour où il était assailli par les tentations de

---

[178] « *Notre époque en Occident a une conception très médiatique du scandale. Pasolini déclarait avec son sens habituel de la provocation : « Scandaliser est un droit, être scandalisé un plaisir ». Est scandaleux dans notre mentalité occidentale actuelle ce qui alimente la rumeur sur les réseaux sociaux, les chaînes d'information en continu, tout ce qui accélère ce que Bourdieu appelait « la circulation circulaire de l'information ». Lorsque le scandale ne tourne plus en boucle sur nos écrans, il passe de cyclone à tornade, puis à fort coup de vent, et finalement le souffle de l'événement s'éparpille et laisse la place à une nouvelle indignation...*
*La durée de vie des scandales est éphémère. Les plus anciens se souviendront des scandales ayant marqué le XX° siècle : l'affaire Dreyfus, Stavinsky, les emprunts russes, le canal de Panama, les goulags... Mais les autres siècles avaient bien d'autres sujets de scandale : le collier de la reine, les maîtresses du roi, les intrigues de la cour, la colonisation ...* ».
Tiré de http://lhomeliedudimanche.unblog.fr/

la chair, François s'était jeté dans un buisson d'épines, comme l'avait fait saint Benoît avant lui, ce qui les a délivrés. Quant à Thérèse, elle aussi savait « se vaincre » pour demeurer charitable et souriante envers les sœurs qui ne l'étaient pas, mais lorsqu'elle sentait qu'elle n'y parviendrait pas, elle préférait « fuir » par humilité, plutôt que pêcher.

Ainsi, frères et sœurs, **le Seigneur nous appelle à savoir reconnaître et accueillir son Esprit qui** *« souffle où il veut »*, **à rejeter l'esprit du mal, notre véritable ennemi, avant tout en nous-mêmes mais aussi à veiller à ce qu'il ne pénètre pas dans le cœur de nos frères**, particulièrement s'ils sont « petits dans la foi ». Que l'Esprit Saint nous rende fervents non pour le mal, mais pour le bien !

# L'homme s'attachera à sa femme, et tous deux ne feront plus qu'un

Frères et sœurs, **vaut-il la peine de se marier ?** Alors que le nombre de mariages ne cesse de diminuer en France[179], et que le nombre de divorces est toujours très élevé, la question mérite d'être posée[180]. S'unir à un autre pour toute la vie, n'est-ce pas irréaliste, trop difficile à atteindre ? La preuve, c'est que Moïse lui-même a autorisé le divorce[181]. La question est tellement épineuse que les pharisiens l'utilisent pour

---

[179] En 2017, en France, 228 000 mariages ont été célébrés, dont 221 000 entre personnes de sexe différent et 7 000 entre personnes de même sexe. En 1970, il y eut 393 000 mariages.

[180] Les disciples de Jésus eux-mêmes en ont douté, après qu'il leur a rappelé le dessein de Dieu au commencement : « *Si telle est la situation de l'homme par rapport à sa femme, mieux vaut ne pas se marier.* » (Mt 19,10)

[181] Dans le Deutéronome, il est écrit en effet qu' *un homme, dont la femme n'a pas trouvé grâce à ses yeux, et qui a découvert une tare à lui imputer, doit rédiger pour elle un acte de répudiation avant de la renvoyer de chez lui* (cf Dt 24,1). Le mot « répudiation », « apostasia » en grec, suggère la gravité de cet acte, puisqu'il revient à rejeter Dieu lui-même ! Il n'empêche que cette loi, qui nous paraît fortement injuste puisqu'elle signifie que la femme est juridiquement la propriété de l'homme, un bien parmi d'autres, était pourtant un progrès dans un monde marqué par la polygamie. Elle exigeait en effet de l'homme de ne pas répudier son épouse sur un simple caprice, sans raison objective. Mais que signifie le mot « tare », qu'on peut aussi traduire par « quelque chose de choquant » ? Au temps de Jésus, les deux plus grands rabbins opposaient leurs interprétations : selon Shammaï, ce terme cachait une réalité grave, comme l'adultère ; pour Hillel, en revanche, il recouvrait une multitude de possibilités, comme celle d'avoir laissé brûler un repas

*mettre Jésus à l'épreuve, en lui demandant : « Est-il permis à un mari de renvoyer sa femme ? »* Ils veulent le piéger : s'il répond que c'est permis, il manifestera une dureté de cœur qui lui mettra à dos les nombreuses femmes qui l'écoutent. Si au contraire il répond que ce n'est pas permis, il s'opposera à la loi de Moïse. Une fois encore, Jésus échappe au piège en refusant de s'engager sur le terrain d'une morale étriquée, celle du permis et du défendu, mais en retournant à la source de la morale, pour en montrer toute la beauté. Tout d'abord, il défend Moïse et fustige les pharisiens eux-mêmes :« *c'est en raison de votre endurcissement[182] qu'il a formulé cette loi* ». Puis il les renvoie au dessein de Dieu, exprimé dans la Genèse : « *Mais, au commencement de la création, il les fit homme et femme. A cause de cela, l'homme quittera son père et sa mère, il s'attachera à sa femme, et tous deux ne feront plus qu'un. Ainsi, ils ne sont plus deux, mais ils ne font qu'un.* » (V. 6-8) Et il en conclue : « *Donc, ce que Dieu a uni, que l'homme ne le sépare pas !* » (V. 9) Le mot « *unir*[183] » en grec signifie que les deux époux sont mis sous le même joug. Que signifie ce joug, voulu par Dieu dès la création ? Ce n'est pas un joug qui écrase, mais qui libère, car c'est le joug du Christ (cf Mt 11,29). Cherchons à le comprendre à la lumière de l'amour qui a uni Louis et Zélie Martin, les parents de sainte Thérèse qui écrivit à leur propos : « *Le bon Dieu m'a donné un père et une mère plus dignes du Ciel que de la terre.* » Ils formèrent le premier couple canonisé de l'histoire de l'Eglise.

---

[182] Le terme grec traduit par endurcissement, « *sclérocardia* », aurait pu ne pas l'être, tant il est explicite en français !
[183] « synexeusen ».

Ils ont connu les situations que rencontrent beaucoup de couples modernes : ils se marièrent tard[184], travaillèrent beaucoup tous les deux, furent soucieux de l'éducation de leurs enfants et furent terrassés par les maladies contemporaines : le cancer pour Zélie et une maladie neuro-psychiatrique pour Louis. Méditons sur leur amour à partir de **quatre dimensions, qui constituent les quatre piliers du mariage chrétien: la liberté, la fidélité, l'indissolubilité, et la fécondité.**

Premièrement, **l'amour rime avec la liberté**. Cela signifie que non seulement il ne provient d'aucune contrainte, ni extérieure, ni intérieure, mais aussi qu'il rend libre. Celui qui aime apprend à renoncer à tout ce qui n'est pas essentiel pour être davantage à l'écoute et au service de l'autre. Ainsi, l'homme et la femme doivent apprendre à vivre l'unité dans la diversité, c'est-à-dire sans tomber dans la fusion.

C'est librement que Louis et Zélie se sont choisis, même s'ils s'étaient d'abord tournés vers la vie religieuse. Parce qu'il ne connaissait pas le latin, et parce qu'elle s'était heurtée au refus de la sœur supérieure, ils y ont renoncé, mais ces « échecs » n'ont pas étouffé leur amour pour Dieu, au contraire, il s'est exprimé d'une autre façon dans le mariage.

---

[184] Lui a 35 ans, elle, 28. En 2017, les hommes se marient en moyenne à 38 ans et les femmes à 35 ans.

Ensuite, **l'amour est fidèle**. Cela implique que non seulement il ne trompe pas l'autre, ni physiquement, ni spirituellement, mais aussi qu'il fait grandir la confiance, comme le mot « *fides* », en latin, le rappelle. C'est ce que saint Paul écrit dans son célèbre hymne à la charité : « *l'amour fait confiance en tout* » (1Co 13). Alors que la méfiance s'accompagne de dureté de cœur, la confiance s'accompagne de tendresse. C'est ainsi que Louis et Zélie, alors qu'ils avaient au début de leur mariage fomenté le projet de le vivre dans la continence, se sont finalement aimés avec tendresse et ont découvert la grandeur de la sexualité. Les lettres de Zélie manifestent un ardent amour pour son mari, par exemple lorsqu'elle écrit : « *Ta femme qui t'aime plus que sa vie* », ou « *Je t'embrasse comme je t'aime* »...

Troisièmement, **l'amour est indissoluble**, tellement que Jésus déclare adultère celui ou celle qui renvoie son conjoint et en épouse un autre. Cela signifie non seulement ne pas rompre ses liens avec l'autre, mais aussi et surtout construire avec lui ou elle une relation de plus en plus forte. Le temps, loin d'être l'ennemi tellement redouté de beaucoup, est un véritable allié. Par essence, l'amour cherche l'éternité, et il se construit petit à petit.

Louis et Zélie n'ont vécu ensemble que pendant 19 ans, avant que la mort de Zélie les sépare. Mais cette séparation n'était que physique, elle n'a pas anéanti l'amour. Zélie écrivit pendant sa maladie : « *Si le Bon Dieu veut me guérir, je serai très contente, car au fond, je désire vivre ; il m'en coûte de quitter mon mari et mes enfants. Mais d'autre part, je me dis : si je ne guéris pas, c'est qu'il leur sera peut-être plus utile que je m'en aille ».*

Enfin, **l'amour est fécond**. Deux personnes qui voudraient demeurer sans cesse entre elles ne s'aimeraient pas vraiment, elles vivraient dans l'égoïsme. Au contraire, l'essence de l'amour est de se communiquer, en particulier à ses enfants. La fin de l'évangile est éclairante. Alors que les disciples veulent écarter les enfants qu'on approche de Jésus, il se fâche, ce qui est rare, et déclare : « *Laissez les enfants venir à moi, ne les empêchez pas, car le royaume de Dieu est à ceux qui leur ressemblent* ». Et il renchérit solennellement : « *Amen, je vous le dis : celui qui n'accueille pas le royaume de Dieu à la manière d'un enfant n'y entrera pas.* » Les parents ont la chance immense de fréquenter chaque jour ceux à qui le Royaume de Dieu appartient. S'ils ont un rôle de modèles à jouer auprès d'eux, ils ont inversement à les prendre en exemples.

Louis et Zélie ont donné naissance à 9 enfants, dont 4 sont morts en bas âge. Dans sa correspondance, Zélie écrivit : « *J'aime les enfants à la folie, j'étais née pour en avoir...* » Dans les manuscrits de Thérèse, on découvre à quel point elle et ses sœurs ont été aimées, même si ce ne fut pas toujours facile. Pour faire vivre financièrement cette famille nombreuse, Zélie se dépensa sans compter au travail de la dentelle. Et avec Louis, elle éprouva bien des difficultés avec Léonie, la 3${}^{ème}$ des 5 filles, qui était d'un caractère instable et colérique...

Ainsi, frères et sœurs, **l'homme et la femme ont été créés à l'image de Dieu, et leur union dans le mariage est une image de l'amour des 3 Personnes divines entre elles.** Dans notre société ravagée par tant de divorces mais aussi par tant d'unions bien loin du mariage chrétien, les époux chrétiens ont un rôle plus essentiel que jamais à jouer. C'est pourquoi **Louis et Zélie Martin peuvent apporter un témoignage précieux à notre société. Par leur intercession, prions pour tous les couples chrétiens afin que par leur amour libre, fidèle, indissoluble et fécond, ils puissent signifier aux yeux du monde l'amour infini de Dieu, et qu'ils puissent en jouir de plus en plus eux-mêmes. Prions aussi pour les couples désunis, afin que le Seigneur guérisse leurs blessures.** AMEN.

## Viens et suis-moi

Frères et sœurs, *que devons-nous faire pour avoir en héritage la vie éternelle ?* L'homme qui pose cette question à Jésus a compris l'essentiel ; il désire ce que nous désirons nous aussi plus que tout : la vie éternelle. Les animaux cherchent instinctivement à conserver la vie le plus longtemps possible, mais l'homme aspire à davantage. Qu'est-ce que la vie éternelle ? Ce n'est pas seulement la vie qui ne finit pas, car l'existence peut être tellement insupportable, dans certaines situations, que certains cherchent même à y mettre fin. Elle peut aussi être insipide, ou futile. La vie éternelle, c'est celle qui comble l'homme, donnant à chaque instant une valeur inestimable, inoubliable. En un mot, c'est la vie même de Dieu. L'homme de l'évangile a donc bien raison de demander à Jésus le moyen de recevoir cette vie *« en héritage »*, car elle est le plus beau don que Dieu peut léguer à ses enfants. Le Christ lui répond en deux temps, qui correspondent aux deux étapes qui nous acheminent vers la vie divine. Pour commencer, il lui rappelle **les commandements donnés par Dieu à Moïse** sur le Sinaï. Ensuite, il l'invite à aller plus loin et à **tout quitter pour le suivre.**

**Pour commencer le chemin vers la vie éternelle, il faut pratiquer les commandements du Décalogue.** Ils constituent de fait, selon saint Augustin, *« un commencement de liberté »*. Alors que beaucoup des préceptes reçus par Moïse sont devenus caduques avec le Christ, ceux du Décalogue sont toujours valables, car ils expriment la loi naturelle, inscrite dans notre humanité. Ceci explique que toute la partie morale du Catéchisme de l'Église Catholique est basée sur eux. Avant de les rappeler à son interlocuteur, Jésus lui répond : « *Pourquoi m'appelles-tu bon ? Personne n'est bon, sinon Dieu seul.* » De cette manière, il suggère que le premier pas à effectuer est de placer Dieu à la première place, et de l'honorer. Il rassemble ainsi les trois premiers commandements, ceux qu'on appelle de la première table : ne pas avoir d'autre Dieu que le Seigneur, ne pas prononcer son Nom à faux, et lui rendre un culte le jour du sabbat. Sans cette première table, la seconde devient un pur humanisme qui peut s'avérer finalement déshumanisant, comme l'expérience du communisme le manifeste.

Venons-en à cette seconde table. Jésus rappelle chacun de ses commandements, en plaçant celui qui demande d'honorer ses parents non en premier mais en dernier, peut-être pour établir une gradation entre les uns et les autres, de plus en plus difficiles à réaliser : ne pas tuer, ne pas commettre d'adultère, ne pas voler, ne pas porter de faux témoignage, ne faire de tort à personne, honorer son père et sa mère. Ce dernier est le plus exigeant car il est le seul positif, ouvrant donc à une infinité de possibles.

La vie éternelle commence donc par l'obéissance à la loi naturelle, c'est-à-dire à ce que nous sommes. Dans la vie spirituelle, avant de parvenir aux voies illuminative puis unitive, il faut passer par la voie purgative. Les Hébreux sortis d'Égypte avaient été libérés de Pharaon, mais pas de leurs penchants mauvais qui les rendaient bien plus profondément esclaves. Les 40 ans dans le désert devaient leur permettre de parvenir à la vraie liberté, condition nécessaire pour jouir ensuite pleinement de la Terre Promise. Le désert est d'ailleurs un lieu propice pour se convertir, et c'est là qu'un certain Charles de Foucauld commença à regretter sa vie antérieure dissolue.

Pour jouir de la vie éternelle, **l'obéissance aux dix commandements est une condition nécessaire, mais pas suffisante.** Constatant que son interlocuteur la remplit, Jésus l'invite à passer à l'étape suivante. Pressentant sans doute qu'il va lui être difficile de le faire, *posant alors son regard sur lui, il se met à l'aimer.* Quelle délicatesse de la part du Christ ! Il ne lance pas son invitation d'une manière froide et anonyme, comme on parle à une foule, mais en proposant à l'homme riche d'entrer dans une relation personnelle et amicale. Seulement alors, il lui dit : « *Une seule chose te manque : va, vends tout ce que tu as, donne-le aux pauvres et tu auras un trésor au ciel ; puis viens et suis-moi.* » Seule l'amitié avec le Christ, le Vivant par excellence (cf Ap 1,18), est source de vie éternelle. Mais cette amitié n'est possible que si le cœur de l'homme est libre de tout autre attachement. L'interlocuteur de Jésus ne l'est pas, car il renonce à suivre Jésus à cause de ses « *grands biens* ». Résultat : « *il devint sombre et s'en alla tout triste* »... Quel gâchis ! Cet homme passe à côté du « *trésor* » véritable, celui que le Christ lui promettait dans le ciel ! Saint Antoine, pour sa part, en entendant cet évangile, quitta tout pour suivre le Christ dans le désert...

Cela signifie-t-il que la richesse empêche de recevoir en héritage la vie éternelle ? En fait, ce n'est pas la richesse elle-même qui constitue l'obstacle, mais l'attachement désordonné à celle-ci. Cependant, il faut bien reconnaître que cet attachement est difficile à éviter. Jésus va jusqu'à affirmer qu'il «*est plus facile à une chameau de passer par le trou d'une aiguille qu'à un riche d'entrer dans le royaume de Dieu.*» Contrairement à d'autres circonstances, les disciples font alors preuve d'un véritable à-propos en se demandant entre eux, *déconcertés*: « Mais alors, qui peut être sauvé ? » Ils ont bien compris que tout homme possède des richesses, qu'elles soient matérielles, affectives, intellectuelles. Même Saint François d'Assise, le *poverello*, perdit momentanément la paix et la joie, lorsqu'il vit son ordre être guidé par d'autres dans une direction qu'il n'avait pas voulue...La réponse de Jésus rappelle la Parole de Dieu à Sara (Gn 18,14), et à Marie (Lc 1,37), annonçant à toutes les deux leur maternité prochaine : « *Pour les hommes, cela est impossible, mais pas pour Dieu ; car tout est possible à Dieu.*» Dieu seul est capable de nous donner la liberté parfaite.

La déclaration de Pierre, qui ressemble à une question (« *voilà que nous avons tout quitté pour te suivre* »), est elle-aussi fort à-propos, et peut nous aider à nous détacher de nos biens pour suivre le Christ. Jésus, de manière très solennelle, lui répond: « *Amen, je vous le dis : personne n'aura quitté, à cause de moi et de l'Évangile, une maison, des frères, des sœurs, une mère, un père, des enfants ou une terre, sans qu'il reçoive, en ce temps déjà, le centuple : maisons, frères, sœurs, mères, enfants et terres, avec des persécutions, et, dans le monde à venir, la vie éternelle. »* Autrement dit, nous n'avons pas à avoir peur de renoncer à nos biens, matériels ou affectifs, car le Seigneur nous comblera de biens, *« en ce temps déjà »*, avant de nous offrir la vie éternelle *« dans le monde à venir »*. Contrairement aux autres synoptiques, Marc ajoute *« des persécutions »*. Pourquoi ? Parce que, pour les amis du Christ, elles constituent des biens véritables. Souffrir avec le Christ est une source de grand bonheur, comme la dernière béatitude (Mt 5,11-12) et les saints en ont témoigné.

Ainsi, frères et sœurs, **n'ayons pas peur de répondre aux appels du Christ. Ne partons pas *sombres et tristes*, quand il veut nous combler de sa joie.** Imitons l'auteur du livre de la Sagesse : *« j'ai prié, et l'intelligence m'a été donnée, j'ai supplié, et l'esprit de Sagesse m'est venu. Je l'ai préférée aux sceptres et aux trônes et j'ai tenu pour rien la richesse en comparaison d'elle. »* (1° lect.) Et cette semaine, pourquoi ne pas lire ou relire l'encyclique Veritatis Splendor, dans laquelle Jean-Paul II expose la morale catholique à partir de l'évangile du jeune homme riche ?

## Celui qui veut être le premier sera l'esclave de tous

Frères et sœurs, **quelle est notre plus grand désir, notre ambition pour notre vie ?** Aujourd'hui, le Christ, en répondant à Jacques et Jean, les *« fils du tonnerre »*, nous appelle à être des hommes et des femmes de grand désir. Certes, celui des deux frères est à purifier : « *Accorde-nous de siéger, l'un à ta droite et l'autre à ta gauche, dans ta gloire.* » Leur demande témoigne qu'ils n'ont pas compris le sens de la messianité de Jésus : ils la voient d'une façon trop terrestre, s'attendant à ce que leur Maître devienne roi sur Israël comme David mille ans plus tôt. Leur incompréhension est d'autant plus « choquante » que Jésus vient, dans le passage précédant immédiatement, de leur annoncer pour la troisième fois sa Passion et sa mort à venir. Les dix autres s'indignent donc à juste titre, mais il est probable qu'eux-mêmes partagent la même incompréhension et les mêmes désirs. Comment Jésus réagit-il ? Loin de se mettre en colère ou de désespérer de ses disciples, il profite de l'occasion pour les enseigner. Il n'étouffe pas leur désir, mais le purifie. Vous voulez partager ma gloire ? Vous avez raison, mais vous vous trompez sur sa nature et sur le chemin pour y parvenir. Ma gloire n'est pas terrestre mais céleste, et vous ne pourrez la partager avec moi qu'en acceptant la souffrance, et en vous mettant au service de vos frères. **Réfléchissons maintenant sur le sens de la souffrance et du service auxquels le Christ nous appelle.**

« *Pouvez-vous boire à la coupe que je vais boire, recevoir le baptême dans lequel je vais être plongé ?* » Cette double demande peut être traduite ainsi : acceptez-vous de souffrir avec moi ? La coupe rappelle ici la coupe d'amertume, ce breuvage répugnant et dur à avaler : « *Le Seigneur tient en main une coupe où fermente un vin capiteux ; il le verse, et tous les impies de la terre le boiront jusqu'à la lie.* » (Ps 75, 9) Le baptême, lui aussi, implique la souffrance, puisqu'il s'agit de plonger dans la mort avant de renaître. Jacques et Jean répondent à Jésus sans saisir sans doute la portée de leurs paroles : « *nous le pouvons* ». Jésus leur annonce que c'est bien ce qui leur arrivera. Jacques sera le premier apôtre martyrisé, en 44 sur décision d'Hérode (Ac 12,2). Quant à Jean, il ne fut pas martyrisé mais persécuté et exilé. Mais avant d'en arriver là, ils s'enfuiront au moment de la Passion. Sur la croix, Jésus ne sera entouré d'aucun de ses apôtres ; à sa droite et à sa gauche, sur son « trône de gloire », il n'y aura que deux malfaiteurs, dont l'un l'accompagnera le jour-même dans le Paradis.

Pourquoi les disciples ont-ils eu tant de mal à accepter le message de la souffrance de Jésus ? Parce que les Juifs attendaient un messie glorieux, le fils de David annoncé par les prophètes. Peu d'entre eux avaient compris le message du prophète Isaïe, annonçant un mystérieux serviteur souffrant dans cinq poèmes: « *A cause de ses souffrances, il verra la lumière, il sera comblé. Parce qu'il a connu la souffrance, le juste, mon serviteur, justifiera les multitudes, il se chargera de leurs péchés. »* (1° lect.) Aujourd'hui encore, les Juifs ne sont pas tous d'accord sur l'identité de ce personnage, mais la plupart voient en lui la personnification d'Israël tout entier. Pour nous chrétiens, Jésus est à la fois le roi glorieux de l'univers et le serviteur de Dieu qui nous a sauvés en passant par la souffrance. Il est aussi le « *grand prêtre par excellence* » (2° lect.), qui intercède pour nous aujourd'hui encore auprès de son Père. Il peut le faire parce qu'il « *n'est pas incapable, lui, de partager nos faiblesses ; en toutes choses, il a connu l'épreuve comme nous, et il n'a pas péché.* »

Ainsi, le disciple du Christ doit être prêt à souffrir. Mais il ne s'agit pas de tomber dans le masochisme ou le dolorisme, comme à certaines époques où un esprit janséniste régnait dans l'Église. **La souffrance n'est pas un but, mais une conséquence de la voie que nous choisissons, qui est celle de l'amour. Parce que «** *nous devons aimer non pas avec des paroles et des discours, mais par des actes et en vérité* **»** (1 Jn 3,18)**, celui-ci s'exprime de manière privilégiée dans le service du prochain.** Jésus dit aux Douze : « *Vous le savez : ceux que l'on regarde comme chefs des nations païennes commandent en maîtres ; les grands leur font sentir leur pouvoir. Parmi vous, il ne doit pas en être ainsi. Celui qui veut devenir grand sera votre serviteur. Celui qui veut être le premier sera l'esclave de tous.* » Une fois de plus, nous constatons que l'évangile va à contre-courant de l'esprit du monde. Jésus dénonce ici une des idoles les plus adulées, le pouvoir. Au lieu de le rechercher, ses disciples doivent être serviteurs *(« diakonos »* en grec, *« ministres »* en latin) et même esclaves (« *doulos* » en grec). Ce second terme ajoute au premier la notion de dépendance : l'esclave accepte de ne pas décider lui-même du service qu'il doit accomplir. Et Jésus va jusqu'à dire : « *de tous* » ! Quelle folie, à vues humaines !

Comment répondre à une telle demande ? En prenant exemple sur celui qui nous la pose. Jésus conclue ainsi son discours : « *car le Fils de l'homme n'est pas venu pour être servi, mais pour servir, et donner sa vie en rançon pour la multitude.* » Lui qui est le roi de l'univers, il n'a pas cessé de nous servir. Au moment de la dernière Cène, le lavement des pieds en a été le symbole. Mais c'est sur la croix que Jésus nous a servis de manière suprême. Que pouvait-il faire de plus pour nous que de nous sauver de la mort ? Le mot « *rançon* » est très fort, et renvoie à celui d' « *esclave* ». De qui le Christ nous a-t-il libérés ? Du péché, de Satan, de la peur de la mort[185]... C'est parce qu'il a payé très cher notre rançon, et parce qu'il sait que cela nous rend libres et heureux, que le Christ peut nous demander de devenir nous-mêmes esclaves de Dieu et les uns des autres.

Si le pape actuel a choisi le nom de François, c'est pour contester tout cléricalisme et abus d'autorité qui peut

---

[185] Saint Paul écrit aux Romains : « *Maintenant que vous avez été libérés du péché et que vous êtes devenus les esclaves de Dieu, vous y récoltez la sainteté, et cela aboutit à la vie éternelle.* » (Rm 6,22) Et l'auteur de l'épître aux Hébreux ajoute : « *par sa mort, Jésus a pu réduire à l'impuissance celui qui possédait le pouvoir de la mort, c'est-à-dire le démon, et il a rendus libres ceux qui, par crainte de la mort, passaient toute leur vie dans une situation d'esclaves.* » (He 2,14-15)

gangrener l'exercice du pouvoir ecclésial, aussi bien chez les prêtres que chez les laïcs. François d'Assise a refusé d'être ordonné prêtre parce que certains de son époque abusaient de leur pouvoir. Souvenons-nous aussi de Charles de Foucauld qui a accepté l'ordination mais en demeurant toujours un « *frère universel* », notamment auprès des touarègues du Sahara. Il disait : « *Dieu a tellement pris la dernière place que jamais personne ne pourra la lui ravir* ». Ou encore : « *je ne veux pas traverser la vie en première classe alors que mon sauveur a choisi la dernière* ».

Ainsi, frères et sœurs, nous pouvons remercier les fils de Zébédée pour leur demande. Grâce à eux, nous savons que **le Seigneur nous appelle tous à une vocation très haute, celle de la sainteté, qui nous permettra de partager sa gloire dans le ciel. Mais il nous enseigne aussi que le chemin pour y parvenir est celui de la souffrance et du service.** Pendant cette semaine qui va nous rapprocher de la grande fête de tous les saints, pourquoi ne pas relire la vie de saint Jean-Paul II, dont nous célèbrerons la fête demain ? Karol Wojtyla, en tant que pape, était « *serviteur des serviteurs de Dieu*», et il n'a pas refusé de souffrir, surtout durant les dernières années de sa vie. Tous les saints ont traversé des épreuves, et tous se sont mis au service de Dieu et de leurs frères. Par leur intercession, en particulier celle de Jacques, de Jean, de François, de Charles de Foucauld et de JPII, que le Seigneur nous rende libres par rapport à l'esprit du monde. AMEN.

# Rabbouni, que je voie !

Frères et sœurs, **sommes-nous capables de voir** ? De voir la vérité ? de voir le chemin qui nous conduit vers Dieu ? Si nous sommes lucides, nous pouvons répondre que nous ne le sommes pas. Jésus déclare ainsi aux pharisiens, après avoir guéri l'aveugle-né : « *Si vous étiez des aveugles, vous n'auriez pas de péché ; mais du moment que vous dites : "Nous voyons !" votre péché demeure.* » (Jn 9,41) Seul l'orgueil peut nous empêcher de reconnaître notre cécité. Les saints, au contraire, en étaient pleinement conscients, et ils demandaient à Dieu de les éclairer. « *Je veux voir Dieu* » est le cri qui résume toute la vie de sainte Thérèse d'Avila. Toute la vie chrétienne peut être appelée voie d'illumination. C'est d'ailleurs l'un des noms qui était donné au baptême, dans les premiers siècles. Comment voir Celui qui nous a créés ? Comment voir le chemin qui nous conduit vers Lui ? Pour nous y aider, ouvrons grands les yeux de nos esprits pour contempler l'aveugle Bartimée, dans la scène très imagée que nous venons d'entendre. Cet homme, que les trois évangiles synoptiques ont évoqué, est une parfaite image du disciple (à tel point que sa guérison est lue à tous les catéchumènes lors de l'étape du dernier scrutin). Au départ, il est aveugle, mendiant et assis. A la fin, il est voyant, libre et il marche. Il est prêt à quitter Jéricho, étymologiquement la ville de la lune (qui fluctue contrairement au soleil)[186], la ville du monde la

---

[186] « Jéricho vient du nom hébreu : lune (« jareah »). Jéricho est donc la ville de la lune en hébreu. Or la lune croît et décroît, elle change sans cesse (par opposition au soleil) : elle est devenue dans

plus basse (-250m) et la plus ancienne (près de 8000 ans av. JC) pour suivre Jésus vers Jérusalem, la ville où réside le Temple de Dieu et où il va affronter les forces du mal. Autrement dit, il est le symbole de l'homme ancien, fluctuant, marqué par sa bassesse, et renouvelé par le Christ. Le mot employé pour l'inviter à se lever, « *égeiré* », signifie également « *ressuscite* »... Comment cette résurrection a-t-elle été possible ? D'abord parce que Bartimée est un homme de désir. Ensuite, parce qu'il est un homme de Foi.

Pour commencer, **Bartimée est un homme de désir**. Il s'agit de la seule personne guérie par Jésus dans tout l'évangile dont le nom nous soit donné. Bartimée signifie « *Fils de Timée* » (Marc le souligne) : il porte donc le nom qui le désigne comme fils de son père. Il est « fils d'Honoré » car Timê en grec signifie « honneur ». Cet homme porte le nom d'un père ou aïeul qui a été célèbre et honoré. Ce patronyme est lourd à porter, d'autant plus que lui-même est marginalisé par la société.

Il aurait pu s'habituer à sa situation d'aveugle et de mendiant, et se recroqueviller sur lui-même. Au contraire, il est aux

---

le monde de Jésus le symbole de la disparition et du déclin. L'évangéliste Marc précise bien que Jésus sort de Jéricho avec ses disciples : symboliquement c'est l'invitation à sortir de nos déclins, à ne pas se résigner à la disparition ». Source : http://lhomeliedudimanche.unblog.fr/2012/10/27/bartimee-et-jesus-les-deux-fois-deux-fils/

aguets, et se sert pleinement des sens qui lui restent, en particulier l'ouïe. Il a entendu parler, souvent sans doute, de Jésus de Nazareth, et il a placé en lui son Espérance. Apprenant qu'il est à Jéricho, il comprend que c'est la chance de sa vie qui se présente. Mais comme la foule est nombreuse, il pourrait être intimidé et ne pas vouloir faire de vagues. Au contraire, il se met à crier : « *Jésus, fils de David, aie pitié de moi !* » Comme il pouvait s'y attendre, *beaucoup de gens l'interpellent vivement pour le faire taire*. C'est ainsi que l'on a tendance à traiter les marginaux, les petits. Souvenons-nous des disciples, qui écartèrent vivement les enfants qu'on approchait de Jésus (Mc 10,13). Cela parait d'autant plus justifié ici, que la scène a lieu à proximité du palais d'Hérode[187], avec sans doute des soldats romains dans les alentours, et que ceux qui troublaient la « pax romana » risquaient très gros. Mais Bartimée ne se laisse pas intimider, et il crie de plus belle : «*Fils de David, aie pitié de moi !* » Son cri répété exprime un désir immense. Il rejoint l'exhortation de Jérémie à son peuple en exil : « *Faites résonner vos louanges et criez tous :* « *Seigneur, sauve ton peuple, le reste d'Israël !* » (1° lect.)

**Le cri de Bartimée n'est pas seulement l'expression de son désir, mais aussi de sa Foi.** Le désir est nécessaire, mais pas suffisant, comme le manifestent tant de nos contemporains qui cherchent sans succès la guérison à travers de multiples spiritualités. Jésus s'arrête et dit : « *Appelez-le.* » Pourquoi ne le fait-il pas taire, comme il a fait taire les démons, qui

---

[187] (dont des vestiges ont été retrouvés par des archéologues)

savaient qu'il était le messie ? Parce qu'il n'est plus temps de cacher son identité, il se dirige vers Jérusalem, où il va souffrir sa passion, mourir et ressusciter, comme il l'a annoncé trois fois dans les épisodes précédents de l'évangile. Mais alors, pourquoi Jésus ne va-t-il pas directement voir Bartimée, ou ne l'appelle-t-il pas lui-même ? Parce que le Seigneur agit par la médiation des hommes. C'est le rôle même de l'Eglise, qui est *« le sacrement universel du salut »* (LG 48). C'est bien ce rôle que jouent ici ceux qui appellent l'aveugle, lui disant trois mots essentiels de la Foi : *« Confiance, lève-toi, il t'appelle*[188]. »

A cet appel, Bartimée répond d'une manière admirable. Il *« jeta son manteau, bondit et courut vers Jésus. »* Le manteau, dans la bible, symbolise de l'identité de l'homme, et il est aussi, pour un aveugle, son unique richesse. Bartimée ne craint pas de le jeter, de se mettre « à nu » et son enthousiasme le fait bondir[189]. Cet abandon suggère une rupture avec son passé, et rappelle aussi le geste que réalisaient les nouveaux baptisés au temps de Marc, avant de revêtir un vêtement blanc.

*« Que veux-tu que je fasse pour toi ? »* Jésus sait très bien ce à quoi Bartimée aspire, mais il veut affirmer son désir, et

---

[188] Le premier - « tharsei » - pourrait plutôt être traduit par « courage », le deuxième -« égeiré » (nous l'avons vu), par « ressuscite », et le troisième -« phonei » - suggère une vocation. Ce sont trois verbes dynamiques, qui manifestent que les appels de Dieu nous fortifient et nous mettent en mouvement.
[189] Comme un poulain (cf Ps 28).

l'inscrire dans une relation personnelle avec lui. La réponse est simple et belle : « *Rabbouni, que je voie.* » *Rabbouni* est le mot que Marie-Madeleine emploiera elle-aussi (cf Jn 20,16), et qui signifie *« mon maître »*, avec une dimension particulière de respect. Bartimée ne s'adresse pas à un guérisseur quelconque, mais à celui en qui il a reconnu le *« fils de David »* et qu'il considère comme son maître. Il est donc entré dans une relation de Foi. C'est pourquoi Jésus peut lui répondre : *« va, ta foi t'a sauvé. »* Et la preuve que Bartimée est devenu un disciple de Jésus, c'est qu'il le suit sur la route... Jacques et Jean, qui voulaient siéger avec Jésus dans sa gloire (cf dimanche dernier), étaient aveugles sans le savoir. Lui, maintenant qu'il a ouvert les yeux sur le Christ, marche.

Frères et sœurs, **Bartimée fait partie des quelques personnages admirables que les évangiles nous présentent.** Alors que les apôtres sont encore aveugles sur la véritable mission de Jésus, comme les péricopes des dimanches précédents l'ont manifesté, cet homme pauvre par excellence fait preuve d'un désir et d'une foi extraordinaires. Nos frères chrétiens orthodoxes ont été tellement marqués par son cri[190] que certains récitent continuellement une prière litanique que le *Récit d'un pèlerin russe* a rendue célèbre : *« Jésus, fils de David, aie pitié de moi, pécheur ».* Nous-mêmes, au début

---

[190] Il est presque semblable à celui du publicain monté au Temple : *« Le publicain, lui, se tenait à distance et n'osait même pas lever les yeux vers le ciel ; mais il se frappait la poitrine, en disant : "Mon Dieu, montre-toi favorable au pécheur que je suis !" »* (Lc 18,13)

de chaque célébration eucharistique, nous crions trois fois « *kyrie eleison* », même si ces mots sont parfois traduits en français. Les chantons-nous de tout notre cœur ? Au fond, de quoi souhaitons-nous être guéris par le Seigneur ? Sommes-nous prêts à reconnaître nos blessures, nos fragilités, nos péchés... et à abandonner le manteau de notre ancienne vie pour ressusciter à une identité nouvelle[191] ? Sommes-nous prêts à faire fi des oppositions que nous rencontrerons pour guérir, et qui pourrons venir même de nos proches ? Sommes-nous prêts à accompagner le Christ sur le chemin de la Passion ? Jeudi, lors de la fête de la Toussaint, nous entendrons la béatitude : *« Heureux les cœurs purs, ils verront Dieu ».* **Pour bien préparer cette fête, prenons conscience de nos cécités et demandons au Seigneur, par l'intercession de Bartimée et de tous les saints, de purifier nos cœurs afin que nous puissions le voir, et de nous donner la force de le suivre. AMEN.**

---

[191] « L'homme est un pauvre qui a besoin de tout demander à Dieu » disait le curé d'Ars.

## Tu aimeras

« **Quel est le premier de tous les commandements ?** » En posant cette question à Jésus, frères et sœurs, le scribe pose la question de l'essentiel. Pour un Juif pieux, aussi bien à l'époque de Jésus qu'aujourd'hui, il existe 613 commandements à pratiquer. Dans notre mentalité moderne, le mot « commandement » a mauvaise presse, il est synonyme de carcan qui empêche d'être libre. C'est parce que beaucoup de nos contemporains considèrent notre religion comme un ensemble d'obligations lourdes à porter qu'ils la rejettent. En réalité, **les commandements du Seigneur ne sont pas des fardeaux, mais au contraire des ailes** qui nous permettent de nous élever vers le Ciel, comme l'avait dit le pape Benoît XVI aux JMJ de Cologne. De quelles ailes s'agit-il ? De celles de l'amour. Pour nos frères juifs, la multiplicité des commandements (365 interdictions, actes « à ne pas faire », et 248 préceptes, actes « à accomplir ») leur permettent de penser continuellement au Seigneur, mais le risque est grand de tomber dans le formalisme (un risque qui existe aussi pour les Chrétiens)... La réponse de Jésus au scribe est lumineuse. En premier, il cite le commandement que les Juifs récitent chaque jour dans le *shema Israël*, tiré du Deutéronome : « *Tu aimeras le Seigneur ton Dieu de tout ton cœur, de toute ton âme et de toute ta force.* » (Dt 6,5) Puis il en ajoute un second, tiré du Lévitique (19,18), en précisant qu'il est semblable au premier : « *Tu aimeras ton prochain comme toi-même* ». Pourquoi avoir uni ces deux commandements ? Parce que **l'amour de Dieu est illusoire,**

**s'il ne se concrétise pas dans l'amour du prochain et de soi.** En tuant son frère Abel, Caïn manifesta que son sacrifice pour le Seigneur n'avait pas été accompli avec amour. Inversement, l'amour du prochain et de soi-même est égoïste, s'il ne trouve sa source dans l'amour de Dieu. Les communistes du XXème siècle, à l'image des hommes qui construisirent la tour de Babel, rêvaient d'établir une fraternité universelle, mais leur illusion se manifesta par les dizaines de millions de morts qu'elle provoqua... **Cherchons maintenant à comprendre les deux commandements.**

*« Tu aimeras le Seigneur ton Dieu de tout ton cœur, de toute ton âme et de toute ta force. »* Pour commencer, soulignons le mot *« tout »*, qui revient 3 fois. Le Seigneur nous appelle à l'aimer non de manière tiède, mais avec ferveur. Dans l'Apocalypse, il dit à l'Église de Laodicée : *« puisque tu es tiède – ni froid ni brûlant – je vais te vomir. »* (Ap 3,15-16) N'est-ce pas aussi notre comportement ? Nous sommes tentés d'aimer Dieu lorsque cela nous arrange, et de l'abandonner lorsque cela nous devient pénible. La croix est ainsi la mesure de l'amour. Dans son homélie pour la canonisation de Paul VI, lors du synode pour les jeunes, le pape François a déclaré que Jésus «donne tout et demande tout. Il donne un amour total et demande un cœur sans partage[192]». Ce n'est donc pas «un bout de temps» ou «des miettes» que nous devons donner au Christ mais «un cœur sans partage».

---

[192] Jésus, insiste le Pape, «ne se contente pas d'un ''pourcentage d'amour'': nous ne pouvons pas l'aimer à vingt, à cinquante ou à soixante pour cent. Ou tout ou rien !»

Pourquoi avoir répété 3 fois le mot « *tout* », au lieu de se contenter de l'expression « de tout ton être » ? Parce que nous sommes appelés à aimer le Seigneur non seulement avec ferveur, mais aussi avec toutes les composantes de notre être : avec notre cœur, siège de la volonté et de l'intelligence ; avec notre âme, siège de la relation avec le monde spirituel ; avec notre force, qui se rattache au corps. Certains chrétiens aiment Dieu avec leur volonté et leur intelligence, mais ils ne prennent pas la peine de lui ouvrir leur âme dans la prière. D'autres se servent peu ou mal de leur corps pour prier. Les Juifs religieux, au contraire, prient en se balançant d'avant en arrière. D'autres chrétiens encore aiment Dieu sans se servir de leur intelligence, préférant garder la « foi du charbonnier » plutôt que de se former par des lectures ou des enseignements[193].

*« Tu aimeras ton prochain comme toi-même »*. L'amour de Dieu est bien le premier commandement, mais il doit se concrétiser dans l'amour de l'autre. Pourquoi cette unité entre les deux commandements ? Parce que Dieu s'est fait

---

[193] Tous les saints ont mis en pratique le premier commandement. Bruno abandonna tout pour chercher Dieu dans la solitude de la chartreuse. François d'Assise et Dominique, avant de se donner au service de leurs frères pendant le jour, passaient une partie de leurs nuits en prière. Et Mère Teresa ne passait pas une journée sans recevoir l'eucharistie et sans prendre un temps d'oraison, alors même qu'elle y éprouvait beaucoup de sècheresse.

homme. Depuis la Création, mais de manière plus évidente encore depuis que « *le Verbe s'est fait chair* » (Jn 1, 14), le bonheur et la souffrance de l'un sont aussi le bonheur et la souffrance de l'autre : « *Saul, Saul, pourquoi me persécuter ?* » (Ac 9, 4), dit le Christ à l'ennemi de ses disciples...

Le frère que je dois aimer, l'Écriture l'appelle mon prochain pour éviter qu'il ne demeure une entité abstraite. Il est facile d'aimer l'humanité entière, mais plus difficile d'aimer mon voisin qui me dérange. Et celui qui me dérange le plus, c'est celui qui est pauvre, car il a vraiment besoin de moi. Dans la Torah, Dieu a déjà demandé à son peuple un amour privilégié pour les plus pauvres, qui étaient à l'époque de Moïse l'émigré, la veuve et l'orphelin[194]. Jésus a fait de même dans la parabole du bon samaritain (Lc 10,25-37). Le prêtre et le lévite croyaient sans doute aimer Dieu, ils croyaient sans doute aimer les autres, mais ils n'ont pas su aimer l'homme à moitié mort qu'ils ont rencontré sur le bord du chemin. Le samaritain, au contraire, a non seulement été saisi de pitié en le voyant, mais il a aussi pris soin de lui, lui offrant de son temps et de ses biens.

A l'amour du prochain, le commandement du Lévitique ajoute : « *comme toi-même* ». Je ne peux pas aimer pleinement Dieu et mon prochain si je ne m'aime pas moi-

---

[194] « *Tu ne maltraiteras point l'immigré qui réside chez toi, tu ne l'opprimeras point, car vous étiez vous-mêmes des immigrés en Égypte. Vous n'accablerez pas la veuve et l'orphelin*» (Ex 22,20-21)

même. Comme l'écrit Benoît XVI dans son encyclique *Deus caritas est* (§3-11), pour parvenir à l'*agapè*, l'amour divin et oblatif qui se donne, l'homme doit passer par l'*eros*, l'amour du pauvre qui accueille et reçoit. M'aimer moi-même n'est pas me comporter de façon narcissique, mais reconnaître que j'ai été créé à l'image même de Dieu et qu'Il m'a aimé au point de me sauver par son Fils. « *Le Fils de Dieu m'a aimé et s'est livré pour moi* » écrivait saint Paul (Ga 2,20) Et le pape saint Léon s'écriait : « *Chrétien, reconnais ta dignité !* »[195]

Ainsi, frères et sœurs, **le Seigneur nous appelle à un triple amour** : pour Lui-même, pour notre prochain, et pour nous-mêmes. Ce triple amour n'en fait qu'un, car il est le Don de Celui qui est l'Amour. Je ne peux aimer Dieu de tout mon être, et mon prochain comme moi-même, que si je me laisse d'abord aimer par le Seigneur. Malheureusement, pour beaucoup, Dieu et l'homme sont en concurrence. N'est-ce pas précisément ce que le serpent de la Genèse a voulu faire

---

[195] Reprenons l'exemple de Mère Teresa : en quittant le couvent où elle menait sa vie de religieuse, elle n'aspirait qu'à servir Dieu et les plus pauvres. Le premier jour, elle partit dans les rues de Calcutta en se nourrissant à peine, tant sa générosité était grande. Le jour où elle perdit connaissance, épuisée par la fatigue, elle comprit qu'elle ne pourrait bien servir son prochain que si elle savait prendre des forces pour elle-même. Depuis lors, elle prit de solides repas avant d'aller aider les miséreux.

croire à Adam et Eve[196] ? L'homme oscille ainsi entre deux tentations : un amour de Dieu qui est une haine du monde, et un amour du prochain et de soi-même qui est une haine de Dieu[197]. **Le Christ, lui, a aimé son Père de tout son être, et il nous a aimés jusqu'à nous donner sa vie.** Il passait des nuits entières en prière, et des journées entières à servir les hommes par sa parole et par ses miracles. Au moment de la dernière Cène, il a résumé les deux grands commandements en un nouveau : « *Comme je vous ai aimés, vous aussi aimez-vous les uns les autres.* » (Jn 13,34) Il est « *le grand prêtre qu'il nous fallait* », le pontife qui a établi un pont entre le ciel et la terre parce qu'il s'est donné lui-même en sacrifice (2° lect.). **Sur la croix, formée par une poutre verticale et une poutre horizontale, il manifesta la perfection de son amour pour Dieu et pour les hommes.** Après avoir promis au bon larron : « *aujourd'hui, avec moi, tu seras dans le Paradis* » (Lc 23,43), il s'écria : « *Père, entre tes mains je remets mon esprit.* » (Lc 23,46) Cette semaine, immergeons-nous dans l'océan de l'amour de Dieu, afin que nous devenions nous-mêmes des sources d'amour pour Lui, pour nos frères et pour nous-mêmes. AMEN.

---

[196] « *Dieu sait que, le jour où vous en mangerez (du fruit de l'arbre au milieu du jardin), vos yeux s'ouvriront, et vous serez comme des dieux, connaissant le bien et le mal.* » (Gn 3,5)

[197] Le tsar Ivan le terrible, croyant servir Dieu, maltraita et fit exécuter des milliers de personnes. A l'opposé, le philosophe Nietzsche écrit dans plusieurs de ses ouvrages : « *Dieu est mort* ». Dans Ainsi parlait Zarathoustra, il en conclut : « *Ne sommes-nous pas forcés de devenir nous-mêmes des dieux ?* »

## Heureux les pauvres de cœur

Frères et sœurs, quelle était la première béatitude dans l'évangile de la Toussaint que nous avons entendu il y 10 jours ? Bravo à ceux qui s'en souviennent. **La première béatitude, c'est: *« Heureux les pauvres de cœur, le Royaume de Dieu est à eux »*** (Mt 5,3). Elle est placée en premier parce qu'elle est la porte d'entrée pour le Royaume dans lequel toutes les autres béatitudes peuvent être vécues. Qui sont les pauvres de cœur ? Ce sont ceux qui réalisent que **tout ce qu'ils possèdent, et même tout ce qu'ils sont, vient de Dieu.** Ils sont conscients que toutes leurs richesses sont des dons qu'ils ont reçus. Même si j'ai contribué par mes efforts à acquérir ces richesses, je n'ai pu le faire que grâce à mon corps, mon intelligence, ma volonté, ma mémoire, toutes mes facultés que j'ai reçues du Seigneur. Si je suis pauvre de cœur, je suis donc capable de tout Lui donner ou redonner, c'est-à-dire que je peux lui offrir ma vie en sacrifice. Sacrifier, du latin *« sacrum facere »*, signifie *« faire sacré »*. En ce jour où nous commémorons l'Armistice de 1918, souvenons-nous des millions d'hommes qui ont sacrifié leurs vies sur l'autel de la patrie. Même s'ils l'ont fait pour servir les intérêts de certains qui les ont utilisés pour obtenir gloire ou richesses, nous pouvons admirer leur dévouement personnel. De même, nous pouvons admirer les deux veuves que nous présentent les textes de ce dimanche. Encore aujourd'hui, le veuvage est parfois synonyme de situations difficiles. Mais dans le passé, lorsqu'il n'y avait pas de sécurité sociale, il s'accompagnait presque toujours de la misère. Eh bien, dans leurs situations précaires, la veuve de Sarepta et celle de l'évangile ont goûté la béatitude des pauvres de cœur, et elles ont offert leur *personne et leur vie en sacrifice saint, capable de plaire à Dieu* (cf Rm 12,1), écoutant leur cœur plutôt que leurs peurs[198]. Parce qu'elles attendaient TOUT de Dieu, elles ont été capables de TOUT lui donner. A leur école, **méditons maintenant sur ces deux facettes de la pauvreté de cœur, la disponibilité à TOUT recevoir et la disponibilité à TOUT donner.**

Pour commencer, réfléchissons sur **la disponibilité à TOUT recevoir**. *« L'homme est un pauvre qui a besoin de tout demander à Dieu »* disait le curé d'Ars. Cette attitude suppose une profonde humilité. L'orgueil s'y oppose de 2 façons. Par la première, il nous aveugle en nous donnant l'illusion que nous nous sommes construits seuls, et que nous n'avons pas besoin des autres. Notre société individualiste nous pousse dans ce sens. Le pauvre de cœur, lui, sait qu'il ne peut avancer qu'avec l'aide de Dieu et l'aide des autres. Jésus sait qu'il a tout reçu de son Père : « *Moi, je ne peux rien faire de moi-même… je ne cherche pas à faire ma volonté, mais la volonté de Celui qui m'a envoyé.* » (Jn 5,30) Il reçoit tout de son Père, mais il veut aussi recevoir de ses frères les hommes. Il dit ainsi à la Samaritaine : « *Donne-moi à boire.* » (Jn 4,7) A nous, le Christ dit : « *sans moi, vous ne pouvez rien faire* » (Jn 15,5) Dans son exhortation sur la sainteté, le pape François

---

[198] «Le cœur a ses raisons que la raison ignore» (Pascal).

nous avertit d'un retour du pélagianisme, doctrine condamnée par l'Eglise au début du V° siècle parce qu'elle affirme que l'homme peut se sauver par ses propres forces.

Par ailleurs, lorsqu'il est poussé par la nécessité, l'orgueil accepte de demander mais il le fait de manière inappropriée, remplaçant le don espéré par le dû exigé. Toute la foi chrétienne repose sur le concept de grâce, le don gratuit du Seigneur. Dans les religions traditionnelles, l'homme cherche à « amadouer » les dieux en lui offrant des sacrifices. Il cherche à « acquérir » son salut par son mérite. Même chez les chrétiens, cette mentalité a existé et existe encore[199]. St Paul a lutté pour que le croyant ne se repose pas sur ses mérites, qui ne sauvent pas, mais sur la grâce[200].

Les pauvres de cœur, parce qu'ils attendent tout de Dieu, sont aussi capables de **TOUT lui donner**. Leur générosité repose avant tout sur leur Foi. En hébreu, l'expression *« je crois »*, le mot *« amen »* que nous disons si souvent, a la même racine que le mot *« rocher »*. Lorsque je dis *« amen »* ou *« je crois »*, je m'appuie sur un rocher inébranlable, Dieu lui-même[201]. La veuve de Sarepta utilise le

---

[199] Souvenons-nous de la petite Thérèse qui, enfant, cherchait à collecter chaque jour des mérites.
[200] *« Qui donc t'a mis à part ? As-tu quelque chose sans l'avoir reçu ? Et si tu l'as reçu, pourquoi te vanter comme si tu ne l'avais pas reçu ? »* (1 Co 4,7)
[201] Cf le psaume : *« Heureux qui s'appuie sur le Dieu de Jacob, qui met son espoir dans le Seigneur son Dieu, lui qui a fait le ciel et la*

reste de sa farine et de son huile pour faire une galette pour le prophète Elie. La veuve de l'Evangile donne tout ce qu'elle possède pour embellir le Temple. Ces deux femmes prennent donc le risque de mourir. Mais il ne s'agit pas de suicides : toutes deux répondent à un appel[202], et toutes deux croient que Dieu ne les abandonnera pas, elles Lui font confiance et elles lui offrent un sacrifice.

Le sacrifice consiste à rendre sacrées nos actions. Si elles sont accomplies dans l'amour, toutes peuvent devenir sacrées. Ramasser une aiguille avec amour a plus de valeur aux yeux de Dieu que d'accomplir des prodiges avec orgueil. Les prophètes d'Israël ont dénoncé l'illusion de l'homme qui croit mériter les faveurs de Dieu en lui offrant des sacrifices. Après avoir condamné les sacrifices humains, ils ont révélé progressivement ce que Dieu attendait véritablement de l'homme : « *C'est la miséricorde que je désire, et non les sacrifices* » (Mt 9,13), au sens ici des sacrifices d'animaux.

En offrant à Elie son huile et sa farine, la veuve de Sarepta offre un sacrifice « *d'agréable odeur* » à Dieu. Il en est de même avec la veuve de l'évangile. Son geste est d'autant plus parlant qu'elle l'accomplit pour embellir le Temple où l'on offrait chaque jour à l'époque des sacrifices. Bientôt, il n'y aura plus de Temple, car Jésus va offrir à son tour le plus beau des sacrifices : dans l'évangile de Luc, cet épisode précède

---

*terre. Il garde à jamais sa fidélité, il fait justice aux opprimés ; aux affamés, il donne le pain* » (Ps 145). Oui, celui qui s'appuie sur Dieu n'a rien à craindre.
[202] Implicite dans le cas de l'évangile.

immédiatement le discours eschatologique où Jésus annonce la destruction du Temple, avant d'entrer dans sa Passion. Comme l'écrit l'auteur de l'épître aux hébreux, « *c'est une fois pour toutes, au temps de l'accomplissement, qu'il s'est manifesté pour détruire le péché par son sacrifice* » (2° lect.).

Ainsi, frères et sœurs, **les veuves de Sarepta et du Temple nous enseignent le sens de la première béatitude.** Comme le Christ, elles ont accepté de dépendre du Seigneur et des autres, prêtes à TOUT recevoir et à TOUT donner. Notre société, elle, ressemble plutôt aux scribes attirés par la richesse et la gloire humaine, et qui *« dévorent les biens des veuves »*. Autour de nous cependant, si nous savons regarder comme le Christ ou comme le Petit Prince, c'est-à-dire avec les yeux du cœur[203], nous pourrons admirer des personnes qui ressemblent à nos deux veuves, et qui passent inaperçues aux yeux du monde. Un proverbe dit : *« le bruit ne fait pas de bien, et le bien ne fait pas de bruit »*. Dans le Festin de Babette, une femme dépense toute sa fortune pour préparer un repas de fête pour les membres de la communauté qui l'a accueillie. Grâce à ce sacrifice, elle permet la réconciliation entre eux, et la guérison de certains cœurs. Nous-mêmes, sommes-nous comme les scribes qui cherchaient à faire le bien pour se faire remarquer et en ne donnant que de leur superflu, ou sommes-nous prêts à TOUT recevoir et TOUT

---

[203] « On ne voit bien qu'avec le cœur. L'essentiel est invisible pour les yeux. »

donner à Dieu et à nos frères ? « *Celui qui n'a pas tout donné n'a rien donné* », disait la petite Thérèse[204]. Nous pouvons donner non seulement de l'argent, mais aussi notre temps, notre énergie, notre écoute... Parce qu'ils avaient une confiance absolue en Dieu, saint François d'Assise a sacrifié son confort, saint Paul sa réputation, saint Maximilien Kolbe sa vie, saint Martin[205] son manteau. Ils ont été fous aux yeux du monde, mais « *la folie de Dieu est plus sage que l'homme* » (1 Co 1,25)... Demandons à la Vierge Marie, veuve elle-aussi après la mort de saint Joseph, et qui a accepté de « sacrifier » son Fils, d'intercéder pour nous afin qu'avec des cœurs de pauvres, nous laissions le Seigneur transformer nos vies en sacrifices qui lui plaisent. AMEN.

---

[204] Parole aussi de Georges Guynemer, le célèbre aviateur français mort au combat en 1917.
[205] Fêté le 11 novembre.

## On verra le Fils de l'homme venir sur les nuées

Frères et sœurs, **en quoi les paroles que nous venons d'entendre sont-elles un évangile, i.e. une bonne nouvelle ?** En quoi diffèrent-elles de celles que nous avons entendues hier soir ou ce matin en allumant notre poste de radio ou de télévision ? En proclamant l'évangile à l'instant, j'avais sous les yeux les images de la Californie, où le soleil s'est de fait obscurci avec les effroyables incendies de ces dernières semaines... Les paroles du Christ sont apocalyptiques. Mais justement, apocalypse signifie non catastrophe, mais « révélation » : révélation que Dieu est le Maître de l'histoire, l'amour plus puissant que la haine, la vie plus forte que la mort... **Les paroles de Jésus sont donc une invitation à l'Espérance.** L'Espérance est la deuxième vertu théologale, plus haute encore que la Foi et juste au dessous de la Charité. Alors que nous achevons aujourd'hui et dimanche prochain l'année liturgique avec des récits de type apocalyptique, c'est cette vertu qui est mise à l'honneur[206]. **Sur quoi repose l'Espérance chrétienne ? Sur les promesses de Dieu pour l'avenir, sur les actions qu'Il a accomplies dans le passé, et sur celles qu'Il continue d'accomplir dans le présent.**

---

[206] Le Catéchisme de l'Église Catholique la définit comme « *la vertu théologale par laquelle nous désirons comme notre bonheur le Royaume des cieux et la Vie éternelle, en mettant notre confiance dans les promesses du Christ et en prenant appui, non sur nos forces, mais sur le secours de la grâce du Saint-Esprit* » (§1817).

Pour commencer, **notre Espérance repose sur les promesses de Dieu.** Celles transmises par les prophètes de l'Ancien Testament, d'abord. Daniel, en particulier, considéré par les Juifs comme l'un des 4 grands prophètes, reçut des visions de style apocalyptique, notamment celle que nous venons d'entendre : « *en ce temps-là, il y aura un temps de détresse comme il n'y en a jamais eu depuis que les nations existent. Mais en ce temps-là viendra le salut de ton peuple, de tous ceux dont le nom se trouvera dans le livre de Dieu* » (1° lect.). Et il annonce la résurrection de beaucoup « *qui dormaient dans la poussière de la terre ... : les uns pour la vie éternelle, les autres pour la honte et la déchéance éternelles* ». Avec ses disciples, Jésus reprend ce style apocalyptique : « *en ces temps-là, après une terrible détresse, le soleil s'obscurcira et la lune perdra son éclat. Les étoiles tomberont du ciel, et les puissances célestes seront ébranlées.* » Et comme Daniel l'avait fait également (Dn 7), il annonce qu'un mystérieux personnage, le Fils de l'homme, viendra « *sur les nuées avec grande puissance et grande gloire. Il enverra les anges pour rassembler les élus des quatre coins du monde, de l'extrémité de la terre à l'extrémité du ciel.* » Ce Fils de l'homme, c'est Jésus lui-même, qui a préféré cette expression à toutes les autres pour parler de lui-même. Elle est en effet celle qui manifeste le plus la dimension de combat eschatologique liée à sa mission. Un jour, le mal sera définitivement vaincu.

Mais comment être sûrs que les paroles divines se réaliseront ? Pour fonder notre Espérance en l'avenir, regardons **les actions accomplies par Dieu dans le passé**. Toute l'histoire du salut témoigne que le Seigneur est Tout-Puissant d'Amour. Alors qu'Abraham et Sara étaient âgés et stériles, Il leur donna un fils, Isaac. Alors que le peuple hébreu était opprimé par le pharaon, et que les actions de Moïse paraissaient avoir aggravé la situation, Il les délivra « *par sa main puissante et son bras étendu* ». On pourrait multiplier les exemples. Mais c'est surtout avec son Fils que Dieu révèle que son Amour est plus puissant que le mal. Après avoir vaincu Satan dans le désert, le Christ a guéri les malades et chassé les démons. Et surtout, il a vaincu le péché en offrant sa vie en sacrifice, comme l'écrit l'auteur de l'épître aux hébreux[207] (2° lect.). En mourant, Jésus manifeste ce qu'il avait déclaré à ses disciples durant la dernière Cène : « *Dans le monde vous aurez à souffrir. Mais gardez courage ! J'ai vaincu le monde.* » (Jn 16,33)

Notre Espérance dans les promesses de Dieu pour l'avenir repose sur les actions qu'Il a accomplies dans le passé, mais aussi sur **celles qu'Il accomplit dans le présent**. A travers la comparaison de la nature, le Christ nous appelle ainsi à lire les signes des temps, selon une expression du concile Vatican II. Il

---

[207] « *Dans l'ancienne Alliance, les prêtres étaient debout dans le Temple pour célébrer une liturgie quotidienne, et pour offrir à plusieurs reprises les mêmes sacrifices, qui n'ont jamais pu enlever les péchés. Jésus Christ, au contraire, après avoir offert pour les péchés un unique sacrifice, s'est assis pour toujours à la droite de Dieu* ».

prend ici la comparaison du figuier, dont l'apparition des feuilles prélude à la venue de l'été[208]. Ailleurs, il parlera de l'aspect du ciel qui nous permet de prédire le temps du lendemain[209]. Lorsque nous regardons la réalité d'aujourd'hui, avec toutes ses guerres et toutes ses atrocités, prenons d'abord conscience qu'elles constituent le prélude au retour du Christ et à l'établissement définitif de son Règne, où les élus pourront jouir de la lumière de la Vérité et la chaleur de l'Amour, dans un été qui ne finira jamais. Par ailleurs, observons aussi tous les signes de vie qui ont déjà commencé à germer. L'effondrement du mur de Berlin en 1989, la fin de l'apartheid en Afrique du Sud au début des années 1990, l'émancipation des femmes dans beaucoup de pays, la diminution de l'analphabétisme et de la faim dans le monde, la prise de conscience écologique, la révolution numérique qui facilite la communication entre les hommes et l'accès au savoir. Il reste encore beaucoup à faire, même sur chacun de ces sujets, mais on ne peut nier les progrès accomplis. Pour s'en convaincre, il suffit d'étudier un peu l'histoire. Souvenons-nous des Misérables de Victor Hugo ! Nous ne

---

[208] « *Que la comparaison du figuier vous instruise : dès que ses branches deviennent tendres et que sortent les feuilles, vous savez que l'été est proche. De même, vous aussi, lorsque vous verrez arriver cela, sachez que le Fils de l'homme est proche, à votre porte* ».

[209] « *Quand vient le soir, vous dites : "Voici le beau temps, car le ciel est rouge." Et le matin, vous dites : "Aujourd'hui, il fera mauvais, car le ciel est d'un rouge menaçant." Ainsi l'aspect du ciel, vous savez en juger ; mais pour les signes des temps, vous n'en êtes pas capables.* » (Mt 16, 2-3)

devons pas être des prophètes de malheur, comme le pape Jean XXIII avait fustigés certains Chrétiens de son époque lors du discours d'ouverture du Concile[210], mais des sentinelles d'Espérance. Il ne s'agit pas d'être naïfs, ou d'un optimisme béat, mais de mettre en lumière ce que beaucoup ne voient pas. Comme le disait St François de Sales: « *le bruit ne fait pas de bien, et le bien ne fait pas de bruit* ». Ou encore, comme l'écrit St Jean-Paul II dans une de ses encycliques, « *l'annonce est toujours plus importante que la dénonciation et celle-ci ne peut faire abstraction de celle-là qui lui donne son véritable fondement et la force de la motivation la plus haute[211].* » Et le mal dénoncé constitue toujours un appel à la conversion,

---

[210] « Il arrive souvent que dans l'exercice quotidien de notre ministère apostolique nos oreilles soient offensées en apprenant ce que disent certains qui, bien qu'enflammés de zèle religieux, manquent de justesse de jugement et de pondération dans leur façon de voir les choses. Dans la situation actuelle de la société, ils ne voient que ruines et calamités; ils ont coutume de dire que notre époque a profondément empiré par rapport aux siècles passés; ils se conduisent comme si l'histoire, qui est maîtresse de vie, n'avait rien à leur apprendre et comme si du temps des Conciles d'autrefois tout était parfait en ce qui concerne la doctrine chrétienne, les moeurs et la juste liberté de l'Église. Il nous semble nécessaire de dire notre complet désaccord avec ces prophètes de malheur, qui annoncent toujours des catastrophes, comme si le monde était près de sa fin. Dans le cours actuel des événements, alors que la société humaine semble à un tournant, il vaut mieux reconnaître les desseins mystérieux de la Providence divine qui, à travers la succession des temps et les travaux des hommes, la plupart du temps contre toute attente, atteignent leur fin et disposent tout avec sagesse pour le bien de l'Église, même les événements contraires. »

[211] Sollicitudo Rei Socialis n° 41

notamment aujourd'hui les affaires de pédophilie dans l'Eglise.

Ce qui est vrai pour la société l'est aussi pour nos vies personnelles. Il nous arrive parfois de voir le verre à moitié vide plutôt qu'à moitié plein, de ressasser nos erreurs et de frotter continuellement nos blessures. Le Seigneur nous invite à discerner dans nos propres existences les signes des temps : des personnes ou des évènements qui nous ont permis d'avancer, même si nous n'en avons pris conscience que plus tard, comme Jacob à Béthel : « *Dieu était là, et je ne le savais pas !* » (Gn 28,16)

Ainsi, frères et sœurs, **lorsque nous sommes dans la détresse, ne désespérons pas.** Toutes les épreuves auxquelles nous sommes confrontés personnellement ou auxquelles nous assistons autour de nous sont comme les préludes de la Parousie. « *Le mal qui ne nous tue pas nous rend plus fort* », écrivait Nietzsche. Mieux encore pour nous croyants, Dieu peut tirer le bien du mal[212]. Alors, au lieu de nous désespérer de tous les signes inquiétants que nous voyons autour de nous, signes de la fin des temps qui a

---

[212] « *Vous aviez voulu me faire du mal, Dieu a voulu le changer en bien, afin d'accomplir ce qui se réalise aujourd'hui : préserver la vie d'un peuple nombreux.* » (Gn 50, 20)
« *Nous le savons, quand les hommes aiment Dieu, lui-même fait tout contribuer à leur bien, puisqu'ils sont appelés selon le dessein de son amour.* » (Rm 8, 28)

commencé avec la mort et la résurrection du Christ, nous devrions nous redresser et relever la tête « *car notre rédemption approche.* » (Lc 21,28). Quand aura lieu cette rédemption ? Jésus répond : « *quant au jour et à l'heure, nul ne les connaît, pas même les anges dans le ciel, pas même le Fils, mais seulement le Père* »... Ce qui importe donc, c'est d'être prêts et de veiller, comme il nous le redira plusieurs fois pendant l'Avent dans lequel nous allons bientôt entrer. Alors, **lorsque nous serons éprouvés jusqu'à la détresse, tournons-nous vers le Fils de l'homme, le vainqueur de toutes les formes de mal, et combattons avec lui, dans l'Espérance d'être un jour accueillis par lui dans son Royaume**, celui de l'été éternel. AMEN.

# Solennités

# Au Nom du Père, et du Fils et du Saint Esprit[213]

**Frères et sœurs, quelle place laissons-nous dans nos vies à la Sainte Trinité ?** Si souvent, nous prononçons la formule *« Au Nom du Père, et du Fils et du Saint Esprit », mais est-ce machinalement,* ou comme une véritable prière ? Le Nom est au singulier, et nous évoquons ensuite 3 Personnes. Un seul Dieu en Trois Personnes, c'est le mystère le plus profond de notre Foi. Certains estiment qu'il s'agit d'une vérité abstraite, impossible à comprendre et donc inutile. En réalité, le mystère de la Sainte Trinité est ce qu'il y a de plus concret dans tout l'univers, puisqu'il s'agit de Dieu lui-même. Et il n'est pas totalement incompréhensible : comme saint Augustin l'a écrit : *« Un mystère, ce n'est pas ce que l'on ne peut pas comprendre, mais ce que l'on n'a jamais fini de comprendre »*... En d'autres termes, il nous faut éviter deux écueils extrêmes, celui d'une intelligence paresseuse (on parle parfois en ce sens de la foi du charbonnier) et celui d'une intelligence orgueilleuse qui souhaiterait saisir et « faire le tour » de la « question » de Dieu : il ne s'agit pas ici d'en faire le tour, mais d'y entrer humblement, parce que Dieu lui-même nous y invite. « Dieu a fait l'homme à son image... et l'homme le lui a bien rendu » disait ironiquement Voltaire. Plutôt que de créer un Dieu issu de notre imagination, nous pouvons utiliser au mieux notre raison, qui nous permet surtout de voir ce qu'Il n'est pas : c'est ce qu'on appelle la

---

[213] La fête que nous célébrons aujourd'hui est la seule où nous célébrons Dieu pour lui-même, et non pas pour ce qu'Il a fait pour nous, comme à Noël et à Pâques.

théologie apophatique. Dieu est infini, innommable... Cette approche est utile, car elle nous permet d'éviter les faux dieux. La raison nous offre aussi de belles images, par exemple celle du soleil et celle de la source. Le soleil symbolise le Père, ses rayons lumineux le Fils et la chaleur qui en émane l'Esprit. Selon une autre image, le Père est la source, le Fils est le fleuve, et l'Esprit est l'eau vive du courant... Mais grâce à la révélation, nous pouvons aller plus loin : à travers l'Ecriture, Dieu s'est révélé à nous. Aussi, **dans un premier temps, nous contemplerons « gratuitement » Dieu, tel qu'Il s'est révélé. Et puisque nous avons été créés à son image et à sa ressemblance, nous verrons dans un second temps ce que cela signifie pour nous.**

Premièrement, **Dieu est unique**. Dans un monde polythéiste, dans lequel les dieux étaient parfois ennemis les uns des autres, le Seigneur s'est révélé à Abraham comme unique, redisant sans cesse à Israël : *« pas d'autre dieu que moi »*. Il n'y pas non plus un dieu du mal qui s'opposerait à un dieu du bien (cf le manichéisme), mais seulement des puissances du mal, qui ne sont que des créatures.

Deuxièmement, **Dieu est Amour**. C'est le sommet de la révélation, mais qu'est-ce que cela signifie ? Avant tout que Dieu n'est pas solitaire. Il est un être de relations et de communion. Chacune des Personnes divines se définit par rapport aux autres. Le Père n'a de sens que parce qu'il a un Fils, auquel Il donne tout. Le Fils n'a de sens que parce qu'il a un Père, de qui il reçoit tout. L'Esprit n'a de sens que parce qu'il unit le Père et le Fils. Jésus a dit par exemple : « *le Fils ne peut rien faire de lui-même, il fait seulement ce qu'il voit faire par le Père* » (Jn 5,19) ou quant à l'Esprit de vérité: « *ce qu'il dira ne viendra pas de lui-même : mais ce qu'il aura entendu, il le dira.* » (Jn 16,13)

Troisièmement, **Dieu est généreux**. Il veut donner, se donner. Sa générosité s'exprime aussi bien dans la Création que dans la Rédemption et dans la Providence. Il a d'abord créé l'homme, non par besoin, mais pour que d'autres puissent entrer en communion avec Lui. Le Fils s'est ensuite incarné pour nous sauver du péché et de la mort. Et sans cesse, Il ne cesse de nous donner le pain quotidien pour que nous puissions jouir de la Création et de la Rédemption.

En quoi ce mystère de la Sainte Trinité nous concerne-t-il ? **Puisque Dieu est unique, cela signifie d'abord que nous devons l'aimer de tout notre être, en acceptant de renoncer à toutes les idoles**[214]. Aujourd'hui, ce ne sont pas plus d'autres dieux à qui on bâtissait des temples, mais ce peut être l'argent, le pouvoir, le plaisir, la technologie, l'information, etc. De plus, **puisque nous sommes créés à son image et à sa ressemblance, le fait que Dieu est unique**

---

[214] Cf le Shema Israël : « *Écoute, Israël : le Seigneur notre Dieu est l'Unique. Tu aimeras le Seigneur ton Dieu de tout ton cœur, de toute ton âme et de toute ta force* » (Dt 6,4-5) et le 1er commandement : « *Tu n'auras pas d'autres dieux en face de moi.* » (Ex 20,3).

**signifie que nous devons parvenir à l'unité en nous-mêmes.** Les conflits qui déchirent le monde naissent en nous-mêmes. Nous nous déchirons souvent nous-mêmes. « *Notre ennemi ne nous quitte jamais, parce que notre ennemi, c'est nous-mêmes* » dit un proverbe espagnol. Chaque matin après s'être réveillé, saint Philippe Néri priait ainsi : « *Seigneur, méfie-toi de Philippe* » ! La chasteté est une vertu qui nous permet de nous unifier. Les passions doivent être guidées par nos 3 facultés les plus hautes : la mémoire renvoie au Père, l'intelligence au Fils, la volonté à l'Esprit (saint Augustin).
Ensuite, le mystère de la Sainte Trinité nous rappelle – rappel particulièrement opportun en ce temps d'hyper individualisme - que **nous sommes des êtres de communion.** Nous sommes appelés à donner et à recevoir. Par rapport à Dieu, nous sommes tous ses enfants, ses frères et sœurs, ses compagnons. Les uns vis-à-vis des autres, nous devons jouer parfois le rôle d'un père, en enfantant quelqu'un dans la Vérité, le rôle d'un fils, en nous laissant enfanter nous-mêmes, le rôle de l'Esprit, en permettant à d'autres de se rapprocher mutuellement. C'est pourquoi la famille est l'une des plus belles images de la Sainte Trinité. N'oublions pas que nous sommes créés à l'image de Dieu en tant qu'homme et femme[215]. Le couple est confronté à un défi continuel : chercher à ne faire qu'un[216] tout en demeurant chacun soi-

---

[215] « *Dieu créa l'homme à son image, à l'image de Dieu il le créa, il les créa homme et femme.* » (Gn 1,27)
[216] « *À cause de cela, l'homme quittera son père et sa mère, il s'attachera à sa femme, et tous deux ne feront plus qu'un.* » (Gn 2,24)

même. Et quand viennent les enfants, il faut demeurer époux tout en devenant père ou mère… Et dans la profession, il faut donner suffisamment de temps et d'énergie à l'employeur et aux collègues pour bien faire son travail, mais sans sacrifier la famille. On pourrait aussi évoquer le rapport à l'Etat (« *rendez à César ce qui est à César, et à Dieu ce qui est à Dieu* »)[217], et bien d'autres exemples. Sans cesse, nous sommes confrontés au défi de la communion, qui exige l'union sans séparation et sans confusion[218]. Pouvons-nous dire, comme J.J. Goldman : « *Je te donne toutes mes différences, tous ces défauts qui sont autant de chances* » ?

Enfin, **nous sommes appelés à être généreux** comme le Seigneur. Cela signifie donner à ceux qui ont besoin de quelque chose, et par-donner à ceux qui nous ont fait du mal[219]. Que pouvons-nous donner ? Des biens matériels bien sûr, mais aussi et surtout le Bien le plus précieux, qui est la Bonne Nouvelle. Le Seigneur nous invite à sortir de nous-mêmes (expression chère au Pape François) pour être missionnaires : « *Allez ! De toutes les nations faites des disciples. Baptisez-les au nom du Père, et du Fils, et du Saint-Esprit* ». Pour obéir au commandement du Christ, nous

---

[217] (Lc 20,25)
[218] Comme les 2 natures, divine et humaine, dans la Personne du Christ.
[219] Si nous refusons de donner à celui qui est dans la misère, ou de pardonner à celui qui nous a fait du mal, nous brisons la communion et nous ne ressemblons plus à Dieu. Le fils aîné de la parabole, en refusant d'accueillir son frère, se coupe à la fois de lui et de son père.

devons non seulement témoigner de notre foi par notre vie, mais aussi par nos paroles. En effet, « *la foi naît de ce que l'on entend* » (Rm 10,17) et nous devons être toujours prêts à « *rendre raison de l'espérance qui est en nous* » (1 P 3,15). Nous devons *baptiser toutes les nations au Nom du Père, et du Fils, et du Saint-Esprit*, i.e. les inviter à « plonger » dans la Trinité Sainte. Nous n'avons pas à avoir peur : « *tout pouvoir m'a été donné au ciel et sur la terre* », et c'est donc le Christ seul qui peut changer les cœurs, nous ne sommes que des relais, des envoyés.

Pour conclure, frères et sœurs, **prenons conscience de la grâce immense que nous avons de connaître ce Dieu qui s'est révélé comme Un, Trine et infiniment généreux**. Mais pour le connaître vraiment, il nous faut accepter de l'écouter et de mettre sa Parole en pratique, c'est-à-dire de l'aimer de tout notre être en renonçant à toutes nos idoles, en vivant en communion les uns avec les autres, et en sortant de nous-mêmes pour lui « donner » de nouveaux disciples. Cette semaine, pourquoi ne pas prier particulièrement la Sainte Trinité, en contemplant par exemple l'icône de Roublev ?

# Que sera donc cet enfant ?

« *Que sera donc cet enfant ?* » Frères et sœurs, nous pouvons maintenant répondre à la question que se posaient les voisins de Zacharie et Elisabeth. C'est Jésus lui-même qui dira de Jean, dont le nom signifie « *Dieu fait grâce* », que **« *parmi ceux qui sont nés d'une femme, personne ne s'est levé de plus grand* »** que lui. (Mt 11,11) A première vue pourtant, sa vie n'a rien d'exceptionnel. Après son enfance dans la montagne de Judée, il vivra dans le désert tout proche, avant de finir ses jours dans une prison. Alors, en quoi Jean est-il exceptionnel ? **Il est simple comme la terre, fervent comme le feu, humble comme l'eau, et joyeux comme le ciel.**

Pour commencer, **Jean est simple comme la terre**. Rien de compliqué chez lui, il se contente de peu : il se nourrit de sauterelles et de miel sauvage, boit de l'eau, s'habille avec une peau de chameau… Dans notre société de consommation, il nous montre qu'on peut vivre une « sobriété heureuse », comme le pape François nous y invite dans l'encyclique Laudato si. Rappelant François d'Assise, il propose un retour à la simplicité de vie, *« celle qui nous permet de nous arrêter pour apprécier ce qui est petit, pour remercier des possibilités que la vie offre, sans nous attacher à ce que nous avons, ni nous attrister de ce que nous ne possédons pas. »*

Ce message sur la simplicité est vital dans notre société fondée sur l'hyper-consommation. Celle-ci détruit à la fois l'homme et la planète. De plus en plus de maladies lui sont attribuées, à commencer par l'obésité qui affecte près d'une personne sur trois dans la plupart des pays industrialisés et qui progresse rapidement dans le monde entier. Quant à la planète, ses ressources ne sont pas inépuisables. De plus en plus d'espèces végétales et animales disparaissent. Parmi elles, les abeilles sont en grand danger et leur disparition aurait des conséquences tragiques pour l'humanité.

Ensuite, **Jean est fervent comme le feu**. Il ressemble au prophète Elie, non seulement par la manière de vivre et de s'habiller, mais par ce caractère fougueux. Comme Elie n'a pas eu peur d'affronter le roi Achaz, la reine Jézabel et les prophètes des baals, Jean n'a pas peur d'affronter tous ceux qui ne vivent pas selon la justice. Jean ose dire au roi Hérode, qu'il qualifie de « *renard* » : « *tu n'as pas le droit de vivre avec la femme de ton frère* ». Il ose dire aux publicains : « *ne prenez pas plus que ce qui vous est dû* » et aux soldats : « *ne commettez pas de violence* »... C'est avec les pharisiens et les sadducéens qu'il est le plus dur, comme le sera Jésus après lui, justement parce que leur cœur est endurci par l'orgueil: « *Engeance de vipères ! Qui vous a appris à fuir la colère qui vient ? Produisez donc un fruit digne de la conversion. N'allez pas dire en vous-mêmes : "Nous avons Abraham pour père" ; car, je vous le dis : des pierres que voici, Dieu peut faire surgir des enfants à Abraham. Déjà la cognée se trouve à la racine des arbres : tout arbre qui ne produit pas de bons fruits va être coupé et jeté au feu.* » (Mt 3,7-10), etc. Le feu qui brûle en lui est celui de la vérité, qu'il ne peut ni ne veut contenir, comme le prophète Jérémie[220].

Aujourd'hui, beaucoup de gens souffrent de déprime ou dépression, on parle de la « morosité ambiante ». Il faut une coupe du monde de football pour réveiller les enthousiasmes... Le rôle des prophètes est justement de secouer leurs contemporains pour les sortir de leur torpeur.

En même temps cependant, **Jean est humble comme l'eau** car il a conscience que ce feu ne vient pas de lui. Ce n'est pas un hasard s'il vit près du Jourdain, où il baptise. Dans beaucoup de religions, l'eau est un symbole de purification et d'humilité, comme le souligne saint François d'Assise dans son Cantique des créatures : « *Loué sois-tu, mon Seigneur, par sœur Eau, laquelle est très utile et humble et précieuse et chaste* ». Jean baptise dans l'eau, mais c'est afin de préparer le terrain pour un autre : « *celui qui vient derrière moi est plus fort que moi, et je ne suis pas digne de lui retirer ses sandales. Lui vous baptisera dans l'Esprit Saint et le feu.* » (Mt 3,11) Le feu est le symbole de l'Esprit Saint que seul le Christ peut nous donner[221]. Jean n'est pas le Messie, comme le pensaient

---

[220] « *Je me disais : "Je ne penserai plus à lui, je ne parlerai plus en son nom." Mais elle était comme un feu brûlant dans mon cœur, elle était enfermée dans mes os. Je m'épuisais à la maîtriser, sans y réussir.* » (Jr 20,9)

[221] C'est pourquoi le jour de la Pentecôte, les apôtres virent apparaître « *des langues qu'on aurait dites de feu, qui se partageaient, et il s'en posa une sur chacun d'eux.* » (Ac 2,3)

certains, il est le Précurseur, « *celui qui crie dans le désert : Préparez le chemin du Seigneur, rendez droits ses sentiers.* » (Mt 3,3). Il n'est pas centré sur lui-même, mais sur celui qu'il annonce : « *Lui, il faut qu'il grandisse ; et moi, que je diminue.* » (Jn 3,30)

Notre société ne valorise pas l'humilité, qui est souvent considérée comme de la faiblesse. Au contraire, elle pousse à se mettre en avant, quitte à pousser les autres sur le côté.

Enfin, **Jean est joyeux comme le ciel**. Lorsque nous demandons au Père : « *Que ta volonté soit faite sur la terre comme au ciel* », c'est parce que nous savons qu'au ciel règne la joie parfaite, la joie des bienheureux. Alors que certains s'imaginent que l'austérité de sa vie ne pouvait rimer qu'avec la tristesse, Jean est rempli de cette joie. Dans le sein de sa mère déjà, il en tressaille lorsque Marie vient visiter sa mère Elisabeth avec Jésus dans son sein. Plus tard, lorsque déjà son martyre approche, il dit à ses disciples : « *Celui à qui l'épouse appartient, c'est l'époux ; quant à l'ami de l'époux, il se tient là, il entend la voix de l'époux, et il en est tout joyeux. Telle est ma joie : elle est parfaite.* » (Jn 3,29)

Notre société prône beaucoup le plaisir, mais elle connaît peu la joie. Le plaisir, même s'il peut être légitime et bon, est éphémère. La joie, elle, peut demeurer. L'OMS dénombre plus de 800.000 personnes qui, chaque année, mettent fin à leurs jours. Cela signifie que, toutes les 40 secondes, une personne se suicide quelque part dans le monde. Les tentatives de suicide, elles, seraient 20 fois plus nombreuses. Chez les jeunes, il s'agit de la 2ème cause de mortalité.

Ainsi, frères et sœurs, Jean est devenu *le plus grand parmi les enfants des femmes* parce qu'il a été simple comme la terre, fervent comme le feu, humble comme l'eau et joyeux comme le ciel. Pourtant, Jésus a ajouté que **«*le plus petit dans le royaume des Cieux est plus grand que lui* »** (Mt 11,11) **Si nous vivons dans l'Esprit Saint que le Christ nous a donné après sa résurrection, nous pouvons devenir plus grands que Jean !** Et quels sont les symboles de l'Esprit dans la Bible ? Principalement le feu, l'eau, le vent et la colombe. Le feu de l'Esprit peut nous rendre de plus en plus fervents, l'eau de l'Esprit peut nous rendre de plus en plus humbles, le vent de l'Esprit peut nous rendre de plus en plus joyeux. Quant à la colombe, qui rappelle celle que Noé avait envoyée et qui avait manifesté la fin du déluge en ne revenant pas dans l'arche, elle peut nous rendre de plus en plus simples, comme Jésus dira : « *Soyez candides comme les colombes.* » (Mt 10,16) Alors, **demandons à l'Esprit de nous faire grandir pour que l'on puisse rencontrer à travers nous le Fils de Dieu lui-même et que nous jouions ainsi notre rôle de précurseurs.** AMEN.

## Mon âme exalte le Seigneur

« *Mon âme exalte le Seigneur, exulte mon esprit en Dieu mon Sauveur* ». Frères et sœurs, **vivons-nous dans l'action de grâce ?** Nous demandons beaucoup de choses au Seigneur, et nous avons raison, car nous sommes pauvres et fragiles, et que Lui-même nous invite à agir ainsi. Le Notre Père, la prière chrétienne par excellence que le Christ nous a enseignée, est ainsi constituée de 7 demandes. Mais s'il est important de présenter nos demandes à Dieu, nous ne devons pas oublier de Lui rendre grâce. Les premières choses qu'on enseigne à un enfant, c'est de dire « s'il te plaît », mais aussi « merci ». Alors, disons-nous souvent merci au Seigneur ? Depuis quelques dizaines d'années, des mouvements qu'on appelle charismatiques se sont développés dans l'Eglise, remettant la louange et l'action de grâce au premier plan. Mais que nous fassions partie ou non de l'un de ces mouvements, le Seigneur nous appelle à cultiver en nous cette dimension de notre vie chrétienne. Ce temps de vacances, et en particulier cette fête de l'Assomption, est particulièrement adapté pour le faire. La Vierge Marie nous montre en effet l'exemple. Le Magnificat, que nous venons d'entendre, est le plus bel hymne d'action de grâce exprimé par une créature. Certes, Marie l'a dit ou chanté au moment où elle était devant sa cousine Elizabeth, peu de temps après avoir appris qu'elle deviendrait la Mère du Sauveur. Mais on peut dire que c'est tout au long de sa vie qu'elle a dû le chanter dans son cœur. « *Tout est grâce* », a dit la petite Thérèse : Marie a vécu chaque instant de son existence avec cette conviction profonde. Au moment où elle a été emportée au Ciel pour rejoindre son Fils et son Créateur, comment ne pas imaginer qu'elle a chanté le Magnificat avec tout son cœur, avec les mêmes mots ou avec d'autres semblables ? Nous pensons peut-être que nous sommes bien loin de la Vierge Marie, qui était parfaitement sainte, et nous-mêmes avons bien du mal à vivre dans l'action de grâce. Les épreuves de la vie sont tellement difficiles à surmonter parfois... N'oublions pas que **Marie elle-même a connu de grandes épreuves, bien plus grandes que les nôtres d'une certaine façon. Alors, comment a-t-elle pu vivre continuellement dans l'action de grâce ? En puisant à une triple source : l'Espérance, la Foi et la Charité. Méditons sur chacune de ces sources**, qui peuvent couler dans nos cœurs tout aussi puissamment que dans le sien, si nous laissons jaillir en nous l'Esprit Saint.

**En premier lieu, puisons à la source de l'Espérance.** Un jour, nous pourrons rejoindre la Vierge auprès de son Fils dans le Ciel. Comme l'écrit saint Paul dans sa 1ère lettre aux corinthiens, « *le Christ est ressuscité d'entre les morts, pour être parmi les morts le premier ressuscité* ». Cela signifie non seulement que notre âme est éternelle, comme les Egyptiens le croyaient bien avant nous, mais aussi notre corps. Certes, contrairement à Jésus et Marie qui n'ont pas connu le péché, notre corps terrestre connaîtra la corruption, et nous devrons assumer la souffrance de nous en séparer. C'est d'ailleurs parce que ce moment, qui correspondra à notre rencontre avec Dieu et à notre jugement particulier, sera décisif, que nous prions la Vierge, dans le *Je vous salue Marie*, de prier pour nous maintenant *et à l'heure de notre mort*. Alors, si le Seigneur nous en juge dignes, *lorsque le Christ aura remis son pouvoir royal à Dieu le Père, après avoir détruit toutes les puissances du mal*, nous ressusciterons dans un corps glorifié, et nous pourrons jouir avec tous les sauvés du bonheur du Ciel.

Notre société souffre d'un terrible manque d'Espérance. Pour beaucoup, la mort est la fin de tout ; pour d'autres, qui croient en la réincarnation, elle marque le passage vers un nouvel état de conscience, mais la transformation n'est pas forcément positive, et le but premier de l'homme est de se libérer du cycle des renaissances[222]. En ressuscitant et en accueillant auprès de lui la Vierge, le Christ révèle la dignité infinie du corps, temple de l'Esprit Saint. Il nous manifeste également que nous n'avons qu'une seule existence, et que chacun de nos actes revêt une valeur d'éternité.

En second lieu, **Marie nous soutient chaque jour dans le combat de la Foi.** La perspective de la résurrection a beau susciter en nous l'Espérance, elle ne supprime pas les difficultés du présent. Mais la Vierge ne se contente pas de nous attendre tranquillement dans le Ciel, elle nous

---

[222] Ce dénigrement du corps n'est pas nouveau, puisque les grecs le comparaient à une prison pour l'âme, jouant sur les mots *sôma* (corps) et *sêma* (tombeau).

accompagne sur le chemin qui y mène. Au pied de la Croix, elle a accepté comme fils le disciple que Jésus aimait. Ce disciple, c'est chacun d'entre nous, si nous le voulons bien. Marie est notre Mère qui nous enfante à la vie divine. Elle est la femme de l'Apocalypse que saint Jean décrit comme « *torturée par les douleurs de l'enfantement* ». En plus de ces douleurs dues à nos péchés, qui nous font résister à notre enfantement à la vie divine, Marie doit aussi affronter le Dragon, celui que l'Ecriture appelle aussi le diable ou Satan[223].

Si la Vierge Marie peut ainsi dominer l'esprit du mal, c'est parce qu'elle est *pleine de grâce*, remplie de l'Esprit de Dieu. Dans les peintures qui la montrent foulant le serpent à ses pieds, elle ne semble pas lutter. En terrassant le dragon, Saint Michel est actif, brandit la lance ou l'épée. Notre-Dame, au contraire, se tient sur le serpent comme s'il n'était pas là. Elle lui ôte jusqu'au prestige du combat. Pour notre Foi, la domination de Marie sur le diable est un soutien précieux. En hébreu, le mot « *amen* », je crois, a la même racine que le mot « *rocher* ». Lorsque nous subissons l'épreuve, nous pouvons nous tourner vers Marie, dont la maison est

---

[223] Grignion de Montfort écrit: « *L'antique serpent appréhende plus Marie, non seulement que tous les anges et les hommes, mais, en un sens, que Dieu même. Ce n'est pas que la puissance de Dieu ne soit infiniment plus grande que celle de la Sainte Vierge, puisque les perfections de Marie sont limitées, mais c'est surtout parce que Satan, étant orgueilleux, souffre infiniment plus d'être vaincu et puni par une petite et humble servante de Dieu, et son humilité l'humilie plus que le pouvoir divin* ».

solidement établie sur le rocher divin, et que les tempêtes ne peuvent abattre[224]. Son visage paisible et son intercession peuvent nous aider à vaincre le mal. Alors, nous-mêmes, lorsque nous traversons les ténèbres de l'épreuve ou de l'incompréhension, tournons-nous vers Marie[225].

En troisième lieu, ainsi confortés dans l'Espérance et affermis dans le combat de la Foi, **nous ne pouvons que grandir dans l'Amour**. La Vierge Marie, dans l'évangile, nous en donne à nouveau le meilleur exemple. Elle y met en pratique le premier commandement, qui consiste à aimer Dieu de toutes ses forces, et son prochain comme soi-même. Après avoir dit « *oui* » à l'ange Gabriel et avoir accepté ainsi l'appel de Dieu, elle laisse jaillir de son cœur le plus bel hymne de louanges et

---

[224] N'oublions pas son exemple : elle-même a souffert durant sa vie terrestre. En particulier, lorsque Joseph et elle retrouvent le Jésus de 12 ans qui était resté au Temple, elle lui dit : « *Mon enfant, pourquoi nous as-tu fait cela ? Vois comme nous avons souffert en te cherchant, ton père et moi !* ». La foi de Marie était sans faute, mais non sans ténèbres. Pas plus que Joseph, elle ne comprit la réponse de son fils. Mais, souligne saint Luc, elle « *gardait dans son cœur tous ces événements* ».

[225] Mettons en pratique le conseil de saint Bernard: « *Toi donc, qui que tu sois en ce monde, ballotté par les flots à travers bourrasques et ouragans plutôt que marchant sur la terre ferme, si tu ne veux être englouti par la tempête : ne quitte pas des yeux cet astre étincelant. Que se lèvent les vents des tentations, que surgissent les écueils de l'adversité : regarde l'étoile, invoque Marie...* »

d'action de grâces. Mais son amour qui rayonne n'est pas destiné au Seigneur seulement ; par Lui, il s'ouvre également au prochain, et d'abord à sa cousine Elisabeth à qui elle va apporter son soutien pendant environ 3 mois. Toute sa vie, Marie a été attentive au bien de ceux qu'elle a côtoyés. A Cana, c'est elle qui prévient Jésus : « *ils n'ont plus de vin* ». C'est aussi parce qu'elle est pleine d'amour que Marie a accepté de prendre pour fils Jean au pied de la croix, et chacun d'entre nous au moment de notre baptême.

Frères et sœurs, avec la Vierge Marie, ***exaltons le Seigneur et exultons en Dieu notre Sauveur***. Rendons-Lui grâce de nous avoir donné sa Mère. En la prenant pour modèle et en nous confiant à son intercession, nous serons fortifiés dans les épreuves de la vie et nous grandirons dans l'amour de Dieu et de notre prochain, dans l'Espérance de la rejoindre un jour dans le Ciel. AMEN.

# Comme il est grand l'amour dont Dieu nous a comblés !

Toussaint. **Tous saints.** Frères et sœurs, **la fête d'aujourd'hui nous donne de célébrer tous les saints,** non seulement ceux que l'Église a canonisés publiquement, mais aussi tous ceux qui ne sont pas connus et qui pourtant jouissent déjà de la vision béatifique, du bonheur de vivre dans la gloire de Dieu. Ils sont beaucoup plus nombreux que ce que nous imaginons : saint Jean nous dit dans l'Apocalypse – qui signifie « révélation » - qu'ils sont 144.000 (12X12X1000), un chiffre symbolique d'une multitude innombrable. Nous-mêmes, **nous sommes tous appelés à la sainteté,** pour les rejoindre un jour auprès de Dieu. *« Soyez saints, car moi, le Seigneur votre Dieu, je suis saint. »* (Lv 19,2) Alors, que chacun d'entre nous se le demande: **« est-ce que je veux devenir un saint »** ? Peut-être pensons-nous : « La sainteté, c'est pour d'autres, ou pour plus tard ! » Le mot peut nous faire peur, car il évoque des hommes et des femmes qui ont fait des choses extraordinaires et qui ont subi de grandes souffrances. En réalité, un saint, ce n'est pas quelqu'un qui a forcément réalisé des actions extraordinaires: c'est **quelqu'un qui s'est efforcé de tout réaliser, même les actions les plus ordinaires, avec un amour extraordinaire. Et pour cette raison-là, c'est une personne heureuse.** Chacun d'entre nous recherche le bonheur. Mais nous savons par expérience que ce but n'est pas facile à atteindre. Parfois, nous avons peut-être même éprouvé un sentiment de malheur tel que nous nous sommes demandé si le bonheur était possible[226]. Notre société nous « dit » : le bonheur consiste à posséder beaucoup d'argent pour pouvoir consommer et du pouvoir pour ne dépendre de personne, et à prendre autant de plaisir que possible afin de ne pas éprouver la souffrance et la solitude. Ces « voix » sont attrayantes, comme celles des sirènes qu'entendit Ulysse pendant son voyage vers Ithaque, mais elles sont illusoires, elles ne conduisent pas au véritable bonheur. La preuve, c'est qu'il y a plus de personnes déprimées dans nos sociétés occidentales que dans les pays les plus pauvres, où les gens se contentent de peu. Écoutons donc une autre réponse, celle du Christ qui nous dit aujourd'hui : **« *heureux* »** plutôt les pauvres de cœur, les doux, les affligés, les affamés et assoiffés de justice, les miséricordieux, les cœurs purs, les artisans de paix, et même les persécutés pour la justice ou pour lui. Cet appel du Christ peut d'une part nous surprendre voire nous rebuter, tant les comportements qu'il dépeint nous semblent loin du bonheur tel que nous le concevons spontanément. D'autre part, il peut nous sembler quasi inaccessible, si nous prenons conscience de l'héroïsme qu'il demande. Ces deux types de réactions sont normales, c'est pourquoi nous allons essayer de lever les barrières qui leurs correspondent dans nos cœurs. Pour nous y aider, nous ferons appel non seulement au Christ, qui a vécu parfaitement chacune de ces béatitudes, à tel point qu'elles constituent le meilleur portrait que l'on puisse dresser de lui,

---

[226] Saint Thomas d'Aquin estime que le désespoir est le plus grave de tous les péchés, parce qu'il fait de nous des morts-vivants, il nous empêche d'avancer.

mais aussi des saints. **Méditons sur les 9 béatitudes, en illustrant chacune d'entre elles par l'exemple de l'un d'entre eux.**

**Les pauvres de cœur**, ce sont ceux qui reconnaissent leur pauvreté et attendent tout de Dieu. Dans son acte de consécration à l'amour miséricordieux, la petite Thérèse écrivait : *« Au soir de cette vie, je paraîtrai devant vous les mains vides, car je ne vous demande pas, Seigneur, de compter mes œuvres. Toutes nos justices ont des taches à vos yeux. Je veux donc me revêtir de votre propre Justice »*.

**Les doux**, ce sont ceux qui sont assez forts pour ne pas répondre à la violence par la violence. Sainte Jeanne d'Arc, lors de son procès, n'a jamais été agressive envers ses juges qui cherchaient à la piéger. Lorsque l'un d'entre eux lui demanda : *« vous sentez-vous en grâce de Dieu ? »*, elle répondit tout simplement : *« Si je n'y suis, Dieu m'y mette... Si j'y suis, Dieu m'y garde. »*

**Ceux qui pleurent**, ce sont ceux qui se laissent toucher par le mal et la souffrance qui accablent leurs frères. Saint Dominique passait une partie de ses nuits en priant : *« Seigneur que vont devenir les pêcheurs ? Seigneur aie pitié des pêcheurs ! »*

**Ceux qui ont faim et soif de la justice**, ce sont ceux qui veulent de tout cœur que chacun reçoive ce à quoi il a droit. Mère Teresa disait : *« Le plus grand destructeur de la paix aujourd'hui est le crime commis contre les enfants à naître. »*

**Les miséricordieux**, ce sont ceux qui savent non seulement se laisser émouvoir, mais aussi tendre une main secourable à ceux qui sont dans la misère, qu'elle soit matérielle, en leur offrant du pain, ou spirituelle, en leur offrant le pardon. Au moment de mourir, saint Etienne s'est *écrié d'une voix forte : « Seigneur, ne leur compte pas ce péché. »* (Ac 7,60), reprenant les paroles de Jésus sur la croix.

**Les cœurs purs**, ce sont ceux qui cherchent toujours à faire la volonté de Dieu et qui voient dans le prochain un frère ou une sœur, sans que le péché obscurcisse leur conscience. La reine Blanche, mère de saint Louis, avait coutume de lui dire : *« Mon fils, je vous aime tendrement, et plus qu'aucune créature au monde ; et cependant j'aimerais mieux mille fois vous voir mort que de vous voir commettre un seul péché mortel ».* Et c'est ce qu'il chercha à éviter toute sa vie.

**Les artisans de paix**, ce sont ceux qui aident les personnes en conflit à se réconcilier. En plein milieu d'une croisade, François d'Assise alla rencontrer le sultan. Même si la guerre continua, sa démarche a tellement marqué les musulmans de son époque que certains s'en souviennent encore aujourd'hui.

**Ceux qui sont persécutés pour la justice** vont encore plus loin que ceux qui en ont faim et soif, puisqu'ils acceptent de souffrir pour elle. Gandhi n'était pas chrétien, mais il a lutté pour ceux dont les droits les plus élémentaires n'étaient pas respectés, d'abord en Afrique du sud, puis en Inde.

A **ceux qui sont persécutés pour lui**, le Christ promet la plus grande récompense : n'oublions pas qu' « *il n'y a pas de plus grand amour que de donner sa vie pour ceux qu'on aime* » (Jn 15,13) ! C'est pourquoi l'Eglise a toujours placé les martyrs au sommet de la « hiérarchie » des saints. Tarcisius a été tué parce qu'il refusait d'abandonner l'hostie consacrée qu'il tenait dans sa main à ceux qui voulaient s'en emparer.

Alors, frères et sœurs, **voulons-nous devenir des saints ?** Voulons-nous nous laisser aimer par Dieu pour réaliser tout ce que nous avons à faire, même les choses les plus ordinaires, avec un amour extraordinaire ? Sommes-nous prêts à souffrir pour celui qui nous a aimés jusqu'à mourir ? De nos réponses à ces questions dépend notre bonheur… Pour nous aider à dire « oui » à l'invitation du Seigneur, **laissons ceux qui sont déjà parvenus au bout de leur chemin nous aider à la fois par leurs intercessions, et par leurs exemples**. Ne les prenons pour des modèles statiques qu'il nous faudrait imiter bêtement, car chacun a mené une vie originale, et chacun d'entre nous doit également trouver son chemin vers le ciel, qui ne peut être qu'unique. Mais imitons leur désir d'aimer. Et lorsque nous n'y parvenons pas, ne nous décourageons pas ! Sainte Thérèse d'Avila disait : « *la sainteté, ce n'est pas de ne jamais chuter, c'est de toujours savoir se relever* ». **Durant les mois qui viennent, ne nous contentons pas de lire la Bible, même si cela est bon et nécessaire, mais méditons aussi sur des vies de saints**, nos frères et sœurs qui veulent nous accueillir un jour auprès du Seigneur. AMEN.

# Que ton règne vienne

**Frères et sœurs, les enfants, que faisons-nous de notre pouvoir ?** Chacun d'entre nous a du pouvoir : sur soi-même, sur la création, sur les autres... dans sa famille, dans son entreprise, dans la société ... Même vous, les enfants, vous avez du pouvoir sur vos petits frères et sœurs. Usons-nous de ce pouvoir pour le bien des autres, ou pour notre propre intérêt ? **Aujourd'hui, nous célébrons le Christ, roi de l'univers[227].** La royauté, par essence, signifie la possession d'un pouvoir sur les autres. Il existe de bons rois, qui l'utilisent pour servir les autres, et de mauvais rois, qui s'en servent pour se faire servir. Souvenez-vous du roi Lion de Walt Disney. Alors que Mufasa est un roi juste, son frère Scar ne cherche que son propre intérêt. Et la façon dont ils règnent influe fortement sur leur environnement. Avec Mufasa, la terre est florissante et les animaux sont heureux. Avec Scar, au contraire, la terre devient stérile et les animaux souffrent. Heureusement, lorsque Simba, le fils de Mufasa, revient de son exil pour combattre Scar et le vainc, la terre refleurit et aux animaux retrouvent la paix et la joie... Si nous regardons le monde autour de nous, nous constatons qu'il n'est ni aussi malheureux que celui de Scar, ni aussi heureux que celui de Mufasa et Simba. Beaucoup de personnes font le bien là où ils vivent, mais il existe aussi beaucoup d'injustices et de malheurs, et c'est souvent cela que les médias nous montrent. Alors, si le Christ est le Roi de l'univers, pourquoi

---

[227] Ce qui est bien plus que roi des chrétiens. Son règne s'étend à toutes les créatures !

laisse-t-il tant de mal le ravager ? La réponse tient en un mot : la liberté. Alors que les sujets du dessin animé sont des animaux, qui obéissent aveuglément au Roi-lion pour la plupart, les hommes sont des êtres libres qui peuvent refuser d'obéir à Dieu. Si nous voulons que son Règne soit établi pleinement sur la terre, comme nous le demandons dans le Notre Père (« que ton règne vienne »), il nous faut écouter les paroles que Jésus adresse à Pilate, qui est une sorte de roi lui aussi (il représente l'empereur romain en Palestine). Après lui avoir dit que son royaume n'est pas de ce monde, il lui révèle les 2 conditions pour que nous puissions y entrer : écouter sa Parole d'abord. En témoigner ensuite.

*« Quiconque appartient à la vérité écoute ma voix ».* Pour commencer, nous devons écouter la Parole du Christ. Pilate, qui demande : *« qu'est-ce que la vérité ? »* (Jn 18,38), ressemble beaucoup à nos contemporains, qui ont érigé un piédestal au relativisme, qu'on pourrait traduire par : « à chacun sa vérité ». Le Christ est la Vérité elle-même (Jn 14,6). Cela signifie que nous ne pouvons pas posséder la Vérité, mais au contraire nous laisser posséder par elle. Cela signifie-t-il que nous y perdons notre liberté, comme beaucoup le craignent ? Au contraire, la vérité nous rend libres (Jn 8,32). Ce sont les mensonges et les erreurs du monde qui nous rendent esclaves. Cet esclavage est parfois manifeste (celui de la drogue, par exemple), et parfois plus caché (celui de la pornographie, de l'argent, du pouvoir), mais il est bien réel. L'actualité nous montre qu'on peut posséder beaucoup

d'argent et chercher à en posséder plus encore, quitte à tricher. Dans ce cas, on pourrait dire que c'est plutôt l'argent qui nous possède !

Alors, demandons-nous si nous sommes suffisamment à l'écoute du Christ. « Shema Israël », « écoute Israël », c'est ainsi que commence le premier de tous les commandements. Quelle place donnons-nous à l'écoute de la Parole de Dieu ? Ce qui règne dans beaucoup de personnes, ce n'est pas le Christ, c'est plutôt la confusion. Nous entendons tellement d'informations, certaines fausses (les fake news), certaines vraies mais qui semblent essentielles alors qu'elles ne le sont pas. C'est à nous d'être prudents. On attache beaucoup d'importance aujourd'hui à ce que nous mangeons, et tant mieux puisque certains aliments sont néfastes et d'autres très peu nourrissants en réalité. Mais cette vigilance pour nos corps, est encore plus importante pour nos esprits et nos cœurs, qui ont besoin d'être nourris eux aussi.

***« Je suis né, je suis venu dans le monde pour ceci : rendre témoignage à la vérité ».*** Ecouter la Parole du Christ est nécessaire, mais pas suffisant. Pour que son règne vienne, nous devons aussi en témoigner. En grec, le mot se dit « martyrios ». Jésus ne s'est pas contenté de belles paroles, il a donné sa vie pour nous. Il a été mis à mort par tous ceux qui refusaient d'entendre la vérité.

Avant et après lui, une multitude d'hommes ont connu le même sort. Jean Baptiste a été mis à mort par Hérode, qui refusait d'entendre qu'il n'avait pas le droit d'épouser la femme de son frère. Au XII° siècle, Thomas Becket a été mis à mort parce que le roi d'Angleterre Henri II refusait d'entendre qu'il ne pouvait pas devenir lui-même le chef de l'Eglise. Au XVI° siècle, Thomas More a été jeté en prison puis décapité par le roi d'Angleterre Henry VIII, qui refusait d'entendre qu'il n'avait pas le droit de répudier sa femme. Comme dans le cas de Jésus et de Pilate, les affrontements entre les rois de la terre et les représentants du Roi de l'univers parcourent toute l'histoire.

Et nous, sommes-nous prêts à témoigner de la Bonne Nouvelle ? Aimons-nous le Christ jusqu'à mourir pour lui ? Dans le passé, les paysans aimaient – ou au moins respectaient - suffisamment leur roi pour partir à la guerre à son appel, et beaucoup y perdaient la vie. Mufasa est mort en voulant défendre son fils et en même temps son royaume. Jean Baptiste, Thomas Becket et Thomas More sont morts en voulant demeurer fidèles à la Vérité. Aujourd'hui, beaucoup de combats sont à mener. En particulier, nous devons protéger la Vie, à son commencement et à son terme, car beaucoup d'innocents sont tués. Nous devons parfois nous élever contre la pensée ambiante, le politiquement correct, quitte à être rejetés ou martyrisés. Dans beaucoup de pays, le fait d'être chrétien peut mener jusqu'à la mort.

Pour conclure, frères et sœurs et les enfants, il faut distinguer **deux étapes dans la royauté du Christ.** La première a commencé il y a 2000 ans, lorsque le Fils de Dieu s'est incarné et a donné sa vie pour nous. La seconde commencera au jour de son retour, lorsqu'il reviendra dans la gloire. La première étape était dans l'humilité, la seconde sera dans la gloire. Sa divinité était voilée, elle sera manifeste. Il était venu pour nous sauver, il reviendra pour nous juger. Son règne a donc déjà commencé, il est au milieu de nous (cf Lc 17,21), mais nous pouvons ne pas le voir. Lors de son retour, en revanche, qui ressemblera à la tombée de l'éclair qui illumine l'horizon d'un bout à l'autre (cf Lc 17,24), son règne sera établi définitivement, sans plus aucun mal ni souffrance. D'ici là, **son règne va-t-il s'étendre, devenir de plus en plus puissant, ou va-t-il diminuer comme une peau de chagrin ?** Cette question, Jésus lui-même l'a posée : *« Le Fils de l'homme, quand il viendra, trouvera-t-il la foi sur terre ? »* (Lc 18,8). **La réponse dépend de nous.** Nous avons un combat à mener, comme le décrit l'Apocalypse de saint Jean et comme l'a bien compris saint Ignace de Loyola : nous combattons soit sous les ordres du Fils de Dieu, soit sous ceux de son adversaire, Satan. Certes, celui-ci possède une grande armée, celle des démons et de ceux qui agissent sous leur influence, et c'est pourquoi Jésus l'appelle le prince de ce monde... Mais n'ayons pas peur, car le même Jésus l'a vaincu. Il a remporté une première victoire dans le désert, où il a été tenté pendant 40 jours. Il a ensuite remporté la victoire définitive sur la croix. C'est paradoxalement sur la croix que sa royauté devient la plus éclatante. Les artistes du Moyen-âge l'avaient bien compris, eux qui aimaient représenter le Christ en croix avec une couronne royale sur la tête. **Mettons-nous à son écoute et témoignons de lui, afin que son règne vienne.** Notre univers deviendra alors aussi beau que celui que nous pouvons voir au début et à la fin du Roi-lion, plein de couleurs, de musiques et surtout d'Amour.

Imprimé par BoD – Books on Demand, Norderstedt, Allemagne